Jacó Issac Tanakh Gênesis Êxodo Antigo testamento Novo testamento Je
Pessach Páscoa YHWH Jerusalém Bíblia Israel Cristo Messias Oriente Mé
Paulo de Tarso Reino de Deus Trindade Catolicismo Lutero Muhammad Alco
ba Meca Abrahão Medina Shahada Salat Zakat sawn Allah Sunismo Xiismo
Cristianismo Islam judeus cristãos muçulmanos Abraão Torá Moisés Elol
Jacó Issac Tanakh Gênesis Êxodo Antigo testamento Novo testamento Je
Pessach Páscoa YHWH Jerusalém Bíblia Israel Cristo Messias Oriente Mé
Paulo de Tarso Reino de Deus Trindade Catolicismo Lutero Muhammad Alco
ba Meca Abrahão Medina Shahada Salat Zakat sawn Allah Sunismo Xiismo S
Cristianismo Islam judeus cristãos muçulmanos Abraão Torá Moisés Elol
Jacó Issac Tanakh Gênesis Êxodo Antigo testamento Novo testamento Je
Pessach Páscoa YHWH Jerusalém Bíblia Israel Cristo Messias Oriente Mé
Jacó Issac Tanakh Gênesis Êxodo Antigo testamento Novo testamento Je
Pessach Páscoa YHWH Jerusalém Bíblia Israel Cristo Messias Oriente Mé
Paulo de Tarso Reino de Deus Trindade Catolicismo Lutero Muhammad Alco
ba Meca Abrahão Medina Shahada Salat Zakat sawn Allah Sunismo Xiismo S
Cristianismo Islam judeus cristãos muçulmanos Abraão Torá Moisés Elol
Jacó Issac Tanakh Gênesis Êxodo Antigo testamento Novo testamento Je
Pessach Páscoa YHWH Jerusalém Bíblia Israel Cristo Messias Oriente Mé
Paulo de Tarso Reino de Deus Trindade Catolicismo Lutero Muhammad Alco
ba Meca Abrahão Medina Shahada Salat Zakat sawn Allah Sunismo Xiismo S
Cristianismo Islam judeus cristãos muçulmanos Abraão Torá Moisés Elol
Jacó Issac Tanakh Gênesis Êxodo Antigo testamento Novo testamento Je
Pessach Páscoa YHWH Jerusalém Bíblia Israel Cristo Messias Oriente Mé
Paulo de Tarso Reino de Deus Trindade Catolicismo Lutero Muhammad Alco
ba Meca Abrahão Medina Shahada Salat Zakat sawn Allah Sunismo Xiismo S
Cristianismo Islam judeus cristãos muçulmanos Abraão Torá Moisés Elol
Jacó Issac Tanakh Gênesis Êxodo Antigo testamento Novo testamento Je
Pessach Páscoa YHWH Jerusalém Bíblia Israel Cristo Messias Oriente Mé
Paulo de Tarso Reino de Deus Trindade Catolicismo Lutero Muhammad Alco
ba Meca Abrahão Medina Shahada Salat Zakat sawn Allah Sunismo Xiismo S
Cristianismo Islam judeus cristãos muçulmanos Abraão Torá Moisés Elol
Jacó Issac Tanakh Gênesis Êxodo Antigo testamento Novo testamento Je
Pessach Páscoa YHWH Jerusalém Bíblia Israel Cristo Messias Oriente Mé
Paulo de Tarso Reino de Deus Trindade Catolicismo Lutero Muhammad Alco
ba Meca Abrahão Medina Shahada Salat Zakat sawn Allah Sunismo Xiismo S
Cristianismo Islam judeus cristãos muçulmanos Abraão Torá Moisés Elol
Jacó Issac Tanakh Gênesis Êxodo Antigo testamento Novo testamento Je
Pessach Páscoa YHWH Jerusalém Bíblia Israel Cristo Messias Oriente Mé
Paulo de Tarso Reino de Deus Trindade Catolicismo Lutero Muhammad Alco
ba Meca Abrahão Medina Shahada Salat Zakat sawn Allah Sunismo Xiismo S
Cristianismo Islam judeus cristãos muçulmanos Abraão Torá Moisés Elol
Jacó Issac Tanakh Gênesis Êxodo Antigo testamento Novo testamento Je
Pessach Páscoa YHWH Jerusalém Bíblia Israel Cristo Messias Oriente Mé
Paulo de Tarso Reino de Deus Trindade Catolicismo Lutero Muhammad Alco
ba Meca Abrahão Medina Shahada Salat Zakat sawn Allah Sunismo Xiismo S
Cristianismo Islam judeus cristãos muçulmanos Abraão Torá Moisés Elol
Jacó Issac Tanakh Gênesis Êxodo Antigo testamento Novo testamento Je
Pessach Páscoa YHWH Jerusalém Bíblia Israel Cristo Messias Oriente Mé
Paulo de Tarso Reino de Deus Trindade Catolicismo Lutero Muhammad Alco
ba Meca Abrahão Medina Shahada Salat Zakat sawn Allah Sunismo Xiismo S
Cristianismo Islam judeus cristãos muçulmanos Abraão Torá Moisés Elo
Jacó Issac Tanakh Gênesis Êxodo Antigo testamento Novo testamento Je
Pessach Páscoa YHWH Jerusalém Bíblia Israel Cristo Messias Oriente Mé
Paulo de Tarso Reino de Deus Trindade Catolicismo Lutero Muhammad Alco
ba Meca Abrahão Medina Shahada Salat Zakat sawn Allah Sunismo Xiismo S
Cristianismo Islam judeus cristãos muçulmanos Abraão Torá Moisés Elo
Jacó Issac Tanakh Gênesis Êxodo Antigo testamento Novo testamento Je
Pessach Páscoa YHWH Jerusalém Bíblia Israel Cristo Messias Oriente Mé
Paulo de Tarso Reino de Deus Trindade Catolicismo Lutero Muhammad Alco
ba Meca Abrahão Medina Shahada Salat Zakat sawn Allah Sunismo Xiismo S
Cristianismo Islam judeus cristãos muçulmanos Abraão Torá Moisés Elo

CB025093

Cristianismo Islam judeus cristãos muçulmanos Abraão Torá Moisés Elo
Jacó Issac Tanakh Gênesis Êxodo Antigo testamento Novo testamento Je
Pessach Páscoa YHWH Jerusalém Bíblia Israel Cristo Messias Oriente Mé

Judaísmo
Cristianismo
Islam

Coleção Religiões Mundiais
Coordenador: Frank Usarski

Dados Internacionais de Catalogação na Publicação (CIP)
(Câmara Brasileira do Livro, SP, Brasil)

Nardella-Dellova, Pietro
 Judaísmo : Cristianismo : Islam / Pietro Nardella-Dellova, João Décio Passos, Francirosy Campos Barbosa, Atilla Kuş. – Petrópolis, RJ : Vozes, 2023. – (Coleção Religiões Mundiais)

 Bibliografia.
 ISBN 978-85-326-6529-4

 1. Cristianismo 2. Islamismo 3. Judaísmo 4. Monoteísmo – Estudos comparados 5. Religiões – Estudo comparado 6. Religiões – História I. Passos, João Décio. II. Kuş, Atilla. III. Barbosa, Francirosy Campos. IV. Título. V. Série.

 23-165422   CDD-291

Índices para catálogo sistemático:

1. Religiões : Estudo comparado   291
Eliane de Freitas Leite – Bibliotecária – CRB 8/8415

PIETRO NARDELLA-DELLOVA
JOÃO DÉCIO PASSOS
FRANCIROSY CAMPOS BARBOSA
ATILLA KUŞ

Judaísmo
Cristianismo
Islam

Petrópolis

© 2023, Editora Vozes Ltda.
Rua Frei Luís, 100
25689-900 Petrópolis, RJ
www.vozes.com.br
Brasil

Todos os direitos reservados. Nenhuma parte desta obra poderá ser reproduzida ou transmitida por qualquer forma e/ou quaisquer meios (eletrônico ou mecânico, incluindo fotocópia e gravação) ou arquivada em qualquer sistema ou banco de dados sem permissão escrita da editora.

CONSELHO EDITORIAL

Diretor
Volney J. Berkenbrock

Editores
Aline dos Santos Carneiro
Edrian Josué Pasini
Marilac Loraine Oleniki
Welder Lancieri Marchini

Conselheiros
Elói Dionísio Piva
Francisco Morás
Gilberto Gonçalves Garcia
Ludovico Garmus
Teobaldo Heidemann

Secretário executivo
Leonardo A.R.T. dos Santos

Editoração: Maria da Conceição B. de Sousa
Diagramação: Raquel Nascimento
Revisão gráfica: Lorena Delduca Herédias
Capa: Érico Lebedenco

ISBN 978-85-326-6529-4

Este livro foi composto e impresso pela Editora Vozes Ltda.

Sumário

Prefácio, 11
   Referências, 14
Judaísmo, 17
   Introdução, 17
   Origem e expansão, 18
   Doutrinas e práticas fundantes, 45
      Do mosaísmo: as raízes do judaísmo ético e do judaísmo sacerdotal, 45
      Judaísmo dos profetas: a voz que clama no deserto x ritual sacerdotal, 67
   Judaísmos em convulsão: do ódio e do amor no saduceísmo, essenismo, farisaísmo, incluindo Jesus – a hillelização judaica, 77
      Saduceísmo e o farisaísmo: entre o Templo e a Sinagoga, 77
      Aspectos do essenismo: judaísmo do deserto, 82
      Reafirmação do farisaísmo de Hillel e de Jesus, 84
   Manifestações institucionais, 88
      A renovação do judaísmo e sua institucionalização após os cativeiros da Assíria e Babilônia, 88
      A Grande Assembleia – Knesset Haguedolá, 91
      A instituição da Sinagoga, 93
   Ramificações, 97
   Situação atual e perspectivas para o futuro, 103

Fatos históricos contemporâneos determinantes para o judaísmo atual, 103

Da Revolução Francesa de 1789 ao Holocausto, 104

O judaísmo kibutziano – Kibutz: a experiência da justiça social, 105

Um (antigo) e atual diálogo necessário entre o judaísmo e Jesus, o Judeu, 114

Recuperação dos elementos fundamentais do judaísmo de Jesus, 114

Comunidade de bens dos seguidores de Jesus, 118

Sobre o valor central do judaísmo recuperado por Jesus: o amor ao próximo, 120

Perspectivas judaicas, 123

Referências, 124

Cristianismo, 133

Introdução, 133

Origens e expansão, 134

Os solos do cristianismo, 136

A Palestina do tempo de Jesus, 137

O mundo greco-romano, 139

De Jesus de Nazaré ao cristianismo, 141

Jesus, o galileu de Nazaré, 142

O Nazareno, 144

Um movimento,145

Um condenado, 147

Um vivente, 147

Os discípulos e Jesus Cristo, 148

O processo de institucionalização, 152

Os discípulos e a construção do cristianismo, 153

O acesso ao carisma, 157

O processo de institucionalização, 159

As vias de acesso às origens, 160

A institucionalização da *ekklesia*, 162

Os processos de renovação, 165

Ramificações, 168

A árvore do cristianismo no solo ocidental, 170

As primeiras divisões, 173

Os cristianismos orientais, 176

Os catolicismos, 177

Os protestantismos, 179

Os cristianismos contemporâneos, 181

Fundamentalismo, 183

Milenarismos, 184

Pentecostalismos, 185

Doutrinas e práticas fundantes, 187

A função da doutrina, 189

O processo de definição da doutrina cristã, 192

As fontes bíblicas, 194

As fontes gregas, 195

A dialética com a cultura grega e com as fontes judaicas, 195

Elementos constitutivos da doutrina cristã, 196

Visão de Deus, 198

A salvação, 199

A comunidade, 200

A ética do amor, 201

Os rituais, 202

Situação atual e perspectivas, 205

O desafio da pluralidade, 207

A diversidade e a busca da unidade no cristianismo, 208

A relação com a diversidade, 210
O desafio hermenêutico, 212
Do supra-histórico ao histórico, 214
Do tradicionalismo à tradição, 216
Do fundamentalismo ao fundamento, 218
Da intolerância ao diálogo, 220
Considerações finais, 222
Referências, 225

Islam, 229

Introdução, 229
Origem e expansão, 231
A Arábia pré-islâmica, 233
O surgimento do Islam e seu desenvolvimento histórico, 237
A Constituição de Medina, 246
Doutrinas e práticas fundantes, 250
A crença no Islam, 257
A crença em Deus único, 257
A crença nos anjos, 257
A crença nos livros sagrados, 258
A crença nos mensageiros, 258
A crença no dia do juízo final, 258
A crença no destino, 258
Os pilares da prática no Islam, 259
Ética islâmica e outros aspectos importantes na
cosmologia islâmica, 261
Ramificações: Sunismo, Xiismo e a mística Sufi, 264
Sunismo, 265
Califado, 266
Xiismo, 271
Sufismo, 273

Manifestações institucionais no Brasil, 276

Atualidade, relação com outras religiões e perspectiva de futuro, 280

O conceito de *Jihad*, 285

Jesus, filho de Mariam, 287

O estatuto da mulher muçulmana, 288

Vestimenta islâmica feminina, 290

Diálogo inter-religioso, 293

Islamofobia, 297

Considerações finais, 299

Referências, 301

Prefácio

Frank Usarski

Há bons motivos para dedicar um livro à descrição subsequente do judaísmo, do cristianismo e do islam. A razão mais óbvia reside na caracterização destas tradições como "religiões monoteístas". Trata-se de um rótulo atribuído tanto em conversas cotidianas quanto no âmbito da Ciência da Religião. Não é incomum que o discurso não acadêmico sustente tal rótulo genérico pela afirmação de que os judeus, cristãos e muçulmanos acreditam no mesmo Deus e, por isso, são "almas gêmeas" no mundo espiritual. A mesma conotação repercute no termo "religiões abraâmicas" usado para salientar a ancestralidade comum das três religiões.

A afirmação de que o judaísmo, o cristianismo e o islam representam três ramificações do mesmo tronco tem uma longa história no Ocidente na forma da *Parábola dos Três Anéis*. Raízes da respectiva narrativa remontam de obras de pensadores da Grécia antiga, como Hecateu de Abdera (século IV a.C.), Diodorus Siculus (século I a.C.) ou Plutarco (46-120). Mais tarde, o conto – agora com referências às três religiões monoteístas – apareceu nas obras como a do poeta catalão Raimundo Lúlio (1232-1316) ou na coletânea de 100 novelas, Decameron (escritas entre 1313-1375) pelo autor italiano Giovanni Boccaccio (1313-1375) (Aurnhammer; Cantarutti; Vollhardt, 2016).

A versão mais famosa desta ficção literária encontra-se no terceiro ato da peça "Nathan o Sábio" (1779) de Gotthold Ephraim Lessing (1729-1781) (Lessing, 2016). O autor alemão reproduz a parábola no contexto de uma conversa entre o Sultão Saladino e o comerciante judeu, Nathan, em Jerusalém na época das Cruzadas. Desafiado pela pergunta do Sultão quais das três religiões monoteístas estaria mais afinada com Deus, Nathan responde de maneira metafórica construindo um cenário acerca de um pai e seus três filhos. Prestes a morrer, o pai toma providência a respeito da sua herança rompendo com o costume de deixar seu bem mais precioso (neste caso, seu maravilhoso anel) para o filho de quem mais gosta. Em vez disso, manda produzir duas cópias idênticas para que cada um dos seus herdeiros, incapazes de distinguir o original das réplicas, receba um exemplar.

Há um consenso na literatura secundária sobre a *Parábola dos Três Anéis* de que do ponto de vista teológico, o pai é Deus misericordioso e justo cujo amor absoluto transcende as diferenciações relativas entre as religiões em questão. Consequentemente, uma vez que nenhuma das fés é superior, judeus, cristãos e muçulmanos devem conviver em paz. Tendo em mente de que Gotthold Ephraim Lessing é considerado um dos maiores representantes do Iluminismo, a narrativa está aberta para uma leitura complementar. Esta segunda dimensão interpretativa enfoca o conceito da "verdade interna" formulado pelo próprio Lessing (Benedict, 2011). A noção aponta para a genuinidade substancial de uma religião anterior a seus dogmas explícitos (Krieger, 2020). Este espírito reside no sentimento do fiel, ou seja, em uma instância no interior do ser humano inacessível pela razão destacada pelo Iluminismo como parâmetro para a ação humana. Levando esta perspectiva em conta, pode-se deduzir que a *Parábola dos Três Anéis* não chega a postular a igualdade entre judaísmo, cristianismo e islam. Em vez disso, supõe a falta de um critério objetivo para a atribuição de verdade a qualquer tradição religiosa e demanda, exatamente por causa desta falta, a tolerância dos seguidores de cada religião diante das crenças subjetivas das outras.

De acordo com princípios epistemológicos cujas raízes também remontam ao Iluminismo, a Ciência da Religião demonstra-se compatível com a "segunda perspectiva" de Lessing a respeito da narrativa colocada na boca de Nathan. Consciente das limitações da sua abordagem empírica e distanciando-se de interpretações teológicas, a disciplina defende a postura de um "agnosticismo metodológico" obrigando o pesquisador a se abster de afirmações, por exemplo, sobre a existência de Deus cujo amor incondicional faz com que as diferenças entre as religiões monoteístas desvaneçam. Em vez disso, trata religiões como sistemas simbólicos que possuem plausibilidades próprias e características inconfundíveis.

Sob estas condições, a expressão "religiões monoteístas" torna-se uma categoria classificatória que se confronta, por razões heurísticas, com outros agrupamentos, como as religiões politeístas ou, henoteístas, para citar apenas dois exemplos de várias maneiras de reduzir a complexidade das crenças no "divino".

Rótulos como os de "religiões monoteístas" são resultado do trabalho no âmbito da chamada "Ciência da Religião sistemática", ou seja, do ramo da Ciência da Religião que busca identificar estruturas inerentes no material levantado pelo outro "braço" da Ciência da Religião; isto é, a "História das Religiões" (plural!). Enquanto a última significa o trabalho com tradições singulares, a "Ciência da Religião sistemática" organiza os respectivos dados de acordo com um interesse de conhecimento específico. A diferenciação entre "religiões monoteístas" e "religiões politeístas", por exemplo, resulta da questão sobre denominadores comuns na área da crença em uma "última realidade" articulada em várias formas no mundo religioso. A identificação de traços transversais é uma abstração que permite a classificação de um determinado número de fenômenos que, além do critério estipulado, demonstram uma série de peculiaridades. Estes aspectos não perdem sua relevância para a Ciência da Religião. Pelo contrário, desafiam o pesquisador comprometido com a disciplina a aprofundar seu estudo para capturar a heterogeneidade entre os elementos subsumidos sob uma categoria genérica. Isso vale também para os sistemas rubricados como "religiões monoteístas" e a necessidade de registrar minuciosamente as especificidades doutrinárias, éticas e práticas de cada uma das respectivas tradições. Como os judeus, cristãos e muçulmanos concebem o Deus único? Em que pontos, as teologias das três religiões realmente convergem e onde há divergências?

Algo semelhante vale para a classificação do judaísmo, cristianismo e islam como "religiões abraâmicas". Quem é aquela figura originalmente apresentada no Pentateuco e de que forma e com quais atributos ela é referenciada nos textos das duas tradições historicamente subsequentes? Por que o recurso a Abrão não é, como o senso comum sugere, um elemento harmonizador multilateral, mas sim, também, ou até mesmo, em primeiro lugar, um motivo de discordância, como indica a tradução do título do livro de Karl Heinz Kuschel, teólogo católico e especialista na área do diálogo inter-religioso: *A disputa sobre Abrão – O que divide judeus, cristãos e muçulmanos e o que os une?* (Kuschel, 2001).

Os quatro colegas convidados como autores dos seguintes capítulos abordam seus assuntos do ponto de vista científico e contribuem com suas informações para respostas a perguntas acima exemplificadas. Suas qualificações na área de estudos não teológicos da religião são complementadas por uma afinidade pessoal com a respectiva tradição religiosa abordada. Esta íntima relação garante uma empatia para com a religião tratada sem desrespeitar as normas epistemológicas acadêmicas que norteiam a Ciência da Religião bem como todos os livros da coleção "Religiões Mundiais" em que o presente volume se encaixa.

Referências

AURNHAMMER, A.; CANTARUTTI, G.; VOLLHARDT, F. (eds.). *Die drei Ringe – Entstehung, Wandel und Wirkung der Ringparabel in der europäischen Literatur und Kultur.* Berlim/Boston: Walter de Gruyter, 2016.

BENEDICT, H.J.H. Der christliche Glaube als gefühlte "innere Wahrheit". *Tà katoptrizómena – Das Magazin für Kunst, Kultur,*

Theologie, Ästhetik, 2011. Disponível em: http://www.theomag. de/70/hjb6.htm.

KRIEGER, S. A religião redimida pela razão – a Ilustração segundo Gotthold E. Lessing. *Revista de Filosofia Moderna e Contemporânea*, 8, n. 2, p. 209-232, 2020.

KUSCHEL, K.-J. *Streit um Abraham – Was Juden, Christen und Muslime trennt- und was sie eint*. Düsseldorf: Patmos, 2001.

LESSING, G. E. *Nathan o Sábio: um poema dramático em cinco actos*. Lisboa: Calouste Gulbenkian, 2016.

Judaísmo

Pietro Nardella-Dellova

Introdução

Faremos um percurso para identificar e compreender as origens e evolução do judaísmo a partir de Abraão e sua cultura mesopotâmica e desenvolvimento do culto ao Deus dos pais, de caráter ainda tribal e ética fortemente marcada pelas culturas babilônicas.

A narrativa e a saga de Abraão[1], o grande patriarca dos judeus (e também dos cristãos e muçulmanos), começa ao lado de seu pai, Terah, com um ato de ruptura e de saída da sua cidade, Ur dos caldeus, aliás, conforme Leick, escavada apenas em 1854 (2003, p. 132). Terah e sua família se dirigiam para *Canaã*, mas, pararam em Harã e ali habitaram por muito tempo. Conforme o relato de Gn 11,31-32; 12,1, após a morte de Terah, Deus disse a Abraão: *Vai por ti da tua terra, do meio da tua parentela e da casa dos teus pais.* A expressão que marca o início dessa caminhada é *Lech Lechá*[2], cujo significado marca a origem abraâmica do judaísmo: *vai por ti,* ou, ainda, conforme lembra Chouraqui (1995, p. 129), é uma forma enfática do imperativo *vai, vai por ti então.* É um *vai por ti* que indica a um só tempo a ruptura e a

---

1. Utilizaremos *Abraão*, ainda que seu nome tenha sido, de início, *Abrão* (cf. Gn17,5), e comumente escrito e falado nas comunidades judaicas como *Avraham avinu* (Abraão, nosso pai);

2. *Lech Lechá* é o chamamento de Abraão em Gn 12,1, cuja tradução é *vai, vai por ti então.*

herança e, portanto, um legado cultural que marca o judaísmo em suas origens.

Para Rashi, ao comentar essa passagem da Torá no Gênesis, a expressão "vai por ti" se refere à impossibilidade de continuar vivendo naquela terra, e, assim, destina-se ao *bem e benefício* do próprio Abraão e, também, para que o "mundo conheça o seu caráter" (1993, p. 49). Não há nada a perder, e não há retorno e, além disso, não é apenas ruptura geográfica, mas espiritual. Lembra o Rabino Diesendruck (1978, p. 38) que essa ruptura inclui a língua, os costumes, o direito e as relações políticas. Porém, antropologicamente não é possível falar em uma ruptura cultural, apenas em intercâmbio entre culturas, e podemos dizer que o percurso abraâmico tem, conforme Eliade, raízes na cultura e religião da antiga babilônia (1978, p. 197), ainda que consideremos que as divindades babilônicas fossem de caráter nacional e, em Abraão se inicia uma religião, originalmente familiar (Rao, 1997, p. 169), que alcançará a dimensão universal.

Origem e expansão

Mesmo os mitos mesopotâmicos de Noé e do Dilúvio que serão levados por Abraão e, finalmente, escritos na Torá, têm sua origem ou, ao menos, anterioridade e desenvolvimento, sugere Clemen (1930, p. 47-64), na Babilônia, sob o nome de *Epopeia de Gilgamech* que, assim como a passagem sobre Noach (= Noé), está envolvido em um grande dilúvio. Neste sentido, André Lefèvre (1910, p. 187) sugeriu uma unidade cultural na raiz do grupo social e cultural de Abraão a partir dos estudos antropológicos de formação das línguas semíticas mesopotâmicas. Aquilo que a Torá registrou como *patriarcas e gerações* anteriores a Abraão, ou seja, Noé e seus filhos Sem (pai dos semitas), Cam[3] e Jafé, o antropólogo Lefèvre propõe serem deuses, divindades pré-histó-

---

3. Em Gn 5,22 o nome é Ham. Utilizaremos *Cam*, forma comumente utilizada.

ricas mesopotâmicas. Para ele, Noé seria um deus semítico muito antigo que se chamava *Nouach*, o *gênio das quatro asas abertas, deus e guia salvador, esposo de Tihavti, a fecundidade abissal*. Da mesma forma, continua Lefèvre, Cam seria Kemos, deus de Moab e, também, Kem, um deus egípcio e de Coush, terra dos etíopes, do qual também se formam povos canaanitas. Por último, Sem seria identificado com Samas, o deus sol do panteão assírio. Para Mircea Eliade (1978, p. 17), entretanto, o mais significativo não é a investigação da origem de tais mitos bíblicos, que certamente estão umbilicalmente relacionados com uma herança cultural babilônica, mas sua redação e preservação no Gênesis e, a despeito de suas origens antiquíssimas, é mais importante trazê-los para uma dimensão sagrada; isto é, de história sagrada. Por exemplo, o mito de Caim (cf. Gn 4), o elemento fundante homicida da humanidade, provocador da corrupção geral da humanidade. Em ambos os casos, ressaltamos, não parece interessar o fato homicídio ou corrupção, mas a compreensão da natureza humana e, também, sua capacidade de renovação. Desse modo, Caim é o ponto de compreensão intrínseca da humanidade, enquanto Noé e seus filhos, conforme a leitura de Eliade, *tornam-se os antepassados de uma nova humanidade* (1978, p. 200) que supera as adversidades, renova-se e segue na marcha civilizatória. Em outras palavras, que a humanidade seja violenta e assassina, é um fato, mas, também busca compensar, superar, renovar e avançar.

Entre as narrativas bíblicas antigas que sugerem a decadência humana após a violência de Caim, uma delas registra a superioridade (e assédio sexual) de determinados homens que são chamados de *bnei elohim* (filhos dos deuses). Esses homens que, segundo Samuele Luzzatto (1859, p. 14), eram rurais e mais poderosos que outros, tomaram mulheres para si e com elas geraram filhos e filhas que perverteram o mundo (cf. Gn 6,2). Rashi já havia comentado, de modo racional, que se trata de filhos de poderosos homens governantes e juízes, que fracassaram em sua missão ética e se perverteram (1993, p. 25). Há outros comentadores, destaca Rashi, que enxergam nisso a queda dos anjos. Parece-nos que Rashi tem razão no seu comentário, e o relato sobre anjos caídos, que não é novo e já povoava o acervo cultural de vários povos, encontra-se em reinterpretações multiculturais e posteriores ao relato do Gênesis. Eliade menciona narrativas semelhantes na Grécia antiga e na Índia, e em todas elas trata-se de indicar um elemento ou fato fundante da aurora da história (1978, p. 199). Além do Gênesis, a narrativa aparece no livro tardio de Enoque que substitui a expressão *"bnei elohim"* por anjos, *"filhos do céu"* e, diz ele: "nasceram filhas bonitas aos homens e, vendo-as os anjos do céu disseram entre si: vamos tomar mulheres dentre as filhas dos homens e gerar filhos" (Gn 6,1). Contudo, a expressão *elohim* (uma palavra no plural) é comumente utilizada para se referir a homens poderosos e, aparece, embora traduzida por *Deus*, como forças da criação no Gênesis.

Ademais, a notícia sobre homens poderosos tomarem mulheres para si, tantas quantas quisessem, remonta a algum elemento ritual babilônico, talvez por conta das muitas invasões, conflitos e guerras que a região vivenciou. Há alguma conexão entre esse relato do Gênesis, ao tratar de tais homens poderosos que tomam mulheres para si, com uma antiga lei babilônica que obrigava as mulheres virgens a se entregarem a homens estrangeiros poderosos uma vez na vida, no Templo de Milita, lei que, para Heródoto, era uma vergonhosa (1964, p. 100). Ali, os estrangeiros poderosos, levando suas riquezas, passeavam entre as mulheres e escolhiam as que mais lhe agradavam, possuindo-as sexualmente e, depois, dispensavam-nas, grávidas, para que voltassem para suas casas. Os estrangeiros poderosos partiam depois disso.

O Gênesis narra a perversidade dos *bnei elohim* ao tomarem tantas mulheres quanto quisessem, e nisso, sugere a origem da maldade humana. Heródoto considerou esse antigo e similar costume babilônico igualmente mal e degradante. Para o escritor do Gênesis, esse *episódio* é determinante para a corrupção e destruição do mundo. E, tal o costume entre os antigos babilônios, e tal a percepção da degradação sexual, sendo, inclusive, um costume que se manteve entre os hebreus por muito tempo, que Moisés determinou, na Torá, que uma filha não seja de modo algum conduzida à prostituição e à vergonha, pois isso ocasionaria a degradação da própria terra (cf. Lv 19,29). Chouraqui (1996, p. 222) afirma que esta proibição mosaica refere-se não apenas aos israelitas, mas ao mundo inteiro. Estas personagens e narrativas estão no plano mítico que escapa a uma análise histórica, porém, as citamos para apontá-las como figuras que, vez ou outra, aparecem mencionadas na Torá, formando, ao menos, a referência judaica de continuidade dos antigos mitos mesopotâmicos. Além disso, parece-nos especialmente relevante o caráter ético de algumas das personagens, ou dos aspectos dos conflitos que se apresentam como pano de fundo, pois, no conjunto e, uma vez na Torá, apresentam-se como um passado comum, que não obriga, mas sugere um comportamento em função do justo e do que parece justo.

O texto bíblico posterior também narra a história de Abraão claramente do ponto de vista de Moisés, que busca, conforme Paul Goodman (1927, p. 15), criar um laço de anterioridade, unidade e continuidade *histórica*, além de estabelecer a base para o período que será chamado de *tempo dos patriarcas*. Em que pese um contexto claramente mítico do Gênesis, Eliade considera que por conta da intensa arqueologia dos últimos cem anos, as narrativas passaram a ser vistas com um critério de maior historicidade (1978, p. 203), ao menos quanto ao contexto mesopotâmico.

A narrativa propriamente patriarcal, *embrião do judaísmo*, começa com a saída de Abraão da cidade de Ur dos caldeus, e depois, de Harã, por volta do século XVII AEC[4]. Sabemos, hoje, que a intensa movimentação de grupos daquela região tem mais a ver principalmente com as tensões e conflitos, guerras de origem comercial, e revoltas que se verificaram entre as várias cidades da

---

4. Preferimos utilizar, como de costume judaico, a expressão AEC (Antes da Era Comum).

antiga Mesopotâmia, incluindo Ur dos caldeus, que sofria, então, um constante e irresistível processo de violência e destruição. Abraão é fruto disso tudo, e daquela terra, daquele tempo e cultura, de tais conflitos e do universo jurídico, religioso e político daquela região.

Conforme Bouzon (1986, p. 32), uma das expressões jurídicas e religiosas regionais foi a legislação de Hammurabi (c. 1728-1686 AEC), aliás, uma das mais antigas e bem preservadas do Oriente Antigo. Para ele, essa legislação se referia a uma sociedade dividida em classes, sendo uma delas a de *homens livres, com todos os seus direitos*, e *desse grupo vinham os funcionários públicos, sacerdotes, escribas, comerciantes, trabalhadores rurais, governadores, ricos e militares.*

Ele observa, ainda, que outro grupo era o dos escravos (escravizados), sendo, contudo, menor e de pouca importância, geralmente tomados de guerras e de relações de dívidas. Neste caso, os homens livres, *onerados por dívidas, podiam vender sua esposa, filhos ou a si mesmos para pagarem com trabalho escravo as suas dívidas.* Apesar disso, a legislação de Hammurabi limitava esse tipo de escravidão em três anos, reconhecendo, ainda, determinados direitos aos escravos. Ademais, a legislação de Hammurabi, chamada hoje de Código de Hammurabi, está gravada em uma estela com *282 Artigos*, que foi descoberta em 1901, e mantida no Museu do Louvre. É um "código" que procurou regular as relações jurídicas comuns, penais e econômicas. Além de seu *Código*, Hammurabi constantemente enviava *cartas* para os governadores de suas províncias a fim de lhes dar instruções ou informar decisões sobre conflitos, geralmente, ligados ao comércio, uso e posse da terra ou prestação de contas da administração.

Para o presente texto interessam os aspectos da influência da antiga Babilônia sobre grande parte das cidades mesopotâmicas e, também, sobre Abraão e, daí, sobre o judaísmo patriarcal originário e respectivo Direito Hebraico. A Babilônia, bem como toda a região da antiga Mesopotâmia, conforme Wegener (1965, p. 16) é o berço naturalmente cultural do antigo Patriarca Abraão.

Em seu Código (estela de baixo-relevo), Hammurabi começa por declarar-se escolhido pelos deuses para uma *nobre* missão, o que lembra muito o episódio de Moisés recebendo as Leis de Deus, também escolhido por Deus. Ambas as Leis tidas como de origem divina, e aqui usamos cuidadosamente a palavra *divina* do ponto de vista de legitimidade que se quer dar à Lei[5]. Hammurabi termina-o com pedido de bênção e maldição, respectivamente, sobre quem respeitar suas leis e sobre quem desobedecê-las:

> Quando o sublime Anum, rei dos Anunnaku,e Enlil, o senhor do céu e da terra, aquele que determina o destino do país, assinalaram a Marduk, filho primogênito de Ea, a dignidade de Enlil sobre todos os homens, quando eles o glorificaram entre os Egigu, quando eles pronunciaram o nome sublime de Babel e fizeram poderosa no universo, quando estabeleceram para ele uma realeza eterna, cujos fundamentos são firmes como o céu e a terra, naquele dia Anum e Enlil pronunciaram o meu nome, para alegrar os homens, Hammurabi, o príncipe piedoso, temente a deus, para fazer surgir a justiça na terra, para eliminar o mau e o perverso, para que o forte não oprima o fraco, para, como o sol, levantar-se sobre os cabeças-pretas e iluminar o país. Que os grandes deuses dos céus e da terra, que os Anunnaku em sua totalidade, o Espírito protetor do Templo, o tijolo da Ebabbar o amaldiçoe com uma maldição funesta a ele mesmo, seus descendentes, seu país, seus homens, que do seu povo como do seu exército. Que Enlil, por sua boca que não muda, o amaldiçoe com estas maldições e que elas o dominem imediatamente! (1986, p. 40, 227)

Embora o Código de Hammurabi seja o mais conhecido e importante conjunto de leis da Antiguidade, não é, contudo, o mais antigo. Abraão é, conforme o Gênesis, parte de uma cultura mesopotâmica em estado de transformação, movimento e

---

5. Essa legitimação "divina" das Leis percorre a história humana de todos os tempos até os atuais.

continuidade civilizatória, da qual Hammurabi é apenas uma parte posterior. Não há, contudo, e consideramos isso com muita tranquilidade, qualquer outra fonte, registro ou arqueologia, que tratam de Abraão e, depois dele, Isaac e Jacó. Aliás, que sequer os mencionem. Isso não surpreende, pois sabemos que os patriarcas, em especial, Abraão, não se fixaram exatamente em um lugar, mantendo-se nesse constante movimento, peregrinação e mudança geográfica.

A fim de confirmar a existência real dos patriarcas, o Rabino Fritz Pinkuss, que foi professor de História Judaica na Universidade de São Paulo, anota que em 1895, o orientalista Hugo Winkler fez a descoberta de uma cidade, Tell el Amarna, cerca de 300km ao sul do Cairo, e ali encontrou um conjunto de 360 tábuas de barro queimado, com inscrições cuneiformes, com registros da correspondência dos faraós Amenofes III e Amenofes IV, aproximadamente dos séculos XV e XIV AEC, com os governadores egípcios que administravam as terras canaanitas. Segundo Pinkus (1966, p. 8), tais governadores pediam ajuda e reforço militar contra invasores vindos do leste (Mesopotâmia), chamados de sa-gaz e habirus. Os habirus, esclarece Pinkus e, também, Martin Buber (2000, p. 17-27), eram de origem semita, e o nome lembra *ivrim, ibrim* – isto é, hebreus –, pois tanto *habiru* quanto *hebreu* significam, respectivamente, "nômade" e "os que vêm do além do leste" ou "os que vêm de lugares além do rio".

De fato, a palavra *hebreu*, anota Josefo (1821, p. 31), vem de Eber, um descendente de Sem, filho de Noé, e antepassado semita de Abraão. Assim como Pinkus, Emanuel Araújo, professor de História Antiga da Universidade de Brasília, considera que é possível apoiar-se em análise comparativa entre os *habirus* e os *hebreus*, sobretudo porque os habirus eram considerados como uma reunião de várias tribos semitas, uma espécie de confederação semita (1970, p. 42) o que leva, ao menos, a uma evidência de movimentação dos vários grupos, incluindo o de Abraão, como narrado no Gênesis.

Além de Pinkus e Araújo, esclarece Schultz que, desde 1925, com a descoberta e tradução dos tabletes de Nuzi (ou Nuzu), cidade escavada na região do Rio Tigre, vizinha de Assur, na região mesopotâmica, e outras respectivas informações arqueológicas, vieram à luz determinados elementos culturais, sociais e geográficos da região que confirmam os mesmos aspectos do relato do Gênesis. Não é pouca coisa, mesmo que personagens bíblicas não sejam citadas nesses registros (e em Nuzi não poderiam ser citadas, já que não consta sequer que Abraão e parentes tenham vivido ali). Conforme o Prof. Araújo, há muita similaridade entre os registros dos tabletes e o texto bíblico. Para Schultz (1984, p. 21), ao menos essa descoberta coloca os hebreus e, com eles, Abraão, em um lugar na história, afastando-os da simples e elaborada narrativa.

Com o propósito de contextualizar e manter a linha escolhida – isto é, histórica e das relações sociais –, bem como afinidades que marcam as origens culturais do judaísmo, até porque estamos abordando o tema, no modo judaico, não a partir da *revelação bíblica* (embora pudesse ser escolhida como legítima abordagem), parece ser interessante informar as principais leis anteriores e posteriores ao Código de Hammurabi, acima comentadas que, de alguma forma, influenciaram o pensamento abraâmico e do judaísmo posterior.

São elas, incluindo-se a legislação de Hammurabi: 1) *O Decreto de Urukagina, rei de Lagash* (*c.* 2400 AEC), Combate os abusos e instaura uma reforma com supressão de taxas, proteção das viúvas e dos órfãos, em nome da justiça, a fim de que os oprimidos sejam liberados. 2) *As Tabuletas de Ur-Nammu, rei de Ur* (c. 2111 AEC). Escolhido pelos deuses para restabelecer a equidade e a justiça, reprimindo os abusos, e vindo em auxílio dos oprimidos, viúvas e órfãos, pela reforma das leis de costumes. 3) *As Leis Sumerianas de Lipit-Ishtar, rei de Isin* (1875-1865 AEC). O sábio pastor escolhido pelos deuses Anu e Enlil para fazer reinar a equidade na terra acabando com as disputas e combatendo a rebelião, a fim de trazer a felicidade à Suméria e a Acad. 4) *As Leis de Eshunna* (1825-1787 AEC). Escolhido pelos deuses Anu e Enlil, em concordância com Marduk, para fazer reinar a equidade e a justiça, destruir o mal e exterminar os malfeitores, a fim de que os poderosos não oprimam os fracos, datado em 1930 AEC. 5) *Código de Hammurabi* (c. 1728-1686 AEC). 6) *As Leis Assírias de Tiglat Phalasar* (c. 1112-1074 AEC). Codificaram as Leis e tradições mais antigas.

Percebe-se, por conta dos vários *Direitos* da antiga Mesopotâmia e, especialmente, pelos trechos citados do Código de Hammurabi, com o qual naturalmente nos detivemos mais, além dos registros da Torá, que o patriarca Abraão, e *Terah*, seu pai, tiveram muito de semelhança, aliás, de origem no contexto cultural e religioso da Babilônia e dos povos circunvizinhos.

Talvez não se trate apenas de influência, mas de formação direta dos patriarcas. Nesse sentido, afirma Mircea Eliade (1978, p. 204) que há mesmo muitas *analogias entre as instituições sociais e jurídicas do Oriente Próximo e os costumes dos patriarcas*, e, em termos culturais, não há qualquer despropósito em afirmar que a chamada religião de Abraão tem suas raízes naquelas antigas legislações e culturas.

Comparativamente, um dos exemplos possíveis se refere à possibilidade de um homem haver filhos diretamente de uma *serva* quando a sua esposa não pudesse gerá-los. Isso ocorreu com Abraão na conhecida narrativa acerca de Hagar, a serva egípcia de Sara, esposa de Abraão (cf. Gn 16,1ss.). Hagar foi oferecida por Sara a Abraão para gerar filhos. Era um costume, informa Schultz (1984, p. 46), estabelecido na região mesopotâmica, em especial em Nuzi e na Babilônia de Hammurabi, com previsão expressa no próprio Código de Hammurabi.

A pequena diferença entre os vários elementos da cultura e civilização mesopotâmicas e a dos hebreus, a partir de Abraão, aparece na *concepção de Deus*, porquanto para os hebreus, lembra Collingwood, *a divindade tende a ser universalista*, enquanto para os povos de onde Abraão se originou, *as divindades são particulistas* (1981, p. 26) e familiares.

A partir daqueles elementos sociais e jurídicos dos grupos sociais da época de Hammurabi, estudados por Bouzon, bem como do relato do Gênesis, é possível afirmar que o patriarca Abraão pertencia à classe dos homens livres, economicamente estabelecidos e formados em alguma técnica de guerra.

O Gênesis relata a movimentação geográfica e familiar de Terah e Abraão, saindo de Ur dos caldeus, e se dirigindo às terras de Harã, sem qualquer restrição jurídica ou dificuldade econômica, o que não seria o caso de uma pessoa ou grupo escravizado. Além disso, muitos anos depois, quando Abraão deixou Harã para dirigir-se para Canaã ele levou consigo todas as pessoas que faziam parte de seu grupo, e todos os bens que possuía (cf. Gn 11,29-32; 12,5; 14,14-16).

Novamente aí temos uma prova de sua situação de homem livre e economicamente estabelecido. Não apenas essa livre movimentação territorial demonstra que o patriarca vinha de um grupo de homens livres, mas, também a habilidade de Abraão em guerrear e de atuar logisticamente como um típico comandante de guerra. Por exemplo, no episódio da guerra que envolveu os reinos de Sodoma e Gomorra contra os reis vindos do leste, Abraão entra na batalha, ao lado de Sodoma e Gomorra. Nessa oportunidade, Abraão arma, treina e lidera centenas de jovens de sua tribo, com os quais venceu aquela batalha e resgatou os prisioneiros e os bens dos reis com os quais se associara.

Consideremos que para armar, treinar e liderar jovens guerreiros exige-se, no mínimo, conhecimento bélico ou alguma arte de guerrear, o que se explica também pela experiência dos inúmeros conflitos a que foram submetidas as cidades da Mesopotâmia, e que influenciaram aquela movimentação de Terah e Abraão. Conforme Goldberg e Rayner (1989, p. 24), Abraão foi treinado para a guerra desde a Mesopotâmia, mas não era um homem afeito à guerra, e seu perfil é traçado como homem pacífico. Outro ponto importante, que demonstra a origem social e jurídica mesopotâmica de Abraão, refere-se à possibilidade legal de escravização por dívidas prevista no Código de Hammurabi e também em outras legislações mesopotâmicas, que Abraão conhecia bem. Possivelmente, por esse motivo, Abraão recusou qualquer tipo de pagamento pelo sucesso da batalha oferecido pelos reis de Sodoma e Gomorra, beneficiados com a vitória. Abraão não quis para si qualquer retribuição, exigindo apenas que seus jovens soldados fossem alimentados e pagos pelo trabalho militar. Tudo indica que Abraão não aceitou qualquer pagamento a fim de não parecer dever alguma coisa a eles, como, aliás, deixa claro em seu diálogo com aqueles reis: "não quero de vocês sequer um fio ou cordão de sapato para que não digam que enriqueceram a mim" (Gn 14,21-24).

Além de não querer uma relação que pudesse vinculá-lo juridicamente, Chouraqui afirma que ele quis evitar submeter-se moralmente àqueles líderes (1995, p. 156). Para Buber, entretanto, a questão de não aceitar qualquer tipo de retribuição revela apenas que Abraão não queria ser visto como um mercenário (2000, p. 25), já que era comum a associação de grupos ou tribos para guerrearem como mercenários para um determinado rei. Realmente, do que se depreende das várias leis mesopotâmicas, indicada alhures, era prevista a desmoralização de um homem por dívida, e a possibilidade de se tornar *escravizado* por esta razão. Essa regra é comum a vários povos em lugares e tempos diversos, além dos antigos babilônios. Por esses dados jurídicos e, também, religiosos, da vida de Abraão, Samuele Luzzatto, grande judeu progressista, estudado por Dante Lattes (1969), afirmou que o patriarca vivia uma *embrionária religião judaica*, nascida na Babilônia, e desenvolvida depois. Chama-a de *abraamismo*. Não foi revelação, segundo Luzzatto, mas experiência histórica e humana de Abraão, que inclui a *noção de monoteísmo*. Alguns séculos depois de Abraão, Moisés, com a *revelação do Sinai*, cria, segundo Luzzatto, o *mosaísmo*, esse sim advindo da Torá, que não é religião nova, mas uma *evolução* e *conservação da própria*

28

religião de Abraão e dos filhos. O judaísmo é, então, o resultado desse processo de transformação cultural entre Abraão e Moisés, e que continua, mesmo nos dias de hoje.

Para Mircea Eliade e Ioan Couliano (1999, p. 215), o judaísmo, como nós o conhecemos, e o próprio povo judeu, nasceram mesmo há 4 mil anos com Abraão – e não com Moisés, a partir dos primeiros grupos semitas que se instalaram na Mesopotâmia, e dos quais Abraão recebe fortes influências, incluindo certa *monolotria* que só mais tarde se converteu em *monoteísmo*. Quanto a Luzzatto, e sua teoria da religião abraâmica, Eliade e Couliano afirmam que por fazer parte de um movimento "iluminista" judaico chamado *haskalah*, influenciado pelo século das Luzes, ele se movimentou para a modernização e europeização da literatura judaica, e, por isso mesmo, procurou objetivamente colocar o estudo do judaísmo no contexto racional de religião histórica.

Realmente, a *haskalah* foi um movimento reformista que se opôs ao conservador, porque os reformistas pretendiam redescobrir as raízes do judaísmo, elaborando uma filosofia da história judaica, bem como afastar os judeus do isolamento a que se tinham confinado na Europa. Ao considerar a religião de Abraão como *abraamismo*, então conservado e regrado pelo mosaísmo, parece-nos que Luzzatto, no contexto da *haskalah*, deu ao judaísmo uma concepção hermenêutica humana, histórica, atualizadora e, em algum grau, emancipatória. É com Abraão que começa a história embrionária do judaísmo, pois, conforme Eliade (1978, p. 193), e os autores modernos concordam nisso, ele aparece como um *escolhido* para ser o ancestral mais próximo da realidade dos judeus posto que as narrativas anteriores, entre as quais, o Dilúvio e a Torre de Babel, fogem de uma concepção mais realista, e estão envoltas de alguma nebulosidade mítica.

Ainda que consideremos a história de Abraão como o início da história do judaísmo, não obstante, não seria ele o criador (pai) do monoteísmo, sobretudo se pensarmos na passagem em que ele oferece dízimos a certo *Melk-Tsédec* (rei de justiça), rei de

Shalém, conhecido como sacerdote de *El Eleyon* (cf. Gn 14,18), traduzido como *Deus Altíssimo*. *Melk-Tsédec*, portanto, praticava um culto monoteísta, anterior a Abraão. Diferentemente das narrativas anteriores à história de Abraão, envoltas naquela névoa mítica, o encontro acima tem características aparentemente mais históricas. Rashi lembra em seu comentário à Torá (1993, p. 59) que *Melk-Tsédec* é considerado como *Sem* – o filho de *Noé*, o que indica um comentário teológico ou, no máximo, místico. Apesar disso, é possível tratar-se, não de *Sem*, mas de um mestre da *escola semítica*, que teve em *Sem* o seu fundador.

Sobre isso, Dante Lattes (2018, p. 36) comenta esta passagem, não como Rashi, nem tampouco de modo teológico, mas dando-lhe um caráter fundante de antropologia filosófica ao considerar que a experiência de Abraão com *Melk-Tsédec* aponta para um caráter universalista da religião abraâmica, e a bênção que Abraão recebe daquele *"Rei de Justiça"* não é, segundo Dante Lattes, apenas para os judeus, mas para toda a humanidade. Por outro lado, Max Weber contextualiza a história em outra raiz, a da cultura fenícia, incluindo o *El Eleyonm* como *o deus dos deuses*. Segundo ele, Abraão toma o nome dessa divindade e o usa como correspondente do Deus de Israel (1952, p. 152). Chouraqui, na linha de Weber, sugere que a divindade *El Eleyonm,* de quem *Melk-Tsédec* era sacerdote, é o primeiro dos deuses do panteão fenício, e o mesmo nome "sèdèq-mèlèk" aparece em inscrições fenícias (1995, p. 152).

Difícil não fazer uma correspondência imediata entre esse *El Eleyonm* e o *Elohim* que aparece no início do Gênesis *criando* todas as coisas (cf. 2,4). De qualquer modo, esse encontro e a bênção dele resultante, marcam a origem do *judaísmo monoteísta*, e lhe dá os contornos éticos que caracterizarão o *abraamismo*.

Em relação aos mitos de origem, informa Eliade (1978, p. 194) que muitos estudiosos do judaísmo, entre os quais, judeus modernos e de certa elite religiosa, afirmam que os hebreus deram aos mitos de origem um *papel secundário*, pois estavam mais ciosos da relação cotidiana com Deus, e não com investigações sobre a origem do mundo. Eliade obviamente discorda, e considera que ao contrário, os primeiros judeus, e mesmo os contemporâneos, têm – e o registro do Gênesis comprova-o, certa paixão pelos mitos de origem. E, neste caso, mesmo havendo grandes debates sobre o texto e datação do Gênesis, o que é irrelevante para Eliade, porque o conteúdo é tão arcaico que reflete concepções muito mais antigas do que *a saga de Abraão,* escapando a qualquer tentativa de indicação específica e temporal.

Além do aspecto jurídico, ético e monoteísta abraâmicos, conforme o que tratamos acima, cabe, ainda, considerar outro elemento religioso determinante no abraamismo, que já tivemos a oportunidade de abordar (2018, p. 207): *a ideia de sacrifício,* pois essa prática seguirá marcando por quase dois milênios o judaísmo, ao menos até a destruição do segundo Templo, em 70 EC, lugar institucional para a prática sacrificial.

De acordo com a narrativa do Gênesis, logo após o encontro de Abraão com *Melk-Tsédec,* estabeleceu-se o primeiro sacrifício e uma primeira aliança entre ele e Deus (Gn 15,1-21), cujo objetivo era estabelecer o nascimento de um povo que ocupasse aquelas terras. Na ocasião, Abraão toma alguns animais: três novilhas, três cabras, três carneiros, uma rola e um pombo, e os partiu ao meio (menos as aves), deixando as metades uma de frente para outra, e naquela noite Abraão experimentou um estado de teofania quando um fogo passou pelo meio das metades dos animais partidos.

Mircea Eliade anota (1978, p. 169-206) que essa prática ritual Era Comum a outros povos da Antiguidade, entre os quais os hititas, e que não houve outro registro semelhante na Torá. O diálogo, então, que se estabelece entre Abraão e o Deus que se lhe aparece nessa narrativa não se refere à fé, mas a existência, às propriedades, aos descendentes, à linha sucessória e, também, à possibilidade de haver uma descendência que fosse incontável como as estrelas do céu. Ali, conforme se vê no Gênesis, começa um povo a partir de Abraão, pois há menção inclusive acerca da caminhada que começou em Ur dos caldeus, sua antiga terra e a herança que ele receberia em Canaã (cf. Gn 15,7).

Um dos aspectos do diálogo que se estabelece entre Abraão e Deus refere-se à descendência abraâmica, em qualquer sentido que se queira dar à expressão descendência, mas é certo de que não se trata de uma adoção. Abraão diz para Deus que o que viesse a receber não seria herdado por filhos porque não os tinha, mas tinha um mordomo, Eliézer, nascido em sua casa e que, ao final, receberia sua herança. Deus lhe responde que não, pois o herdeiro sairá dele mesmo. O que considero aqui, ao lado do sacrifício que se prepara, é elemento fundante de uma religião que ali nasce e, com o passar dos anos, será caracteristicamente a religião dos pais, como lembra Eliade (1978, p. 204).

A religião dos patriarcas é o culto ao *Deus do pai*. Por isso mesmo será comum encontrarmos expressões na Torá, e Eliade cita-as, como por exemplo: o Deus do meu pai; eu sou o Deus de Abraão, teu pai; o Deus de Abraão, e o Deus de Nahor, e o Deus dos pais deles, e Jacó jurou pelo Deus de seu pai, Isaac; O Deus do meu pai Abraão e o Deus do meu pai Isaac (cf. Gn 31,5; 26,24; 31,53; 32,10), embora considere uma expressão comum no Oriente antigo e, em especial, os deuses canaanitas tinham similaridade entre si, pois se tratava mesmo de deuses familiares, mas que, a partir de Abraão ganha uma dimensão cósmica e universal.

Entretanto, Rashi (1993, p. 154) e Chouraqui (1996, p. 334) consideram que a passagem *Deus de Nahor, e o Deus dos pais deles*, refere-se aos deuses de Labão e de Nahor, e não ao Deus de Abraão. Na verdade, pouco importa isso para este trabalho, pois é a fórmula que interessa, e não a natureza da divindade.

Na passagem do inusitado sacrifício, parece que Abraão tem essa preocupação com a descendência e, é bem possível, com o culto ao Deus do pai. Fora isso, consideramos esse singular sacrifício como *uma aliança*, na qual apenas o Eterno se apresenta como um Deus que abençoa, sem exigir qualquer contrapartida de Abraão (cf. Gn 15,18). E, por isso mesmo, não é um Pacto no sentido de contrato, que obrigue os contratantes, já que nada se exige daquele patriarca.

O outro sacrifício – o de Isaac, detalhado na descrição bíblica é o mais expressivo dos sacrifícios, assim como do culto abraâmico. Pois bem, em um episódio conhecido como o sacrifício de Isaac (holocausto, porque havia fogo), sugere-se que Deus teria pedido o sacrifício do filho de Abraão a fim de testar a sua fé:

> E disse Deus a Abraão: toma agora o teu filho, o teu único filho, Isaac, a quem amas, e vai-te à terra de Moriá, e oferece-o ali em sacrifício sobre uma das montanhas, que eu te direi [...]. Então se levantou Abraão pela manhã, de madrugada, e albardou o seu jumento, e tomou consigo dois de seus moços e Isaac, seu filho; e fendeu lenha para o sacrifício, e levantou-se, e foi ao lugar que Deus dissera. E ao terceiro dia ergueu seus olhos e viu o lugar de longe [...]. E tomou Abraão a lenha do sacrifício, e pô-la sobre Isaac seu filho; e tomou o fogo e o cutelo na sua mão, e foram ambos juntos. E Isaac falou a Abraão seu pai, e disse: Meu pai! E ele disse: eis-me aqui, meu filho! E ele disse: eis aqui o fogo e a lenha, mas onde está o cordeiro para o sacrifício? E disse Abraão: Deus proverá para si o cordeiro para o sacrifício, meu filho. Assim caminharam ambos juntos. E vieram ao lugar que Deus lhe dissera, e edificou Abraão ali um altar, e pôs em ordem a lenha, e amarrou a Isaac, seu filho, e deitou-o sobre o altar em cima da lenha. E estendeu Abraão a sua mão, e tomou o cutelo para imolar seu filho [...]. Mas o anjo de Deus lhe bradou desde os céus e disse: Não estendas a sua mão sobre o moço, e não lhe faças nada [...]. Então levantou Abraão seus olhos, e olhou, e eis um carneiro detrás dele [...] e tomou o carneiro e ofereceu-o em sacrifício, em lugar de seu filho (Gn 22).

Antes de prosseguirmos sobre o abraamismo, é oportuno lembrarmos que o sacrifício de pessoas, por vezes, membros da própria família, era prática comum entre os antigos (e, conforme o caso, como com os astecas, não tão antigos). Tal prática não era de modo algum desconhecida dos povos orientais, aliás, Eliade (1978,

p. 206) afirma que era praticado pelos cananeus ou caananitas. A história de Abraão se passa no momento decisivamente fundante para o povo hebreu.

O sacrifício, como se vê no relato do Gênesis, especialmente sacrifício humano, permanece como instituição, mas, a partir de então, não mais *realmente* humano, substituído que foi pelo sacrifício animal. A substituição sacrificial, reconheçamos, não elimina o sacrifício humano, apenas o concentra na dimensão ritual religiosa. Creio que é esclarecedor passarmos por uma rápida consideração sobre os sacrifícios humanos e seus substitutos, sobretudo porque era uma das características da religião abraâmica e, depois, da religião mosaica.

Pois bem, ao analisar os antigos sacrifícios, entre os quais, o grego, Franz Hinkelammert (1993, p. 20) considera que o sacrifício humano, mesmo a partir da situação de Abraão, continua "legítimo", mas somente na forma religiosa, porque o fato em si o proíbe, mas não o simbólico. Diz Hinkelammert: "o sacrifício humano segue sendo legítimo, mas proibido. Não aparece uma perspectiva de uma liberdade que consista em não sacrificar seres humanos".

Pela tradição religiosa (teológica) o que se leva em conta (apenas) é a prova de fé do Patriarca Abraão (cf. Hb 11,17), que está sendo testada. Mircea Eliade (1978, p. 207) prefere dizer que esta experiência revela que Abraão se sentia ligado ao seu Deus. Porém, por tratar-se de uma narrativa fundante é necessário extrair dela algum outro entendimento e explicação. Abraão está criando um novo povo, e está no meio de outros tantos povos, inclusive o seu povo originário (mesopotâmico), que praticam os sacrifícios humanos. Seu filho Isaac é o herdeiro legítimo e, portanto, o sucessor na linha genealógica patriarcal.

A tessitura dessa narrativa está relacionada ao detalhe material: *lenha, fogo, cutelo, jumento, servos e por último, o animal que está presente*, e, também, o elemento subjetivo e sentimental: único filho *legítimo, filho amado de Sara, filho da sua velhice, diálogos com o filho no caminho em direção a Moriá*. À maneira que o praticavam os povos, Abraão prepara o seu *holocausto* e segue, no ritual, até um ponto extremo em que ouve a voz determinando que não estendesse a mão sobre seu filho (cf. Gn 22,12).

O que ocorre alio é o ponto de transição, de ruptura, de modificação do *status quo ante* sacrificial. O episódio está no dizendo outra coisa, que, a meu ver, não tem a ver com a fé, ou prova de fé, do patriarca, mas com mudança. É o mito que interessa, não a sua historicidade, pois é ele que será ensinado aos descendentes e, finalmente, fará parte da Torá. Até aquele momento se praticavam sacrifícios humanos, aceitos com normalidade cultural. Sacrifícios, como com os astecas, reais, ou seja, seres humanos eram realmente sacrificados aos deuses. Muda-se a forma e o objeto, mas não a natureza e significado do sacrifício. O filho de Abraão, escolhido para ser a vítima sacrificial, será sacrificado, mas por via interposta, por substituto: o animal. Narra o Gênesis: "então levantou Abraão os seus olhos e olhou, e eis um carneiro detrás dele, e tomou o carneiro, e ofereceu-o em holocausto, em lugar do seu filho" (Gn 22,13).

O animal em lugar do filho que é simbolicamente sacrificado. E, embora Hinkelammert, já mencionado, considere que não se trata de uma *abolição do sacrifício, mas ao contrário, da sua exaltação*, podemos reconhecer que há uma proibição tácita para os sacrifícios humanos (e o caráter substitutivo demonstra-o). Em outras palavras, podemos raciocinar da seguinte forma *até aqui era assim*, sacrifícios humanos, mas, agora, este novo povo que se constitui não fará desse modo. Dá-se um passo acima de caráter civilizatório: *substituição sacrificial*. Diga-se que em relação à violência em si, a mudança de vítima sacrificial pouco resolve, mas, é inegável que há quase 4 mil anos, deu-se início a um processo de humanização, em função da qual se procura combater a violência intrínseca. O ato de Abraão representa o *início deste processo judaico de respeito à dignidade da pessoa humana* e, não apenas isso, mas, conforme Goldberg e Rayner (1989, p. 24), é o primeiro protesto contra a prática de sacrifícios de crianças. É como se Abraão dissesse: nesta terra se faz assim, mas nós não faremos isso.

Tanto a mudança do costume sacrificial e, com isso, a ruptura com os deuses canaanitas construirá, segundo Weber (1952, p. 4), uma ética especial: *racional de conduta social*. Não apenas a prática canaanita, mas a herança mesopotâmica repleta de monolatrias será abandonada (ou racionalizada) e nisso consiste o *fundamento e a novidade judaica*. Com Moisés, os sacrifícios animais serão regrados na Torá, criando a partir daí uma tensão entre Sacerdotes, autorizados para executar o culto sacrificial, e os profetas, cuja luta será em torno da ética, do direito e da justiça. Entre os profetas, citamos Jeremias (*c.* século VI AEC) que se levantou não apenas para condenar os sacrifícios humanos que foram reinaugurados, mas contra o próprio sistema e culto sacrificiais:

> Não vos fieis em palavras falsas, dizendo: Templo do Senhor, Templo do Senhor, Templo do Senhor é este. Mas, se deveras melhorardes os vossos caminhos e as vossas obras, se deveras fizerdes juízo entre um homem e entre seu companheiro, se não oprimirdes o estrangeiro, e o órfão, e a viúva, nem derramardes sangue inocente neste lugar, nem andardes após outros deuses para vosso próprio mal, eu vos farei habitar neste lugar, na terra, que dei a vossos pais, de século em século [...] é, pois, esta casa [...] uma caverna de salteadores aos vossos olhos? Acaso é a mim que eles provocam à ira, diz o Senhor, e não antes a si mesmos, para confusão dos seus rostos? Assim diz o Senhor: ajuntai os vossos holocaustos aos vossos sacrifícios, e comeis carne. Porque nunca falei a vossos pais, no dia em que vos tirei da terra do Egito, nem lhes ordenei coisa alguma acerca de holocaustos ou sacrifícios. Mas, isto lhes ordenei: Dai ouvidos à minha voz, e eu serei o vosso Deus, e vós sereis o meu povo; e andai em todo caminho que eu vos mandar, para que vos vá bem, mas não ouviram [...]. Fizeram o que parece mal [...] e edificaram os altos de Tophet [...] para queimarem no fogo a seus filhos e a suas filhas, o que nunca ordenei, nem me subiu ao coração [...] e eis que vêm

dias em que nunca se chamará mais Tophet, mas vale da matança [...] *e os cadáveres deste povo servirão de pasto às aves do céu e aos animais da terra* (Jr 7).

De qualquer forma, as virtudes e a ética que desabrocham em Abraão, chamemos, ou não, de *abraamismo*, são fundamentais para a formação cultural de seus descendentes imediatos e, também, inspiram e adentram na Torá e nos profetas com vigor. São virtudes e ética que permeiam o judaísmo e, assim, criam aquela linha judaica que identifica os judeus, embora não necessariamente faça deles um grupo uniforme, muito pelo contrário.

Sobre o patriarca, ensina o Talmud que os *discípulos*, os aprendizes ou filhos de Abraão, possuem três qualidades imutáveis: o olho bom, ou seja, a generosidade; o espírito moderado e o ânimo humilde. Além disso, os *discípulos* de Abraão gozam esta vida, o aqui e agora, e terão, ainda, parte na vida vindoura[6]. O legado do *culto ao Deus dos pais* e dos patriarcas pode ser sintetizado como experiências de homens justos que, no mundo, atraíram bênçãos sobre a terra. Segundo o Zohar, organizado por Ariel Bension (2006, p. 143),

> quando Abraão esteve na terra, espargiu bênçãos por ela, e Deus lhe mostrou que toda a humanidade seria abençoada nele. Quando Isaac esteve na terra, fez com que os homens vissem que há um juiz sobre todas as coisas, um juiz que distribui justiça. E quando Jacó esteve no mundo, atraiu a misericórdia de Deus para o mundo e aperfeiçoou a fé do homem.

Segundo Weber (1952, p. 4), para os antigos patriarcas esse mundo não foi concebido para ser imutável, mas necessariamente mutável, sobretudo pela ação dos homens, em especial pelos judeus, e da reação de Deus em relação a eles. Trata-se, continua ele, de uma concepção histórica projetada. O processo de peregrinação dos patriarcas é uma síntese da experiência humana, que começa com

---

6. Pirket Avot (Ética dos Pais). Cf. Gn 5,19.

o *Lech Lechá* (vai, vai por ti então) (Gn 22) e segue, no processo de construção do judaísmo, principalmente no respeito ao culto do Deus dos pais. Assim, pelo que se lê no Gênesis, os filhos de Abraão, Isaac e Jacó, os três patriarcas, continuaram praticando um típico culto abraâmico, o culto do *Deus do pai*, com pouco e simples ritual e experiências que demonstram muito mais um comportamento ético de ocupação da terra, e um apego continuado à ideia de justiça, como base do mundo, conforme ensina o Rabino Diesendruck (1978, p. 21).

Essa religião dos patriarcas, a que Weber chama de *judaísmo antigo* no seu livro (inacabado) *Economia e Sociedade*, não estabeleceu qualquer exigência dogmática, e não é objeto intelectual, pois se refere à prática de justiça e fé (1997, p. 444) que, de qualquer modo, não pode se confundir com teologia.

Lembramos, por outro lado, que o culto ao *Deus do pai* é uma expressão duplamente patriarcal, já se refere aos patriarcas e ao Deus (masculinizado) dos patriarcas e, infelizmente, não leva em conta, conforme Eliade (1978, p. 196), aspectos femininos, *andróginos* ou até da *bissexualidade divina*, e, no curso da história da humanidade, acabou por transformar-se e se reduzir a um *culto ao patriarcalismo* opressivo, rapidamente convertido em machismo e, hoje, misoginia. Na simples leitura do Gênesis, para Eliade, fica evidente além da androginia divina, também a androginia humana. No plano de criação (Gn 1,27), *Elohim*, palavra plural traduzida comumente por Deus, pretende que Adão (*designativo genérico da humanidade que significa, em hebraico, o terroso, o vermelho*) seja criado à sua imagem e semelhança: *façamos o homem à nossa imagem e semelhança*, e, depois, o Gênesis afirma que Adão foi criado conforme a imagem de Elohim. O Gênesis não confirma a semelhança, apenas a imagem e, além disso, diz que Adão foi criado macho e fêmea (ish/isha).

Landmann, entretanto, discorda de Eliade quanto à androginia ou bissexualidade divinas, considerando que não há qualquer possibilidade ou evidência bíblica nesse sentido. Prefere, não a androginia divina, mas sua feminilidade. Para ele é a imagem feminina de Deus que prevalece (1999, p. 15-21). Segundo ele, a natureza feminina da divindade fica sugerida no momento da bênção de Jacó sobre seus filhos, já no leito de morte. Para José, seu filho, Jacó diz: *do Deus do teu pai que te ajudará, o El Shadai te abençoará com as bênçãos dos altos céus, e com as bênçãos do abismo que está debaixo, com as bênçãos dos peitos (shadaim) e do útero* (Gn 40,25). O jogo de palavras com a mesma raiz, ou seja, *el shadai* (onipotente) e *shadaim* (seios) que têm a mesma raiz no vocabulário hebraico de Fontanella (1824, p. 121) são utilizadas no hebraico da bênção, segundo Landmann (1999, p. 17), indicam a feminilidade de Deus, não a androginia. É, realmente, uma bênção que concerta todas as possibilidades de vida sobre José: águas de cima, águas debaixo, subsistência e fertilidade.

Considerando as culturas mesopotâmicas e canaanitas no meio das quais os judeus viveram na origem de sua formação, há alguma razão em tal bênção, pois realmente havia deusas (Achera e Anat) cuja expressão é mesmo de *seios imensos* e deuses (El e Baal), cujos relacionamentos eram afeitos à fertilidade.

Mas, pouco a pouco, esse aspecto feminino foi se apagando e sendo substituído por outro. Mesmo o designativo *El Shadai* para a divindade, cuja origem, conforme o Rabino Dario Disegni (2005, p. 99), que marca o culto abraâmico no período dos patriarcas Abraão, Isaac e Jacó, com suas conexões expressivas com a feminilidade (shadaim/seios), é usado pela última vez em Êxodo (cf. Ex 6,3) e, desde então, já com Moisés, é substituído apenas por YHWH (tetragrama impronunciável com as quatro letras *YOD, HE, VAV, HE,* às vezes traduzido como Adonai, Senhor) e Elohim (traduzido por Deus) e, daí, "Senhor Deus".

Do patriarcalismo, então, como desdobramento e corruptela do culto patriarcal (já um substituto do culto feminino), a sociedade mesopotâmica, canaanita, hebraica, grega, romana e medieval, constituíram seus respectivos sistemas religiosos, sociais, familiares, jurídicos, educacionais, econômicos e políticos, cujos efeitos, negativos, se fazem sentir até os dias atuais, abordados em vários sentidos nos textos freudianos e kafkanianos, conforme analisa Luzia Batista de Oliveira Silva (2015, p. 139-167).

No entanto, a compreensão originária sobre isso leva a conclusão diversa: o da androginia da pessoa humana em sua criação (cf. Gn 1,27; 2,23; 5; 5,2)[7], como esclarece o Rabino Shelomo Aviner (2004, p. 19), pois o Talmud afirma que a pessoa humana era mesmo um andrógino, bem como no comentário feito por Chouraqui ao Gênesis (1996, p. 45-76). E, por isso mesmo, nada justifica qualquer desigualdade entre homens e mulheres, criados em um único ser.

Além disso, o Gênesis narra uma interessante história de resistência feminina, a de Rachel, matriarca e uma das esposas de Jacó, que se voltou contra os deuses de seu pai, Labão, escondendo-os a fim de retirar-lhe toda a energia e autoridade (cf. Gn 31,19). Nesse sentido, podemos entender que a história e culto dos patriarcas foram, também, a história das matriarcas, porque a Torá, o Tanakh inteiro e literaturas judaicas posteriores, não escondem, de modo algum, a presença das matriarcas Sara, Rebeca, Raquel, Lia, entre outras mulheres, conforme Rehfeld (2003, p. 135).

Se há um Abraão, há também uma Sara, decidindo sobre gerar filhos, e uma das Parashot, porção semanal da Torá, é especial e nominalmente dedicada a ela; *Chaye Sara* (vida de Sara). Se há um Isaac, há também uma Rebeca que, não apenas decide, mas decide, antes de tudo, se quer se casar com Isaac de modo determinado, como quando decide que seu filho Jacó, e não seu filho Esav, deve ser o líder da comunidade judaica que se iniciava ali. Se há um Jacó, há uma Raquel e uma Lia, determinadas e proativas conforme se lê na Torá (Gn 16)[8]. Seus nomes aparecem nas preces de muitas sinagogas:

---

7. *Ish/isha*, isto é, macho/fêmea.
8. Parashá Chaye Sara: Gn 23; 24,58; 25,1-18; 27,6-17; 31,19.

Mi Sheberach avotenu Avraham, Yitschac veYaakov [...] veSara, Rivka, Rachel veLeah [...] hu ievarech et haisha haioledet[9].

Baruch ata Adonai, Elohenu velohe avotenu, Elohe Avraham, Elohe Yitschac, v'Elohe Yaakov, Elohe Sara, Elohe Rivka, Elohe Rachel v'Elohe Leah[10].

Indiscutível o papel desempenhado pelas matriarcas, bem como seu crescente reconhecimento ao longo da história judaica. Voltando a Raquel que, além de enfrentar o culto dos deuses de seu pai, foi responsável direta pela criação de seu filho José, um dos hebreus mais importantes, inclusive, para proteção do povo judeu no meio da fome que assolou toda aquela região. Se há um culto do Deus do pai, haveria, assim, um culto do Deus da mãe, porque existem patriarcas e matriarcas, diretamente responsáveis pela bênção das gerações e, de modo diverso dos gregos e romanos, responsáveis pelo acendimento das luzes (velas), em especial, as duas velas de *Cabalat Shabat*[11] acesas, sempre, por mulheres. Entre Gregos e Romanos, apenas os homens (*paterfamilias*) administravam o fogo sagrado; entre os judeus, somente as mulheres acendem as velas.

Não foi reservado às matriarcas apenas a vida ativa e intensa no universo judaico, nem tampouco apenas acender velas. Há episódios no Tanakh que registram, por exemplo, o direito e o poder de resistir ao opressor, de dançar, de contradizer, de julgar,

---

9. (Aquele que abençoou nossos pais Abraão, Isaac, Jacó [...] e Sara, Rebeca, Raquel e Lia [...] abençoará a parturiente.). Na Shacharit de Shabat e Iom Tov (Serviço matutino de Shabat e de Dia Santo): *Mi Sheberach* (Aquele que abençoou) para parturientes. Cf. FRIDLIN, J. (org.). *Sidur completo*. São Paulo: Seder, 1997, p. 359.

10. (Bendito sejas tu, nosso Deus e Deus de nossos pais, Deus de Abraão, Deus de Isaac e Deus de Jacó, Deus de Sara, Deus de Rebeca, Deus de Raquel e Deus de Lia). Parte da Bênção Avot (bênção dos pais) recitada na Amidá (grande prece) de Shabat.

11. Recepção e Celebração do Shabat, realizada ao pôr do sol das sextas-feiras, iniciando com o acendimento de duas velas e o partilhamento do Challá (pão de Shabat) e do Gafen/Ghefen (vinho).

profetizar, intervir, decidir, dizer e influir sobre o mundo judaico. Por exemplo:

a) A Torá registra a determinada resistência das parteiras Shipha e Pouá (cf. Ex 1,15), cujos nomes têm origem egípcia e canaanita, que se recusaram a cumprir a ordem do faraó e matar crianças hebreias e que, com isso, salvaram crianças, entre as quais, Moisés.

b) Miriã, a irmã mais velha de Moisés, o leva, ainda com poucos dias de vida, para o rio em um cesto a fim de livrá-lo da morte determinada pelo faraó. Acompanha-o e consegue, junto à filha de faraó que o mesmo seja criado nos primeiros anos pela sua própria mãe, sem que a princesa soubesse, e finalmente ele é adotado por ela que lhe dá o nome de Moisés (cf. Ex 2,4.7.8; 15,20-21). Após a saída do Egito, Moisés reúne os homens e começa a cantar com eles, talvez, até dançar. Miriã, sua irmã, vendo aquilo, toma um tamboril, reúne as mulheres e começa a cantar e dançar com elas no evento que será, provavelmente, o primeiro carnaval da humanidade (cf. Ex 15,20-21). Chouraque (1996, p. 199) explica o episódio com simplicidade: havia um coral de homens dirigido por Moisés, de um lado, e outro, de mulheres, dirigido por sua irmã Miriã.

d) A mesma Miriã faz duras críticas a seu irmão, Moisés, por um comportamento sexual do legislador que ela julga inconveniente (cf. Nm 12,1).

e) Débora, a primeira juíza, julga os israelitas após a morte de Josué, substituto de Moisés, por quarenta anos (cf. Jz 4,4-32).

Em que pese a origem (ou a concepção) patriarcal do judaísmo, ao menos histórica, os rabinos Goldberg e Rayner lembram (1989, p. 24) que a Torá descreve aqueles patriarcas como homens *pacíficos, ansiosos por coexistir amigavelmente com seus vizinhos, tinha uma índole cortês e hospitaleira.* Weber (1952, p. 49) faz a mesma análise – isto é, dos patriarcas como *pacifistas radicais* –, e não apenas isso, mas *tendo um Deus que ama homens da paz* e, optando por uma vida mais isolada, fora dos conflitos entre povos, conseguem uma relativa segurança. Talvez aqui as características que poderão ser importantes para entender a sobrevivência judaica no mundo ao longo dos milênios. E, não apenas a sobrevivência, mas uma ética de sobrevivência que pressupõe não impor-se ao mundo, ao contrário, participar dele com tolerância.

O ápice ético e da solidariedade encontra-se na bela e comovente história de José, um dos treze filhos de Jacó (doze filhos e uma filha), vendido pelos próprios irmãos aos mercadores de escravos, e que acabou no Egito como um poderoso governador, passando ele mesmo por conflitos éticos (cf. Gn 26,15ss.; 27,6ss; 32; 37; 39–48; 50,14-26). E, finalmente, a descida e permanência de Jacó e filhos ao Egito, sob a proteção de José, o que leva, depois, ao processo de escravização hebraica no Egito por alguns séculos. Para Mircea Eliade (1978, p. 208), é a narrativa dessa ida de Jacó, com toda a família, para o Egito, e ali permanecendo até sua morte e, depois dele, seus filhos e descendentes, o ponto histórico onde se estabelecem os primórdios da religião, agora não mais apenas abraâmica, mas israelita, vale dizer mosaica.

Desde a descida para o Egito, os hebreus passaram a viver em Goshen, inicialmente com plena liberdade, mas depois da morte de José, e da mudança de faraós, foram submetidos a trabalhos forçados para a construção de cidades egípcias e, por isso mesmo, impedidos de partir, humilhados e sem qualquer liberdade, inclusive com controle da natalidade imposto pelo governo egípcio, que pressupunha, como vimos acima, o extermínio de crianças hebreias (cf. Ex 1,16), movido pela reafirmação do nacionalismo egípcio e, por isso mesmo, intolerância e exclusividade.

O Êxodo registra essa opressão da seguinte maneira:

> [...] e novo rei do Egito, que não tinha conhecido José, disse ao seu povo: eis o povo hebreu multiplicou-se e se tornou poderoso diante de nós. Sejamos mais sábios que ele a fim de que não se multiplique, sim, pois quando surgir uma guerra ele se aliará aos nossos inimigos e guerreará contra nós e subirá da terra.

Estabeleceram chefes de corveias[12] para violentá-los através de seus fardos, e o povo hebreu construiu para o faraó cidades de depósitos: Pitom e Ra'amses. E quanto mais afligiam os hebreus, mais se multiplicavam e tanto mais crescia, de tal maneira que os egípcios se aborreciam diante dos hebreus. E os egípcios faziam os hebreus servirem com dureza, e tornaram suas vidas amargas com essa dura servidão na argila, nos tijolos, em toda servidão nos campos, além de todo tipo de servidão a que foram submetidos [...] e o faraó determinou às parteiras que matassem as crianças que nascessem [...] (Ex 1,8-16).

A Torá registra que todo o tempo em que os hebreus ficaram submetidos ao Egito soma 430 anos (cf. Ex 12,41-42), que os rabinos aceitam, mas datam a partir do nascimento de Isaac, pois ao tempo de Isaac, a região de Canaã, onde vivia o patriarca, estava sob o domínio egípcio. Alguns especificam que o período da servidão sob o Egito, contado do momento em que Jacó desce ao Egito, e ali permanece, conta 210 anos. A contagem dos períodos é bastante razoável do ponto de vista cronológico, pois há uma submissão jurídica e militar de toda aquela região e, depois da morte de José, uma política egípcia opressiva dirigida contra os hebreus de Goshen. Sobre isso, já vimos anteriormente que alguns dos registros cuneiformes em centenas de tábuas de barro queimado, se referem à correspondência dos faraós com seus governadores e funcionários designados para administração de Canaã.

De qualquer forma, é comum contar sempre 430 anos, embora pela simples leitura da Torá não é possível afirmar que houve uma servidão como a citada acima por todo o tempo de 430 anos,

---

12. *Corveia* é um *tributo* impositivo que pressupunha prestação de serviço gratuito ao governo. É trabalho escravizador. Foi usado, posteriormente, por Salomão, quando construiu sua casa e de sua esposa, a filha do faraó. Há registros de que Salomão impôs a corveias aos remanescentes dos amorreus, heteus, fereseus, heveus e jebuseus que estavam sob seu governo. Cf. 1Rs 9,15-28.

pois no tempo de José os hebreus gozavam de tranquilidade e proteção egípcias.

Fica claro que essa dura servidão começa depois da morte de José, em especial, depois que um *novo rei se levanta sobre o Egito,* o que indica uma mudança completa de governo, talvez de dinastia.

Doutrinas e práticas fundantes

Do mosaísmo: as raízes do judaísmo ético e do judaísmo sacerdotal

O mosaísmo se origina evidentemente com Moisés, responsável direto pela libertação dos israelitas da servidão egípcia. Mircea Eliade e Ioan P. Couliano (1999, p. 215) datam o acontecimento em aproximadamente 1260 AEC enquanto Emanuel Araújo (1970, p. 71) indica esse período em aproximadamente 1446 AEC.

Moisés foi um descendente da tribo hebraica de Levi, filho de Amram e Iokhebed (cf. Ex 6,20)[13]. Nasceu no Egito e, conforme o relato do Êxodo, ao nascer, a fim de ser salvo do decreto egípcio de infanticídio, foi escondido pela sua mãe e irmã (Miriã) em um cesto e colocado no rio, sendo encontrado pela filha do faraó. Adotado por ela, recebeu, posteriormente, criação e educação nos palácios egípcios (cf. 2,1-11). Seu nome, Mose (Moshè), foi dado, conforme o Êxodo, pela princesa egípcia. Este relato, assim como o decreto de matança das crianças, sugere Jeffrey Tigay em seu comentário à Bíblia (1985, p. 109), parece trazer alguma dúvida quanto à sua historicidade, primeiramente porque Moisés tinha um irmão, Aarão, três anos mais velho, e não há qualquer registro de ter sido ele submetido ao decreto do faraó, o que causa certo estranhamento. Ademais, a narrativa se assemelha muito a outras anteriores à Torá, como a de Sargão que nasceu em segredo e foi colocado em um cesto de junco selado com piche e, sendo encon-

---

13. Conforme a Torá, Iokhebed era tia de Amram, o que faz dela, além de mãe, também tia-avó de Moisés, Aarão e Miriã.

trado depois, tornou-se rei. Em uma história egípcia, o deus Horus estava em perigo como uma criança do deus Seth e foi escondido (mas não abandonado) em um matagal de papiro do delta do Nilo por sua mãe Ísis para salvá-lo. Assim como Isis, mulher e mãe, salva Horus, Moisés também será salvo por mulheres: as parteiras, sua mãe, sua irmã e, finalmente, pela princesa egípcia.

Parece mesmo uma narrativa inicial de vida de um grande herói, como nas histórias anteriores e, de certo modo, posteriores, como a narrativa de Mateus sobre o nascimento de Jesus que, também ele, foi salvo do decreto de infanticídio de Herodes (Mt 2,16), embora pouco crível, inclusive por parecer inserção posterior, tendo em vista que um fato dessa monta não tenha sido sequer mencionado pelos outros três evangelhos, respectivamente de Marcos, Lucas e João.

A prática de infanticídio era odiosa pelos judeus, conforme esclarece Craig Keener em seu comentário ao Novo Testamento (2004, p. 50), ainda que admitida pelos romanos apenas em relação às crianças nascidas com alguma deformação física (2000, p. 59), consideradas *mulier si monstruosum aut prodigium enixa sit* (foi procriado como monstro ou prodígio) e (registra Argüello, 1997, p. 141) sem qualquer proteção jurídica. Mesmo em se tratando de crianças judias, e não romanas, é certo que a pena de morte, ou o infanticídio não seriam admitidos sem a autorização romana. Ademais, considerando a efervescência e crise sociais ao tempo do nascimento de Jesus, é improvável que um decreto como esse não encontrasse um levante popular ou, ao menos, dos líderes judeus daquela época. Apesar disso, tais histórias, incluindo a de Moisés, eram popularmente conhecidas e alimentadas ao tempo de Jesus e depois dele, conforme se depreende do discurso do diácono Estevão, considerado o primeiro mártir do cristianismo, ao citar o decreto egípcio e de como o menino Moisés foi salvo (cf. At 7,19-22), embora não cite o decreto de Herodes. Aqui também, a demonstração cabal do fato não é importante, e já o dissemos acima, pois interessa apenas como uma determinada narrativa formou, e forma, o pensamento e o *modus* judaico ou cristão.

Voltando a Moisés e, em especial, sobre seu nome, tanto a Torá quanto a tradição, dão a este nome o significado "aquele que foi tirado das águas" (Ex 2,10), que tem, como sugerem Sigmund Freud, em seu livro *Moisés* (1975, p. 20), André Chouraqui em seus comentários ao Êxodo (1996, p. 43) e o Rabino Dario Disegni, em sua nota à *Bibbia Ebraica* (2005, p. 93), um sentido muito posterior e hebraizado, o que seria etimologicamente estranho, sobretudo se recordarmos que uma princesa egípcia é quem lhe atribui o nome. Sendo assim, Moisés (*Moshè*) é um nome egípcio, escrito como *"mose"*, que significa *"criança"* ou *"filho",* sendo muito comum no Egito e, comumente, adicionado na forma mais completa de alguns nomes.

Freud (1975, p. 20), citando J.H. Breasted, o autor dos livros *History of Egypt* (1906) e *The Dawn of Conscience* (1934), aponta alguns exemplos de nomes com o *"mose"*: *Amen-mose* (Amon *deu* uma criança), *Ptah-mose* (Ptah *deu* uma criança), sendo que o uso foi, pouco a pouco, simplificando-se e convertendo-se em nome próprio como *Mós, Més* e, finalmente, *Mose*. O nome hoje conhecido como Moisés já é um desdobramento da tradução grega da Torá, pois no texto hebraico é simplesmente Moshè. Além disso, Freud cita ainda, confirmado por Chouraqui (1996, p. 43), *Thut-Mose* (o filho do deus Thut), *Ra-Mose* ou *Ramésses* (o filho do deus Rá).

Martin Buber (2000, p. 31), entretanto, sem desconsiderar que na etimologia egípcia e no contexto histórico, *Mose* significa *nascido, filho, semente, fruto*, esclarece que o sentido dado posteriormente sob a visão hebraica – isto é, *aquele que foi tirado das águas*, ou simplesmente, *aquele que tira fora* – quer mesmo significar, em sentido mais elevado, que Moisés é *aquele que tirou Israel das águas* ou *aquele que tirou o seu povo*.

De qualquer modo, sabemos que é possível buscar o sentido etimológico de um nome e, também, o sentido acrescido ao longo do tempo. Não parece haver qualquer dúvida de que Moisés nasceu hebreu e, depois, tenha recebido a melhor educação (egípcia) de sua época, conforme sugere Schultz em sua *História do Antigo Testamento* (1984, p. 49), assim como iniciação nos cultos egípcios, de acordo com Eban, em sua *História do Povo de Israel* (1975, p. 18). Embora Freud (1975, p. 30) tenha pretendido fazer dele apenas um egípcio, é preferível entender Moisés como cultural e religiosamente egípcio ou, no dizer de Buber (2000, p. 14), um hebreu *egipcianizado*.

Já adulto, por um episódio que o Êxodo resume como o homicídio praticado por Moisés, contra um soldado egípcio que estava açoitando violentamente um hebreu (cf. Ex 2,11-12) e, sendo Moisés denunciado e condenado à morte, fugiu e se escondeu em Midiã, acolhido por uma tribo que tinha parentesco com os hebreus e, conforme Flavio Josefo (1821, p. 136) e o próprio relato do Gênesis, diretamente descendente de Abraão com Quetura, sua segunda esposa (ou terceira, se pensarmos em Hagar) depois da morte de Sara (cf. 25,1-7). Ali, Moisés casou-se e gerou filhos, trabalhando como pastor contratado por Jetro, seu sogro (cf. Ex 3,1). Segundo uma fonte neotestamentária atribuída a Lucas, e que deve ter sido fruto da tradição naquele tempo, Moisés viveu em Midiã por, pelo menos, quarenta anos (cf. At 7,23.30).

Considerando que o Êxodo registra que a saída dos hebreus se deu quando Moisés tinha 80 anos (cf. Ex 7,7) e que, depois de todo o período no deserto, morreu, conforme o Deuteronômio, com 120 anos (Dt 34,7), podemos aceitar, à luz do livro neotestamentário dos Atos dos Apóstolos, que a educação e a vida de Moisés nos seus primeiros quarenta anos foram egípcias, aliás, em tudo o que pode ser considerado educação e vida de um príncipe egípcio, destaca Buber (2000, p. 33). Essa compreensão é reforçada pela narrativa bíblica, pois quando Moisés chega a Midiã, as pessoas que o veem categoricamente como um egípcio, tanto na aparência como no comportamento de luta (cf. Ex 2,19). Vivendo em Midiã, obteve outros quarenta anos de cultura midianita. Finalmente, os quarenta anos de deserto, guiando os hebreus para a *terra pro-*

metida, deram-lhe uma formação experiencial, ao mesmo tempo em que legislava, escrevia a Torá e liderava seu povo, também ele aprendia. Entretanto, não há fontes ou dados específicos sobre a vida de Moisés dividida em três períodos de quarenta anos fora os mencionados textos do Êxodo, Deuteronômio e Atos dos Apóstolos, todas respeitáveis enquanto narrativas.

Dante Lattes (2018, p. 231), ao comentar a Parashá *Vaerá*, diz que entre os rabinos houve sugestões as mais diversas sobre o assunto. Alguns acham que Moisés tinha 12 anos quando fugiu para Midiã, outros anotaram 20, 22 e 40 anos. Assim como assevera Lattes, não há grande importância nas faixas etárias em si mesmas, e sim no ato de Moisés em defender o hebreu da opressão egípcia. Contudo, é relevante o tempo de educação e vida de Moisés no Egito, a fim de compreendermos suas etapas multifacetadas e multiculturais de formação, pois há em Moisés um preparo multicultural, além de uma formação refinada e militar tanto quanto um egípcio principesco pudesse ter. Disso também podemos concluir que Moisés durante seus primeiros quarenta anos teve pouco, ou nenhum, conhecimento da religião dos patriarcas, do abraamismo, parecendo certo que teve alguma iniciação apenas entre os midianitas, e com seu sogro, um sacerdote, cujo nome completo, é *Raguele Jetro*, registra Josefo (1821, p. 138).

Conforme Chouraqui (1996, p. 222), Jetro fazia um culto muito parecido com o de Abraão, incluindo o ritual do sacrifício, como se depreende da expressiva narrativa do Êxodo, em que Jetro dirige e ministra um sacrifício, e reúne Moisés e todos os outros anciãos hebreus para comerem com ele, inclusive partindo o pão (cf. Ex 18,1-27). O judaísmo manteve o imenso respeito por Jetro, inclusive dando seu nome a uma das Parashot. É uma narrativa libertadora, pois reunidos, dividindo o pão, encontram-se pessoas de grupos diversos, sem que haja qualquer tipo de discriminação, preconceito ou exclusão, em uma relação que poderia ser chamada, hoje, de diversidade religiosa ou pluralidade cultural. O mesmo já havia acontecido no encontro entre Abraão e *Melk-Tsédec,* quando este, sendo sacerdote, serviu pão e vinho para o patriarca (Gn 14,18). E, tudo indica, conforme Weber (1997, p. 338), que havia uma religião e mesmo *um Deus da confederação de hebreus e midianita*, ou, no conceito de Cassirer (1992, p. 33), uma confederação de hebreus e midianitas com seus *deuses momentâneos,* o que é de todo compreensível, principalmente se considerarmos os muitos grupos ou tribos espalhados ou em movimento desde os primeiros passos dos semitas a leste da Mesopotâmia em direção ao Mediterrâneo. Para Jaspers (1971, p. 109), a ideia de deuses momentâneos ganha um processo de transformação, pois *o Deus da Guerra não é mais o Deus diante de quem Job formula suas queixas nem é o Deus a quem Jesus se dirige.*

Ademais, apenas depois de quarenta anos vivendo em Midiã como pastor de ovelhas, e já com aproximadamente 80 anos de idade, Moisés tem a sua primeira experiência com Deus, que o chama do meio de um arbusto em chamas, e se apresenta, como já tratamos acima, como o Deus dos pais: "eu sou o Deus de teu pai, o Deus de Abraão, o Deus de Isaac, o Deus de Jaco" (Ex 3,2.6). E, pela primeira vez, Moisés reconhece esse Deus que se apresenta a ele, por conta da indicação dos pais, como também sendo seu Deus.

É curioso e muito interessante esse encontro, tendo em vista que Moisés não tinha qualquer conhecimento da *religião dos seus pais*, exceto pelo que tinha aprendido em Midiã, mas é exatamente nesse encontro que Deus lhe incumbe ir até o faraó e retirar o povo hebreu da servidão. Moisés não sabe nada desse Deus, sequer o nome, sendo uma experiência totalmente estranha a ele. Por isso mesmo, pergunta qual o nome do Deus de seu pai. Diz mais: *quando eu for aos hebreus, direi a eles que o Deus de seus pais me enviou a eles e eles perguntarão pelo seu nome.* Então, Deus lhe respondeu apenas: *Èhiè Ashèr Èhiè. Eu Sou o que Sou* e, conforme a tradução de Luzzatto (1859, p. 101), *Eu Serei o que Serei.* E completou: *diga a eles "Eu Sou" (Eu Serei) me enviou a vocês.* Ao menos um nome divino Moisés pretende conhecer. É neste momento que começa a *religião propriamente mosaica*, e é neste momento que Moisés conhece o preâmbulo principiológico da religião que vai se formar ao longo do deserto e, depois, pelos séculos e milênios: *liberdade*. Pouco tempo depois, quando já ocorriam as *pragas sobre o Egito* e Moisés, sentindo-se enfraquecido, procura o *Eu Sou*, e ouve dele: "Eu me fiz ver a Abraão, Isaac e Jacó como El Shadai, mas pelo meu nome, YHWH [tetragrama] eu não me fiz conhecer (penetrar) por eles" (Ex 3,13-14; 6,3).

Sobre isso, as quatro letras hebraicas (*YOD, HEH, VAV, HEH*) do tetragrama formam um nome que, segundo a tradição judaica, é impronunciável. Muitos o registram como IAVÉ ou JAVÉ. Na sua clássica tradução *hebraico-italiana* da Torá, de 1859, Luzzatto (1859, p. 3-7, 106) traduz o tetragrama por *o Senhor,* e a palavra *Elohim* por Deus, enquanto Moisés Mendelssohn o traduzia por *o Eterno* e os Samaritanos, por *Hashem* (o Nome). Alguns outros utilizam *Adonai*. Seguimos aqui, a abordagem de Martin Buber (2000, p. 14), e anoto, no lugar do *tetragrama*, a expressão YHWH. Eventualmente, em seu lugar, tem sido utilizado também *Adonai, HaShem* (O Nome), *tetragrama* (as quatro letras) ou *Eterno*. *Elohim* e Deus são utilizados como expressões sinônimas quando nos referimos à divindade. De qualquer modo, interessa que Moisés tem um primeiro contato com um *nome* que era, conforme a Torá, *desconhecido dos patriarcas* e, nesse sentido, firma-se uma vez mais o *processo de construção do mosaísmo*.

A expressão utilizada por Deus: *Èhiè Ashèr Èhiè* indica, conforme esclarece Chouraqui (1996, p. 56), uma expressão de absoluto, de infinitude, de totalidade real. Embora seja o *Deus dos pais*, assume, desde então, um caráter universal, além de sugerir que a experiência será presentificada. *Eu Sou o que Sou* ou *Eu serei o que serei*[14] abrirá um caminho que conduzirá ao processo de transformação histórica do judaísmo ao longo dos tempos e lugares.

---

14. Frei Gilberto Gorgulho OP (*ZT"L*) (1933-2012), saudoso professor do Programa de Ciência da Religião da PUC/SP nos anos de 1990. Aliás, um

É especialmente importante o ponto de vista de Fromm, no seu *Antigo Testamento – uma interpretação radical* (2005, p. 42), segundo quem o próprio conceito de Deus tem sua vida e evolução correspondente à evolução dos hebreus. Além disso, é importante ressaltar o caráter inicialmente político desse chamamento, pois, como já observamos acima, não um nome, mas um caráter da divindade se apresenta a Moisés com um discurso libertário, de oposição à opressão egípcia sobre os hebreus. Não se fala de prática ritual nem sacrificial, mas de luta real contra um império que Moisés não apenas conhecia, mas no qual fora formado, inclusive militar e culturalmente. Naquele encontro e a partir do diálogo estabelecido entre o *Eu Sou* e Moisés, os *fundamentos do judaísmo* se estabelecem, o *aqui e agora* histórico, como parte da história, na história, que, aliás, sintetizará racionalmente a própria Torá e seus preceitos: "estes preceitos que hoje te ordeno não são uma coisa anormal para além das tuas forças ou distantes de ti" (Dt 30,11-14).

O mosaísmo, ainda que tenha alguma memória do abraamismo, ao menos como antecedente, é experiência histórica que não exigirá crença, porque não é possível a Deus, segundo Luzzatto nas palavras de Dante Lattes (2018, p. 106), exigir ou mandar acreditar, mas será uma religião de tudo humana e pragmática. O Deus que se apresenta para Moisés é absolutamente diverso de qualquer outro, seja semítico ou egípcio, pois não tem forma, rosto ou contornos. Talvez seja até um novo deus, como sugere Eliade (1978, p. 211), mas é preferível enxergar novos aspectos divinos em cada relação. Se, por conta do tempo dos patriarcas, é possível falar em uma *monolatria* e, assim, em *adoradores tribais*, aqui, neste diálogo, há um *monoteísmo* que se consubstancia e, por não ser monolatria, se torna *universal*. E o próprio *Eu Sou*,

---

grande conhecedor do hebraico e coautor de uma das melhores traduções da Bíblia (Bíblia de Jerusalém), repetia sempre o quanto o *Èhiè Ashèr Èhiè* lhe trazia alegria nas aulas da Pós-graduação em Ciência da Religião da PUC/SP. Também ele preferia o "Eu serei o que serei" como tradução da expressão.

explica Weber (1997, p. 339, 342) é elevado a um *status* de Deus universal. Weber atribui ao judaísmo um monoteísmo original e racionalista, de resistência, diferente de Freud que o vê como egípcio (1975, p. 70). Por isso Weber fará depender do judaísmo a leitura e compreensão tanto o cristianismo quanto o islam. Talvez possamos utilizar aqui, a partir dos conceitos weberianos de *afinidades eletivas* e de *confederação*, um típico monoteísmo de atração e identidade entre judeus, cristãos e muçulmanos e, quiçá, realizar o que o midianita Jetro e os hebreus realizaram: *o partir do pão*.

Se para Abraão, no encontro que ele tem com a divindade, é pedido um sacrifício animal (no caso dos animais partidos ao meio) (cf. Gn 15,9), para Moisés, ao contrário, aponta-se um caminho de luta real, não simbólica, que pressupõe empurrá-lo contra o império do qual veio, e para dirigir um povo, com o qual havia tido um contato quarenta anos antes. Eis o ponto: *quarenta anos antes*, Moisés se coloca na defesa de um hebreu que estava sendo brutalmente açoitado e, por isso mesmo, mata um soldado egípcio; agora, ele se colocará contra o faraó e o inteiro dos egípcios. Aqui se manifesta o senso judaico de justiça, liberdade, solidariedade, proatividade e de luta libertária.

A consciência histórica é para o judeu alguma coisa de fundamental e, talvez, como afirma Suárez (2005, p. 17), não haja povo com esse nível de apego à própria história. É uma história narrada na Torá, mas que se confirma contextualmente por escavações arqueológicas. Para Eliade e Couliano (1999, p. 217), ao menos uma parte das narrativas tem base histórica. Contudo, da história de Moisés interessam apenas alguns aspectos para este trabalho, a fim de se estabelecem aspectos do mosaismo como, a um só tempo, religião que mantém, consagra e amplia o abraamismo.

Além disso, Moisés, a quem Weber considera uma figura *provavelmente histórica*, não é apenas o legislador ou codificador do mosaísmo, mas é tido por Beatrice K. Rattey (1992, p. 34) como o grande *homem libertador* do povo judeu da servidão egípcia. Desde este episódio, Moisés é relembrado em cada prece e reza dos serviços sinagogais, sobretudo na Abertura da Arca (*Aron HaKodesh*)[15] e da Torá, ou simplesmente, no passeio do Rolo da Torá (Sefer Torá) em meio dos judeus que se encontram presentes. Uma vez por ano Moisés é lembrado, com grande estima e boa memória, na celebração do Pessach (Páscoa Judaica), uma das festas de peregrinação, especialmente comemorativa da *saída do Egito*, na qual se rememoram os pormenores dos séculos de servidão e jugo egípcios, da opressão, rebelião e, finalmente, libertação.

Se considerarmos o século XIV AEC, a comemoração do Pessach é feita há quase 3.500 anos, a cada ano, como celebração da liberdade. Não é pouca coisa se pensarmos em termos de formação principiológica, pois o Pessach é tanto o aplauso à liberdade quanto um grito de resistência contra a opressão que a coloca em risco. Pessach é uma data comemorativa tradicional, aliás, afirma Scliar, *tradicional e não religiosa* (2001, p. 27). Além disso, é festa reafirmação da liberdade como pressuposto da dignidade humana. Da Festa de Pessach todos participam, em família e na Sinagoga, desde a criança ao idoso, funcionando como um ritual de passagem entre gerações. Há quem diga, com alguma razão, que os judeus não mantêm suas festas, mas suas festam os mantêm. A grande obra de Moisés pode ser apreendida a partir de dois fenômenos: um *fundante*, e outro, *estruturante*. Primeiramente, em guiar os hebreus para fora da escravidão do Egito e imprimir em suas almas o senso de liberdade e de povo, pois apenas a partir de Moisés, os hebreus se veem como *bnei Israel*, ou seja, *filhos de Israel* ou *Israelitas* e, em lugar de se referir a Deus como *"o Deus dos pais"*, passará a se ver como o *Povo de Deus*.

Em segundo lugar, em dar a este, agora, povo, diz Azria, uma Constituição (1996, p. 15), uma Legislação fundamental em função da qual todos os atos da vida civil, penal, cultural e religiosa,

---

15. Móvel especial onde os rolos das *Toratot* e outros escritos são devidamente guardados na Sinagoga.

têm algum tipo de regramento. Não é pouca coisa, sobretudo, se considerarmos que Moisés está se dirigindo a um grupo de pessoas totalmente desconstituído, nascido sob a marca da servidão, da exclusão e da desmoralização. Os quarenta anos em que Moisés e os hebreus ficaram no deserto, entre a saída do Egito e as portas da *terra prometida*, nos quais se viveu e se escreveu a Torá, tiveram um impacto de formação. A Torá foi a tessitura da experiência no deserto. Com ela, desfez-se a escravidão, geraram-se filhos no deserto, e pessoas morreram no deserto, uma geração inteira formou-se no deserto e, finalmente, o povo Israelita adquiriu uma dignidade e elevação nacionais. Muitos saíram do Egito com marcas de açoites, mas os que chegaram, estavam com marcas de caminhada na areia tórrida. Culturalmente, há algo do culto do Deus dos pais, do Egito, de Midiã, mas, sobretudo, da experiência do deserto. A Torá foi surgindo, de modo metafórico, da areia, a cada dia, pouco a pouco, ou, conforme as palavras de Moisés, a Torá foi gotejando, destilando como orvalho e como chuvisco (cf. Dt 32,2).

A própria noção de Torá como instrução, a que chamamos aqui de Constituição, foi, e é, de tal modo relevante, que deu aos hebreus retirados do Egito, e convertidos em povo, a dimensão e forças espirituais, e uma altivez que seguiu na história. Além disso, outros povos foram alcançados com a mesma Constituição, entre os quais, os que se identificam com o cristianismo e com o islam. Para os hebreus, Israelitas e, hoje, judeus, a Torá é o epicentro de sua vida social, e em cada escola judaica ou Sinagoga haverá necessariamente um rolo da Torá. Não é sem razão que, retirados do Egito, a primeira parada é no Monte Sinai, cuja localização exata não é hoje conhecida (apenas sugerida), pois, ainda que pensassem alcançar em pouco tempo a *terra prometida*, foi ali que os hebreus receberam os primeiros fundamentos da Torá: as Tábuas do Decálogo (*Assêret Hadibrot*), com dez palavras-princípio que, depois, ao lado de outras centenas de palavras-princípio, são o material de formação e conduta judaicas, tanto do ponto de vista cultural quanto especificamente social.

Não é apenas elemento formador do caráter judaico, mas universal. Carl Joaquim Friedrich, que atuou como professor de Direito e de Ciência Política na Universidade de Harvard, aponta o Decálogo como herança judaica não apenas para os judeus, mas para a humanidade por intermédio do cristianismo, seja católico ou protestante. São preceitos que, uma vez *homologados* para além da comunidade judaica, inspiraram o direito e a cultura europeias e, daí, para outras regiões do mundo (1965, p. 25, 28). Do ponto de vista judaico, tais preceitos das *Assêret Hadibrot* (Tábuas do Decálogo) (cf. Ex 20,1-17) são:

1) Eu sou YHWH, teu Deus, que te libertou da terra do Egito, da casa da servidão.

2) Não terás outros deuses diante de minha presença. Não farás para ti imagem esculpida, nem nada semelhante ao que há nos céus acima, ou na terra embaixo, ou na água debaixo da terra. Não te prostrarás diante deles nem os servirás; pois Eu Sou YHWH, teu Deus – um Deus zeloso, que visita as iniquidades dos pais nos filhos, até a terceira e quarta geração dos que aborrecem. Mas mostrarei bondade para centenas de gerações àqueles que Me amarem e cumprirem Meus mandamentos.

3) Não pronunciarás o nome YHWH, teu Deus, em vão; pois YHWH não absolverá ninguém que use Seu nome em vão.

4) Lembra-te do dia de Shabat, para o santificar. Por seis dias deverás trabalhar e cumprir todas tuas tarefas, mas o sétimo dia é Shabat de YHWH, teu Deus; não deves fazer nenhum trabalho – tu, teu filho, tua filha, teu servo, tua serva, teu animal, e o peregrino que estiver dentro de teus portões – pois em seis dias YHWH fez os céus, a terra, o mar e tudo que neles está, e Ele descansou no sétimo dia. Por isso YHWH abençoou o dia de Shabat, e o santificou.

5) Honrarás teu pai e tua mãe, para que se prolonguem teus dias sobre a terra.

6) Não matarás.

7) Não adulterarás.

8) Não furtarás.

9) Não dirás falso testemunho contra o teu próximo.

10) Não cobiçarás a casa do teu próximo, não cobiçarás a mulher do teu próximo, e seu servo, e sua serva, e seu boi, e seu asno, e tudo que seja teu próximo.

No Decálogo, além da reafirmação e consolidação do monoteísmo e da luta contra a idolatria, bem como da consagração do Shabat, previstos nos primeiros quatro princípios, há uma ideia central relacionada à família (pai e mãe), o que demonstra um avanço ao mesmo tempo em que se rompe a estrutura apenas patriarcal, pois a expressão *mãe* figura ali de modo indelével. A ruptura com um mundo idolátrico é, possivelmente, a causa central para o judaísmo ter sobrevivido tanto tempo, assim como a ideia de Shabat que é, a um só tempo, descanso e, portanto, luta contra a exploração diuturna, bem como possibilidade de elevação ou verticalização, já que todas as atividades comuns dos outros dias da semana são proibidas no Shabat. É, conforme Scliar (2001, p. 29), o *reconhecimento de um direito* que, considerado o sistema de exploração escravagista, é em si mesmo uma conquista da própria humanidade. Se raciocinarmos sobre a força multifacetada idolátrica, sobretudo nos dias de hoje, e, também, em relação aos cultos personalizados da Antiguidade, mormente do Egito, é possível reconhecer na proibição da idolatria um passo emancipatório e, conforme o caso, libertário. Da mesma forma, se pensarmos no processo de exploração continuada e diuturna, bem como em seu resultado, a coisificação, principalmente nas condições de servidão egípcia, também nos parece fácil compreender o valor do Shabat. Pelo que consta, o Shabat é a primeira determinação na história da humanidade que impõe um dia de descanso.

No mesmo passo, fazer a atenção se voltar à honra ao pai e à mãe, ou seja, propiciar um olhar familiar ou de centro socioafetivo, o que não tem nada a ver com os padrões matrimonializados, até porque a Torá é um campo imenso de exemplos de relações familiares que não passam pelo sistema medieval de casamento, e, menos ainda, pelos sistemas patrimonialistas gregos e romanos. Não é a uma família moral, mas a um centro ético e afetivo que a Torá conduz os judeus, apontando-lhe, não uma maldição divina, mas uma relação de causalidade, entre o sucesso, vigor e vida intensa e o centro familiar onde alguém possa encontrar seu porto seguro.

As outras palavras-princípio do Decálogo levam a uma perspectiva de vida ética e socialmente equilibrada, apontando para determinadas situações centrais no seio social: *homicídio, adultério* (o que não nos autoriza à luz da Torá a pensar em fidelidade conjugal, mas em natureza das coisas, como, por exemplo, transgênicos, manipulação genética e alterações da química da natureza, como a que presenciamos nos últimos séculos que levam o mundo físico a um estado de deterioração e colapso climático), o *roubo ou furto*, o *falso testemunho* (língua para o mal, ou, em hebraico, *lashon hará*) e o *desejo mimético* (que é muito mais que uma simples inveja ou cobiça, mas a tensão que marca o primeiro homicídio nos mitos bíblicos: Caim/Abel).

Na Torá, onde se encontram as Dez Palavras, não há fundamentos moralistas que, por serem moralistas, serviriam apenas a determinadas pessoas ou grupos. Há fundamentos éticos que, por isso mesmo, servem à humanidade com um caráter universal, entre os quais, anota Scliar (2001, p. 27), a *hospitalidade ao estrangeiro, o respeito ao idoso, a caridade para com os pobres*. Esse aspecto é especialmente importante porque Moisés oferece aqui, logo no início da saída do Egito, um código de conduta ética em nada ritual ou sacrificial. E é esse código, expresso em *duas pedras*, que ele traz do monte para os israelitas. Porém, Ex 31,18; 32 relata que ao chegar aos pés do monte, Moisés encontrou o povo adorando um *bezerro de ouro* fabricado pelo engenho e conhecimento de Aarão, seu irmão, a pedido dos israelitas. Aarão estava cumprindo um serviço sacerdotal diante desse novo *Elohim – o bezerro de ouro*.

A passagem abaixo demonstra que o povo tinha por Aarão algum tipo de respeito sacerdotal, e confiança de que ele pudesse realizar a obra requerida, enquanto Aarão demonstra dubiedade, fabricando o bezerro de ouro, mas ao mesmo tempo falando em Adonai (tetragrama), levando todo o povo a uma prática orgiástica, afirma Chouraqui (1996, p. 361), inclusive todos despidos:

> E vendo o povo que Moisés tardava a descer da montanha, reuniu-se com Aarão e lhe diz: Levanta-te! Faze-nos Elohim (deuses)[16] que vão diante de nós, porque esse Moisés, aquele que nos fez sair do Egito, não sabemos o que aconteceu com ele [...] e Aarão fez um bezerro de fundição, e disseram: ei-los, teus Elohim, Israel, que te fizeram subir da terra do Egito. E Aarão vendo isso edificou um altar diante dele; e clamou: Festa para Adonai [tetragrama] amanhã. E no dia seguinte madrugaram e ofereceram holocaustos, e trouxeram ofertas pacíficas; e o povo assentou-se para comer e beber e levantar-se rindo [...] e o povo estava despido (Ex 32,1.25).

Acontece aqui a primeira tensão entre um típico ritual sacrificial orgiástico e o código ético, pois Moisés, ao ver aquela manifestação de sacrifício, risos e o próprio bezerro de ouro, quebra as tábuas de pedra. E acontece o primeiro embate do que será, no futuro, a tensão entre os futuros profetas e os sacerdotes: "E, assim, quando Moisés se aproxima do acampamento e vê o bezerro, e as danças de roda, acende-se nele o furor e ele lança as tábuas de suas mãos e as quebra sob a montanha, e toma o bezerro que eles fizeram e o queima no fogo" (Ex 32,19-20).

Essa passagem não diz o porquê da necessidade de um culto ao bezerro de ouro, e sequer o porquê de ser um bezerro de ouro, embora seja por conta dos mesmos deuses egípcios e canaanitas e, sobretudo, para mostrar alguma força diante dos povos, ou, conforme Marcus Fabiano Gonçalves (2018, p. 115), porque tenha a

---

16. Conforme a tradução de Samuele Davide Luzzatto.

ver simplesmente com as *multimilenárias relações entre humanos e rebanhos* que caracterizam inúmeras civilizações, sobretudo as provenientes do Oriente Médio. Trata-se de uma passagem que compõe o chamado *Código Sacerdotal*, um dos três Códigos que os estudiosos identificam na composição final da Torá, como esclarecem Mircea Eliade (1978, p. 193) e o Rabino Abraham Skorka (2001, p. 18). Segundo eles, a Torá tem três fontes, chamadas de códigos: a) *fonte Y-E ou J*, sendo a mais antiga e simples; b) *fonte sacerdotal*, posterior à fonte J; e *fonte deuteronômica*[17].

Sintomaticamente, a passagem que trata do bezerro de ouro (Ex 32) está no *Código Sacerdotal*, e nela parece que Aarão, o projetor, feitor e sacerdote do bezerro de ouro, fica em uma situação mais confortável. Ao ser cobrado por Moisés, Aarão simplesmente *culpa* todo o povo, e procura fugir da responsabilidade.

> E Moisés disse a Aarão: O que então te fez este povo? Sim, que sobre ele trouxeste grande falta! Então disse Aarão, que a ira do meu senhor não se inflame, porque tu conheces este povo e sabias que ele está no mal. Eles me disseram: faze-nos Elohim que vão adiante de nós [...] e depois trouxeram-me o ouro que eles possuíam e lancei-o no fogo e saiu este bezerro (cf. Ex 32,22-35).

Ademais, quando Moisés decide que os adoradores do bezerro de ouro devem morrer, juntam-se a ele na tarefa da matança exatamente os membros da tribo de Levi (da mesma tribo de Moisés). Morreram aproximadamente três mil pessoas naquele dia,

---

17. A *fonte Y-E ou J* compreende Ex 12,21-27; 13,1-16; os Dez Mandamentos (Ex 20,2-17); o livro grande do Pacto (Ex 20,22; 23,19), com a bênção e advertência final (Ex 23,20-33); o livro pequeno do Pacto (Ex 34,17-26), com a promessa e advertência inicial (Ex 34,10-16). O *Código sacerdotal* compreende todas as outras leis que aparecem no Êxodo, incluso 12,2-20, e mais todas de Levítico e de Números, igualmente as normas dos filhos de Noé (Gn 9,1-7) e o preceito da circuncisão (Gn 17,10.14). O *deuteronomista* compreende todas as leis que aparecem no Deuteronômio, principalmente capítulos 12 a 17, e algumas nos capítulos introdutórios, nos quais encontramos outra versão dos Dez Mandamentos (capítulo 5), e 31,10-13.

menos Aarão que continua, estranhamente, sacerdote e auxiliar de Moisés. Em outro episódio, em que Miriã e Aarão criticam Moisés por conta da mulher cushita (cf. Nm 12), relatado no Livro dos Números, também ele de fonte sacerdotal, apenas Miriã é castigada com lepra por ter criticado Moisés – não Aarão. Por fim, tanto o Livro de Levítico quanto o Livro dos Números, além dos mencionados capítulos, referem-se à atuação dos sacerdotes e de seu poder sobre o culto sacrificial que é, em outras palavras, um poder sobre o povo.

Vai cada vez mais se fazendo sentir a tendência de sugerir Aarão como autoridade ritual, enquanto representante dos sacerdotes e da casta sacerdotal que, aliás, durará até a destruição do Templo em 70 EC[18], e também de tomar a legitimidade da palavra diante do povo (ainda que seja para idealizar, fazer e cultuar o bezerro de ouro).

Tal narrativa bíblica de se criar uma autoridade sacerdotal, uma casta sacerdotal, já é sugerida – e de modo pouco lógico ou racional, quando Moisés, depois de quarenta anos morando em Midã, com sua esposa, filhos e sogro, tem o seu primeiro encontro com Deus, aliás, de quem sequer sabia o nome, e a personagem Aarão é inserida na história e, absolutamente sem qualquer sentido, recebe a suposta legitimidade de falar por Moisés, de ser a voz de Moisés (i. é, o sacerdote que parece ser o único a falar pelo judaísmo, situação que será conflituosa amiúde, sobretudo com os profetas de Israel).

Assim, surge a ideia do irmão de Moisés, Aarão, ser o porta--voz mosaico:

> E disse Adonai [tetragrama] a Moisés: agora vai, eu mesmo estarei com tua boca, e te ensinarei o que fala-rás. E disse Moisés: Por favor, Adonai! Envia então a mão de quem tu enviarás. Então Adonai se irritou com

---

18. Utilizamos, aqui, EC para Era Comum, a fim de seguir tradição judaica. Os cristãos utilizam d.C. (depois de Cristo).

Moisés, e diz: não é Aarão, teu irmão, o levita? Eu sei que ele falará, falará muito bem. Ele te encontrará e te verá, e se alegrará em te ver. E tu lhe falarás, e porás as palavras na sua boca, e eu serei com a tua boca, e a boca dele, e ensinarei o que devem falar. Ele falará em teu nome ao povo, e ele será a tua boca para o povo, e tu serás Elohim [deus] para ele (Ex 4,12-16).

Conforme Chouraqui (1996, p. 68), esta passagem antecipa o futuro papel dos levitas e, de resto, da casta sacerdotal. Mas, nas passagens de tensão entre Moisés e Aarão, vê-se que se antecipam os conflitos entre profetas e sacerdotes, respectivamente entre a busca incessante da justiça concreta e o sistema sacrificial, que se estenderá e será, também, o conflito entre fariseus e saduceus, respectivamente, professores de Judaísmo e senhores do culto no Templo.

Voltando aos significados, podemos dizer que as figuras de Moisés e Aarão apresentam-se, assim, como as duas facetas do mosaísmo antigo, anterior ao judaísmo profético (1978, p. 218) e farisaico. De um lado, Moisés apresenta o sistema judaico racional da Torá, a começar pelo expressivo Decálogo, e todas as leis e instruções que aparecerão, também, no Deuteronômio, livro que se constitui no terceiro Código da Torá, que não menciona absolutamente nada acerca do culto sacerdotal e sacrificial.

Deuteronômio é, desde o início, um livro que aponta para a justiça, aliás, "justiça, justiça buscarás" (*Tzedek, Tezedk tirdof*) (cf. Dt 16,20). Do outro, Aarão, assumindo uma atividade, inclusive desconhecida pelos patriarcas, a saber, do culto sacrificial, embora praticassem esporadicamente o sacrifício animal. Em Aarão, o sacrifício ganha contornos detalhados, e cada ato de culpa sugere um tipo de sacrifício.

O culto do Deus dos pais, e a própria história dos patriarcas, levam-nos a concluir por um processo de racionalização e convivência humana, fundadas na justiça e na ética. Em Abraão, por exemplo, há uma revogação do sacrifício humano.

Em Moisés, o passo seguinte seria o da Instrução, da Lei, da justiça. Mas, em Aarão, há um retrocesso aos cultos mais básicos e rudimentares, e o bezerro de ouro, obra integral do engenho e ação de Aarão. No bezerro de ouro despertam-se os instintos sacrificiais de orgia e promiscuidade mais primitivos da pessoa humana. Enquanto que no Decálogo de Moisés, que se opõe ao bezerro de ouro, há uma elevação, uma ética superior e racional. Na crise que se instala, após a saída do Egito, Moisés, do alto do monte, oferece um monoteísmo singular, um Deus sem face e elevado, uma consciência de verticalização e oposição à coisificação: o *Shabat*, e, também, os princípios de convivências. Nos pés do monte, ao contrário, Aarão oferece um bezerro de ouro, o culto fácil da orgia sacrificial, o amontoado de pessoas, no qual não há qualquer reflexão ou elevação.

Moisés e Aarão significam, respectivamente, o *monte* e os *pés do monte*, o *Decálogo* e o *bezerro de ouro* são dois modos antagônicos do mosaísmo ou, ainda, duas facetas do mesmo mosaísmo, e não se excluem, pois ambas serviram ao longo do tempo, de modo indivisível, esclarece Buber (2000, p. 183) como dois pontos dialéticos para a tessitura de um judaísmo substancial e, finalmente, um judaísmo emancipatório.

Enfim, a concepção do mosaísmo é, sobretudo, a concepção de libertação da servidão, e suas contradições internas são comuns a todos os povos e, em síntese, é o momento de constituição de um povo histórico, e, conforme Casper, da *Constituição*, Torá (1964, p. 11), para um povo histórico e, sobretudo, consciente de si como nação, consoante afirmação de Dinur (1999, p. 3), que marca esse momento de libertação e de ruptura com o Egito, apesar de todas as dificuldades de percurso. A cada momento difícil na história judaica, a Torá de Moisés foi revisitada e serviu como um ponto de valor e princípio e, no dizer de Scliar (2001, p. 29), Moisés proporciona uma nova etapa para a histórica judaica que superou a tradição primitiva tribal.

Curiosamente, os hebreus, chamados de israelitas a partir da Torá e, posteriormente, judeus, desde os tempos primeiros dos patriarcas jamais passaram muito tempo na chamada *terra prometida*. É uma experiência, como já dito, de constante caminhada, aliás, desde o *Lech Lechá* (vai, vai então), dito a Abraão, a fim de que partisse, deixando sua terra, seu povo e sua parentela, houve peregrinação sem fim.

Nos últimos dois milênios, os judeus foram forçados a uma mudança constante e a um processo de diáspora; isto é, de *Galut*. O fio de sobrevivência foi a ideia e a formação na Torá, oral ou escrita, respectivamente, o Talmud e o Pentateuco, que marcaram, caracterizaram e formaram o modo de viver e o pensamento judaicos, como é, aliás, até os dias de hoje, em cada comunidade, Sinagoga e casa judaicas. O legado cultural e social de Moisés é insuperável, e isso é facilmente demonstrável apenas por lembrarmos que o conjunto religioso a que chamamos mosaísmo e, na sequência, judaísmo, mantém-se, como registram Goldberg e Rayner (1989, p. 29), por mais de 3 mil anos.

O texto final da Torá, entretanto, como aparece hoje, estabilizou-se apenas no século V AEC, com um escriba chamado Esdras, judeu babilônio, que gozava de reputação de ser um sábio e bom homem na Babilônia, inclusive obtendo os favores do governo babilônico para os judeus, conforme registro de Josefo (1821, p. 158). Esdras recebeu autorização do imperador persa para ir a Jerusalém a fim de ajudar seu povo que havia regressado do cativeiro e se encontrava em situação de seca, fome, solidão e constantes ataques dos vizinhos, enfim, desmoralizado e com a dignidade nacional em trapos.

Conforme o Rabino Disegni, nos seus comentários à *Bibbia Ebraica: Agiografi* (2002, p. 278), depois do trabalho de redação, foi convocada uma grande assembleia dos judeus e diante dela a Torá foi lida e confirmada. Por conta disso, anota Casper (1964, p. 10), chamam Esdras de *segundo Moisés*, porque propiciou a restauração da Torá. Esta anotação histórica é importante, pois com Esdras, juntamente com Neemias, ambos responsáveis pelo estabelecimento dos judeus na judeia pós-cativeiro, criou-se a base sinagogal de estudos semanais e o costume, que se mantém, de se fazerem leituras semanais da Torá, bem como leitura e estudos de passagens dos profetas, nos serviços de Shabat.

Desde Esdras e Neemias, a cada semana (e em tempos de paz), a Torá é retirada do *Aron HaKodesh*[19] a fim de ser carregada pela Sinagoga e, na sequência, lida e comentada. Desde Esdras, criou-se o comentário, midrash, o trabalho de exposição oral da Torá e a busca do sentido da Torá (*dariash*). Por isso mesmo, a educação judaica receberá amiúde um forte conteúdo da Torá e dos seus fundamentos.

Muito interessante para a compreensão do contexto do renascimento nacional judaico, que, também no século V AEC, os israelitas passaram a ser conhecidos e chamados (pela primeira vez) com o designativo *Judeu (Iehudi)*. Está no Livro de Ester (2,5), a jovem princesa de origem judaica em Susa, Pérsia. Conforme verificamos no texto das *Antiguidades judaicas*, de Josefo (1821, p. 174), o Livro de Ester era bem conhecido e divulgado. Esclarecemos que o designativo *Judeu* não foi utilizado como referência a alguém que fazia (ou fez) parte do Reino de Judá, mas como expressão das características judaicas culturais, religiosas e filosóficas. Assim, enquanto se redigia definitivamente a Torá, e se restaurava a sociedade *judaica*, e se criava a Sinagoga como lugar de preservação da cultura judaica, e de ensino da Torá pela leitura e serviço semanais com seu comentário, o pensamento judaico alcançou um alto grau de aperfeiçoamento e de racionalização.

---

19. O móvel sagrado, em forma de armário, dentro da Sinagoga para a guarda dos rolos da Torá e outros escritos sagrados, cujas portas são geralmente cobertas com uma cortina.

Não obstante a racionalização judaica, o século V AEC também foi o da construção do Segundo Templo de Jerusalém[20], como lugar de culto sacrificial, novamente dedicado aos preceitos ritualísticos da parte sacerdotal da Torá, fortalecendo muito o poder dos sacerdotes e seu monopólio sobre o culto, conforme Weber (1952, p. 169), inclusive com o direito de impor tributos, entre os quais, o dízimo. Entretanto, o Templo, cuja importância para unidade nacional foi imprescindível, rivalizaria com as sinagogas, instituição que persiste até os dias atuais e que seria responsável pela evolução e sedimentação completa da cultura judaica, sobretudo por conta das leituras semanais da Torá, debates e investigação filosófica.

Juntamente com a leitura semanal da Torá, e respectivo comentário, Esdras criou também, conforme algumas fontes, a leitura das *Haftarot*, plural de *Haftará*, feita de trechos dos profetas, imediatamente após a leitura da Parashá (porção semanal da Torá). A palavra *haftará* não tem uma etimologia precisa, mas sua raiz pode significar *distanciar-se, abrir*, ou, ainda, *leitura que resta ausente* por conta do tempo de perseguições em que a leitura pública da Torá fora proibida e, assim, a leitura do trecho do profeta era feita sem a leitura antecipada da Parashá. Tudo indica que Esdras, zeloso que era, estabeleceu a leitura das Haftarot a fim de lançar luzes sobre a Torá, exatamente porque as Haftarot são lidas após a leitura da Torá. É uma hipótese que tais leituras foram criadas por Esdras, mas, certamente era já costume no primeiro século da Era Comum. Há um registro de Lucas, um evangelista, de quando Jesus visitou a Sinagoga de Nazaré (cf. Lc 4,16-17) e, conforme o relato neotestamentário, era exatamente a Sinagoga onde Jesus tinha sido criado por toda a sua infância e juventude, aponta Keener (2004, p. 207). Lucas atesta que era costume que Jesus lesse e participasse do serviço

---

20. O primeiro Templo, construído por Salomão, no século X AEC, foi destruído completamente por Nabucodonosor em agosto de 586 AEC.

sinagogal, provavelmente porque sabia ler em hebraico, e, nesse dia específico, depois de convidado pelo presidente da Sinagoga, leu uma *Haftará* referente ao Profeta Isaías.

Judaísmo dos profetas: a voz que clama no deserto x ritual sacerdotal

O judaísmo possui valores e princípios em torno dos quais se construiu o pensamento, o modo de ser e os juízos de valor diante da experiência no mundo, e para o mundo, na história e dentro da história. Uma das experiências judaicas mais importantes nesse sentido é a presença dos profetas[21]. Parece-nos acertado dizer que em nenhuma outra cultura há tal experiência semelhante à dos profetas de Israel, porque são um tipo de consciência coletiva judaica.

A profecia, ou movimento profético, anda de mãos dadas com a Torá, assim como o serviço sinagogal de leitura da Torá pressupõe a leitura das Haftarot. A Torá é a fonte da profecia, com a qual tem afinidade eletiva. O ritual sacrificial e o Templo são importantes instituições judaicas, já vencidas e ultrapassadas, e tiveram com a Torá uma relação de percurso, mas o conceito de Sinagoga, ao contrário, é intrínseco à Torá, inclusive pelo nome, tendo em vista que Sinagoga, do grego, significa reunião para o ensino, e Torá, por sua vez, significa instrução. Há uma relação de afinidade necessária. Ademais, como explica o Abraham Cohen (1964, p. 21), o Templo e os rituais sacrificiais, como vimos passaram a ser de uma casta específica, de início *aaronita*, enquanto a Sinagoga acabou por ser de todos, administrada por todos. Além disso, o Templo era o centro religioso e fixo em Jerusalém, enquanto a Sinagoga é a expressão da própria diáspora, porque esta, e não aquele, mantém e aprofunda a cultura e os valores judaicos. Do mesmo modo, afirmamos que entre a profecia e a Torá há afinidade intrínseca, de tal modo que não se pode falar em Torá sem

---

21. *Nevi'im* em hebraico.

profecia, sendo esta a alma daquela. Torá e profecia, portanto, são expressões que se completam e formam o judaísmo em sua expressão mais profunda. Não se trata de profecia oposta à Torá, mas, ao contrário, que se opõe ao esvaziamento da Torá, ao excesso de formalismo e ritualismo que, em última instância, mata o espírito da Torá. A profecia revolve a Torá para mostrar o que ela tem: *liberdade, justiça, igualdade e ajuda aos necessitados*. Para um autêntico profeta estes valores são mais importantes do que as artificialidades hermenêuticas e rituais sacrificiais do Templo.

Tanto no que respeita aos rituais sacrificiais quanto à aspereza política, tudo indica que os valores da Torá foram se perdendo, ora em um movimento tribal e, se considerarmos a concentração de poder sacerdotal no Templo, em movimento nacionalista, que comumente interessa aos poderosos. Não é sem razão que Salomão, um rei, quis construir o Templo de Jerusalém, destruído posteriormente por um Nabucodonosor. O Templo é o símbolo dessa unidade nacional e, por isso mesmo, existiu sempre em tensão com o espírito judaico que tem muito mais um espírito internacionalista. O judaísmo é resultado de experiência externa a Israel, e quase tudo nele é experiência de percurso, de andança, de estar em outras regiões e no meio de outros povos. Igualmente, o mesmo se deu na construção do segundo Templo, posteriormente destruído e, então, reconstruído por Herodes para, finalmente, ser destruído completamente por Tito no primeiro século desta Era Comum. O Templo concentra o domínio sacrificial e ritualístico sobre o povo, e expressa essa umbilical afinidade com o poder político, daí que ora foi construído, ora destruído pelo adversário.

O profeta volta-se contra a alienação causada pelo Templo porque ele acaba por projetar as ansiedades a um objeto externo: a vítima sacrificial. Todo ódio, amor, rancor, enfim sentimentos os mais variáveis, são concentrados no sacrifício e se perdem no ritual. Ao contrário, o profeta está fora, geralmente, no campo, na abertura emancipatória, onde encontra possibilidades de superação ou, se quisermos outra palavra, de salvação.

Há um conflito insolúvel entre profecia e ritual sacrificial, assim como entre profeta e governo. Ademais, o profeta enxerga em tudo isso, no lugar seco e impróprio, uma luz para o desenvolvimento das forças humanas, e, também, no lugar da redução da figura divina a um deus monolátrico tribal, ele expressa um Deus universal. O Deus dos profetas não é o Deus dos pais simplesmente, ou o Deus do Sinai para os israelitas, mas o Deus do mundo, um Deus que enxerga a humanidade. Isaías, o profeta, afirma isso:

> Falai ao coração de Jerusalém [...] voz que clama no deserto, preparai o caminho de Adonai [...]. Ele é o que está assentado sobre o globo terrestre, e seus moradores são para ele como gafanhotos e é ele que estende os céus como cortina, e os desenrola como tenda para neles habitar (Is 40,2.3.20).

Benjamin Sommer, ao comentar a Bíblia hebraica (1985, p. 860-863) vê nessas passagens a esperança e a bondade divinas, bem como a presença divina na natureza e na história. O judaísmo dos profetas é sempre *essa voz que clama no deserto*[22], plena de esperança e, por isso mesmo, as tensões entre profeta e sacerdote serão constantes. Este, o sacerdote, leva a pessoa a ver minuciosamente seu erro, dominando-a, e a obriga a concentrar-se nisso, de modo repetitivo, porque o domínio requer repetição. Aquele, o profeta, abre os céus para ver e fazer ver estrelas, e provoca o sentido da esperança ao sugerir libertação no deserto, promovendo uma consciência de muitas possibilidades, veredas, caminhos e superação. Finalmente, ele toma aquele Deus patriarcal, que caminha com Abraão, e o apresenta como universal, para todos. O Deus do profeta já não está no deserto, mas sobre o globo da terra. E quando o domínio sacerdotal e político passam, restam sempre a Torá e o profeta. E aqui, reconhecemos o profeta com alguém dotado de um carisma, que revolve a Torá e lhe dá um

---

22. A expressão "voz que clama no deserto" é utilizada conforme as versões mais comuns feitas a partir do grego. Entretanto, nos textos massoréticos, a expressão é: "voz do que clama: no deserto preparai o caminho de Adonai".

sentido profundo, ou busca dela os valores que parecem ocultos ou ocultados pelo sacerdócio e pela política. Para Weber (1997, p. 356), uma das facetas do profeta é apresentar uma antiga doutrina religiosa, uma determinação divina; a outra faceta pode ser apresentar uma nova religião ou revelação.

No caso dos profetas de Israel, o judaísmo que eles propagam não se refere a uma nova religião, mas a uma antiga, diz Weber (1997, p. 359), porém que teve seus fundamentos ou valores esquecidos ou substituídos pelas práticas idolátricas posteriores, pelo sacerdócio dominador ou, ainda, pelo império político. Trata-se de um judaísmo profético que denuncia ou prevê uma opressão, como a que lemos em *Samuel* acerca da corrupção dos sacerdotes:

> Então os filhos de Eli[23] eram corruptos, e não respeitavam Adonai. Este era o costume dos sacerdotes na relação com o povo: quando alguém oferecia um sacrifício e, estando a carne cozinhando, vinha um funcionário do sacerdote com um garfo de três dentes em sua mão, e o enfiava na panela, ou caldeirão, ou marmita, e tudo o que o garfo tirava, o sacerdote pegava para si; assim faziam com todos os israelitas que iam até Shiló[24]. E, também, antes de queimarem a gordura se apresentava um funcionário do sacerdote e dizia a quem estava sacrificando: dá essa carne para assar ao sacerdote, porque não tomará de ti carne cozida, mas apenas crua. E se aquele que estava sacrificando dissesse: deixe cozinhar primeiro a gordura, e depois pegue o que você quiser, o funcionário do sacerdote respondia: não, deve me dar imediatamente, caso contrário a tomo pela força. Era este pecado daqueles jovens gravíssimo diante de Adonai (1Sm 2,12-17).

---

23. Eli, um descendente de Itamar, o quarto e último filho de Aarão, o sumo sacerdote. Ele se tornou sumo sacerdote (Kohen Gadol) após a morte de Pinechás, filho de Elazar, irmão mais velho de Ihamar;

24. O Mishcan (Tenda/Santuário) ficava em Shiló, centro da vida religiosa do povo. Não havia Templo.

Depois da corrupção dos sacerdotes, afirma Scliar (2001, p. 31), bem como do envelhecimento de Samuel, os israelitas pedem que seja escolhido e consagrado um rei que possa dirigir-lhe a organização social e política. O Profeta Samuel, ainda que discorde do pedido, diz que será consagrado um rei, porém adverte acerca do poder político e social que terá o rei, como qualquer rei então conhecido:

> E disse Samuel: Este será o costume do rei que houver de reinar sobre vós; ele tomará os vossos filhos, e os empregará nos seus carros, e como seus cavaleiros, para que corram adiante dos seus carros. E os porá por chefes de mil, e de cinquenta; e para que lavrem a sua lavoura, e façam a sua sega, e fabriquem as suas armas de guerra e os petrechos de seus carros. E tomará as vossas filhas para perfumistas, cozinheiras e padeiras. E tomará o melhor das vossas terras, e das vossas vinhas, e dos vossos olivais, e os dará aos seus servos. E as vossas sementes, e as vossas vinhas dizimará, para dar aos seus oficiais, e aos seus servos. Também os vossos servos, e as vossas servas, e os vossos melhores moços, e os vossos jumentos tomará, e os empregará no seu trabalho. Dizimará o vosso rebanho, e vós lhe servireis de servos. Então naquele dia clamareis por causa do vosso rei, que vós houverdes escolhido; mas o Senhor não vos ouvirá naquele dia. Porém o povo não quis ouvir a voz de Samuel; e disseram: Não, mas haverá sobre nós um rei. E nós também seremos como todas as outras nações; e o nosso rei nos julgará, e sairá adiante de nós, e fará as nossas guerras (1Sm 1,2.8; 8,11-20).

Importante ressaltar que não se trata de um movimento profético que faça corresponder a ideia enunciada ao interesse pessoal do profeta, como pode parecer em uma leitura precipitada de Samuel, porque, a um só tempo, denuncia a corrupção sacerdotal e prevê a opressão monárquica, como que defendendo seu posto de profeta e, quiçá, de juiz. De acordo com Gerth e Mills, analisando a obra weberiana, não há um interesse pessoal do profeta, mas *afinidades eletivas*, conforme Weber (1963, p. 81-83) enxergava as profecias judaicas, pois, a profecia (no caso de Samuel, é denúncia e previsão) não é efeito da condição social ou política porque, somente depois, vem a ser prestigiada como uma voz que fala, diz e caracteriza determinado tempo. Isso significa que a correspondência não existe no momento de realização da denúncia, mas pode ser estabelecida, *a posteriori*, pelos seguidores dos profetas, e não pelos próprios profetas de Israel, como elemento que transita dialeticamente entre Torá, Sacrifício e Monarquia, resultando em profecia. Essa tensão e afinidade eletiva são verificadas no futuro quando se volta a leitura para o momento de Samuel. No caso exemplar de Samuel, um dos primeiros profetas depois de Moisés, sua voz reverbera contra a corrupção sacerdotal, bem como contra a autoridade monárquica futura que se converterá em opressão e autoritarismo, bem como injustiça. Samuel, em outras palavras, expõe aspectos da própria Torá, tendo em vista que ela foi concebida contra a servidão e contra os governos egípcios, ou quaisquer outros governos, assim como contra a idolatria e a deificação dos reis egípcios. Moisés veio de um meio de corrupção sacerdotal e de opressão, não como vítima simplesmente, mas como testemunha, haja vista que fora criado nos palácios egípcios, tendo sido ele mesmo um dos homens fortes do faraó. O profeta, nesse sentido, apenas revolve o conteúdo da Torá, o seu elemento vivo, a sua mensagem intrínseca. Eban (1975, p. 49) considera que muito mais que expressão de um profeta, trata-se de um *movimento profético* como *expressão do pensamento judaico*, ainda que tenha sido, segundo ele, de caráter *essencialmente religioso, transcendeu e se tornou filosofia duradoura de conduta individual e social*. E não apenas acerca da conduta – isto é, ética –, mas um movimento emancipatório e, quiçá, libertário; pois, conforme Weber (1975, p. 359-368), os profetas de Israel manifestam pautas políticas e sociais, contra a opressão e escravidão dos pobres, e contra os juízos que torcem a justiça por propina. Weber ressalta os argumentos dos profetas que apontam as injustiças, incluindo a social, que ferem o espírito da

Torá e dos ensinamentos de Moisés. Em outras palavras, o Deus que os profetas proclamam que é, para todos os efeitos, o Deus de Moisés (desconsiderada a inserção sacrificial posterior) que fala sobre servidão e libertação. Essa é a apresentação e o primeiro encontro entre Moisés e Deus.

Para Weber, os *profetas de Israel não são magos, mas éticos*, profundamente ligados à Torá, e o seu *Deus não quer sacrifícios de fogo*, mas *obediência* aos princípios fundamentais da Torá. Por isso mesmo, considera Weber, haverá sempre *tensão entre os profetas, seus seguidores laicos e os representantes da tradição sacerdotal*. O profeta propaga uma ideia, ao contrário do sacerdote, sem qualquer pagamento ou retribuição e, como escreve Giddens (1972, p. 236), além de não pertencer à casta sacerdotal e se opor a ela, vive exemplarmente seu ensinamento, e não se apresenta como mediador entre os homens e a divindade, mas como alguém que tem uma visão coerente, significativa e consequente do mundo. Porque na peregrinação dos patriarcas, e na experiência de seu *culto ao Deus dos pais*, os conflitos – e havia conflitos, como, por exemplo, o de Lot com Abraão (cf. Gn 13,7-12) – eram resolvidos com sabedoria dos patriarcas e matriarcas. No deserto, em marcha, e sob Moisés, os conflitos também eram resolvidos de modo direto e imediato por Moisés que, segundo o relato da Torá, julgava todo o povo:

> E aconteceu que no outro dia Moisés assentou-se para julgar o povo; e o povo estava em pé diante de Moisés desde a manhã até a tarde. Vendo, pois, o sogro de Moisés (Jetro) tudo o que ele fazia ao povo, disse: O que é isto que tu fazes ao povo? Por que te assentas só e todo o povo está em pé diante de ti, desde a manhã até a tarde? Então disse Moisés ao seu sogro: é porque este povo vem a mim para consultar Deus. E quanto tem algum negócio, vem a mim para que eu julgue entre um e outro, e lhes declare os estatutos de Deus e suas leis (Ex 18,13-16).

Mas, na entrada em Canaã, com o desenvolvimento das cidades, em especial Jerusalém, surge a profecia, surgem os profetas, reclamando justiça no caso concreto (*tzedaká*). É a ideia de luta pela igualdade, justiça e resistência à opressão que surgem, sobretudo, nas cidades. E não apenas opressão, mas decadência completa, como lembram Goldberg e Rayner (1989, p. 61), que levou os israelitas à prática de cultos pagãos, com idolatria, prostituição sacralizada, ritos de fertilidade, inclusive dentro do Templo e, pior que tudo, sacrifícios humanos. É neste cenário que surgem os profetas – diria, despertam – e é neste cenário que a força contida na Torá aparece, reclamando (na voz dos profetas) a justiça. Os profetas, e seu judaísmo profético, surgem na exigência de restauração da Torá e da justiça judaica. A voz do profeta é pela busca da justiça.

Os profetas de Israel não defendiam a construção ou reconstrução do Templo, mas do Direito, vale dizer, da Torá. E, como anota Erich Fromm (1979, p. 153), os profetas de Israel apontavam para uma situação, real e judaica, de plena liberdade e sem qualquer opressão, em que os judeus pudessem dedicar-se à Torá e à sua sabedoria.

O pensamento profético judaico é fruto de criatividade pessoal. Os profetas de Israel não formaram escolas de pensamento, por isso mesmo, adverte Eban (1975, p. 51), é inútil procurar qualquer *continuidade ordenada ou qualquer relação sucessória entre um profeta e seu discípulo*. Porém, continua, é possível encontrar uma *unidade consistente básica em todo pensamento profético*: um *Deus, único criador e juiz do mundo, uma divindade não mitológica e não mágica, uma vontade suprema, liberta de destino*.

Ademais, a profecia judaica clássica envolveria a completa *reconsideração das relações humanas*, e certamente, o embate constante entre princípios morais e confronto com o culto. Os profetas foram críticos vívidos do ritual e do Templo, porque segundo eles, Deus queria bondade, pois na bondade humana realizava-se a vontade de Deus na terra, e na história, porque os rituais e cultos não têm valor em si mesmos.

Esse embate entre o judaísmo profético e o judaísmo sacrificial ou ritualístico, sempre foi perigosamente explícito, e apontava para a substância da Torá, e não para o simbólico e passageiro culto sacrificial, como quando Amós (século VIII AEC) diz: "Eu odeio, eu desprezo os vossos sacrifícios festivos" (Am 5,21). Ou, ainda, Oseias (século VIII AEC), "porque eu quero a virtude, e não sacrifícios, e o conhecimento de Deus mais do que os holocaustos" (Os 6,6). Na verdade, a Torá aponta o caminho da justiça e da bondade, e Miqueias (final do século VIII AEC) parece entender isso com clareza: "disseram-te, ó homem, o que é bom, e o que Adonai quer de ti: praticar a justiça, e amar a caridade, e andar humildemente com teu Deus" (Mq 6,8). Isaías (século VIII AEC) (cf. Is 1,10-11.15-17) um dos mais contundentes profetas contra os abusos dos monarcas e dos rituais sacerdotais, bem como defensor da justiça:

> de que me serve a multidão dos vossos sacrifícios?, diz Adonai. Estou farto dos holocaustos de carneiros, e da gordura de animais nutridos; e não me alegro com o sangue de bezerros, nem de cordeiros, nem de bodes; [...] e quando levantais as vossas mãos, esconde de vós os meus olhos; sim, quando multiplicais as vossas orações, não as escuto, porque as vossas mãos estão cheias de sangue. Lavai-vos, purificai-vos, tirai a maldade de vossos atos de diante dos meus olhos, cessai de fazer mal, aprendei a fazer o bem, praticai o que é reto, ajudai o oprimido, fazei justiça ao órfão, defendei a viúva.

Os profetas apresentam um judaísmo das entranhas da Torá, porque falam de comportamento de justiça cotidiana na vida pessoal, mas, sobretudo, na vida social. Para eles, sacrifícios e rituais são superficiais, transitórios e eticamente cansativos, pois não mudam o homem, apenas mantêm o círculo do erro em constante marcha, sobretudo quando se trata de rituais que começaram com alguma racionalidade na antiguidade judaica, como o lavar as mãos ou banhar-se por conta de doenças antigas, e se converteram (e mantiveram-se) em rituais de *ablução ou de purificação*[25].

O que se exige à luz do judaísmo profético é conduta ética e, principalmente, a realização da Torá nas obras. Finalmente, não houve tempo algum em que os profetas de Israel não estiveram em conflito direto e público, ora com os reis, ora com os sacerdotes. Talvez, o mais expressivo episódio desse conflito tenha ocorrido um pouco antes da destruição do Templo em 70 EC, quando Jesus de Nazaré (*profeta para alguns judeus, rabino para outros, mas certamente um importante mestre do judaísmo*), incomodado com o que ocorria no Templo de Jerusalém, transformado em uma área de comércio abusivo e exploração, afirma Chouraqui (1996, p. 262) inclusive, impedindo os judeus piedosos e gentios (que, aliás, possuíam um lugar reservado para suas preces), anota Keener (2004, p. 104) de ali estarem em preces, adentrando, grita as falas de dois profetas, Isaías e Jeremias e expulsa os "vendilhões":

> [...] porque a minha casa será chamada Casa de Oração para todos os povos [...] é esta Casa que se chama pelo meu nome uma caverna de bandidos aos vossos olhos? (Is 56,7; Jr 7,11) e, assim, Jesus expulsou todos os vendedores e os compradores do Templo, derrubou as mesas dos cambistas e os assentos dos vendedores de pombas, e lhes disse: está escrito: minha casa foi criada como uma casa de oração, mas vós fizestes dela uma caverna de bandidos (Mt 21,12-13).

Chouraqui (1996, p. 262) destaca que Jesus de Nazaré, a quem a multidão espontaneamente chamava de o *Profeta, Jesus de Nazaré, da Galileia*, conforme registro de Mateus, tinha consciência de seu papel, inclusive por ser da Galileia, de onde as grandes revoltas contra os romanos se iniciaram, a começar por uma encabeçada por um Judas, o Galileu. À época de Jesus, o Templo era o *centro espiritual e político* dos judeus e, por isso mesmo, o centro ner-

---

25. Cf. QUEIROZ, J.H. (org.). *Ética no mundo de hoje*. São Paulo: Paulinas, 1985, p. 90.

voso sob o olhar atento dos romanos que buscavam revoltosos e revolucionários. Era o lugar, segundo Chouraqui, que *atraía multidões oriundas de vários lugares do império romano* e, por isso mesmo, com moedas as mais variadas, impondo-se mesas de cambistas que enriqueciam com comissões de troca, *porque a moeda utilizada ali era a de Tiro.* Além disso, continua Chouraqui, havia pontos de vendas de variados objetos, entre os quais, pombas, para atender a grande demanda de pobres peregrinos que, diferentemente dos ricos, *não podiam oferecer o sacrifício de um boi, carneiro ou cordeiro.*

Judaísmos em convulsão: do ódio e do amor no saduceísmo, essenismo, farisaísmo, incluindo Jesus – a hillelização judaica

Saduceísmo e o farisaísmo: entre o Templo e a Sinagoga

A tensão que se verificava no Templo de Jerusalém e, também, nas relações com os dirigentes do Templo e dos cultos rituais, levada ao embate por diversos grupos, antecipava um estado caótico que culminaria em sua destruição. Quarenta anos antes da destruição do Segundo Templo que ocorreria em 70 EC (o que coincide com essa manifestação de Jesus em face dos vendilhões), já surgiam sinais ameaçadores, registra Guinsburg (1967, p. 275), ao citar o Rabi Iohanã ben Zacai: *Templo, Templo! Por que nos amedrontas? Sabemos, bem sabemos que a destruição se aproxima.* Nas mesmas condições, o Primeiro Templo tinha sido destruído em 586 AEC de forma violenta, levando milhares de judeus ao exílio babilônico. Considerando isso, o Rabino Riccardo Pacifici, em 1943, um pouco antes de ser deportado a Auschwitz, escreveu que a destruição daquele Primeiro Templo se deveu à *idolatria, da degradação dos costumes e dos homicídios.*

Para Pacifici (1997, p. 191), comparando os dois fatos, o Segundo Templo foi destruído porque os judeus, embora se ocupassem *formalmente* da Torá, das Mitzvot e das *aparências* das boas obras, viviam no ódio e *na discórdia,* e a substância da Torá, que é o amor, havia se perdido. Conclui ele, relembrando os ensinamentos talmúdicos, que o ódio e a *discórdia* têm o mesmo *peso que a idolatria, a degradação moral e o homicídio* e, assim, os dois templos foram destruídos pelos mesmos substanciais motivos. Anotamos, também, conforme as anotações que os rabinos Finkelman e Berkowitz (1998, p. XXVIII) fazem de *Chafets Chaim*[26], que entre os motivos de destruição do Segundo Templo está a prática de *lashon hará*[27] (língua para o mal, calúnia) de judeus contra judeus, porque *lashon hará* está ligado ao ódio e é, assim, a soma de todos os pecados.

À época que antecedeu a destruição do Segundo Templo, registra o Rabino Cohen (1964, p. 70) uma das correntes de pensamento era dos saduceus, cujo nome remonta a Zadok, um antigo Sumo-Sacerdote sob o reinado salomônico, ligados umbilical e religiosamente ao Templo, pois, segundo eles, o judaísmo era um sistema inflexível, fixado de modo definitivo na Torá, e inseparável do ritual do Templo, afirma o mesmo Rabino Cohen em sua obra Talmud (1935, p. 11). Torá e Templo eram, assim, duas faces de um único e indivisível judaísmo, com preceitos literais, imutáveis e fechados a quaisquer interpretações ou acréscimos.

Segundo os saduceus, a tarefa de dizer a Torá levada a efeito pelos antigos profetas estava, agora, a *cargo dos sacerdotes.* Claro que era uma manifestação de poder econômico e político, pois os sacerdotes *faziam da rica aristocracia do país* que, desde há mui-

---

26. Chafets Chaim é o nome pelo qual o Rabino Yisrael Meir HaCohen Kagan (1838-1933), nascido na Rússia e falecido na Polônia, ficou conhecido. Ele é o autor do *Sêfer Chafets Chaim,* relativo ao modo correto de falar.

27. *Lashon hará* é a língua para o mal: calúnia, difamação, fala depreciativa ou nociva, fofoca, mexerico, conversa má, mentira, falso testemunho, falar de alguém, interpretação sabidamente equivocada, ouvir algo ruim de alguém e não repreender o falante, bem como repassar isso (*rechilut*), atribuir a alguém uma característica falsa ou mesmo focalizar nos defeitos de uma pessoa e verbalizá-los, rotular uma pessoa, generalizar o julgamento e, atualmente, a *fake news,* que tem causado tantos males à sociedade.

to tempo, *controlavam autoritariamente os assuntos do Templo e do Estado*. Os saduceus tinham apenas influência sobre os ricos, mas nenhum contato com o povo ou com suas realidades cotidianas sendo mesmo antissociais. Porém, os saduceus não eram os únicos líderes. A eles se opunham os fariseus, nome que tem sua origem na palavra hebraica *parash/parush*, *interpretar/separado*, cuja visão era progressista e esclarecida à época, e defendiam uma *interpretação* atualizada da Torá, bem como sua aplicação ética, e não apenas ritualística. Ensina o Rabino Cohen (1964, p. 68), que os fariseus, então *Perushim* (intérpretes ou separados), eram habilidosos conhecedores da Torá, ligados ao povo e à cotidianidade e, por isso mesmo, recebiam apoio e respeito popular.

Cabe aqui, ainda que de passagem, destacar que a palavra "fariseu" foi utilizada ao longo do tempo, preconceituosamente, como expressão de *formalismo religioso* e *hipocrisia moral*, como, aliás, encontramos, *infelizmente,* nos dicionários, entre os quais, o italiano, dirigido por Pasquale Stoppelli (2000, p. 467) e o brasileiro, de Aurélio Buarque de Holanda Ferreira (1986, p. 758). Possivelmente, essa palavra (fariseu) ganhou a roupagem negativa com os saduceus, que eram inimigos dos fariseus, e conforme Guinsburg (1967, p. 295), dominavam os postos políticos, mantinham o poder econômico e tinham desprezo pelas classes mais humildes da sociedade. A prática de difamação (*lashon hará*) contra o adversário era (e é) uma arma política, efetiva e destrutiva, proibida expressamente pela Torá (cf. Lv 19,16)[28], pois o dano provocado pela difamação é enorme contra uma pessoa ou contra um grupo. Depois, com os primeiros cristãos, a palavra fariseu ganhou contornos e alcance semânticos absolutamente negativos por conta dos grandes embates públicos que foram travados entre fariseus mais profundos e críticos, por exemplo, Jesus, e fariseus mais aparentes e conservadores, todos, estes e aqueles, eloquentes e refinadamente dialéticos. Neste caso, percebe-se uma leitura

---

28. Mitzvá 301 negativa.

muito equivocada e anacrônica dos encontros e debates que Jesus teve com seus pares, os fariseus, bem como dos seus comentários sobre a conduta de muitos deles (cf. Lc 18,9-14), e até mesmo a contundente reprovação do seu comportamento (cf. Mt 23), que não leva em conta outros aspectos e variáveis, como a que nos parece óbvia sobre Jesus dialogar e debater, de modo judaico, com os pares, indicando estar muito mais próximo dos fariseus que dos saduceus.

O Rabino Bronstein, na obra organizada por Bruteau: *Jesus Segundo o judaísmo* (2003, p. 72), sugere com bastante propriedade que Jesus foi um fariseu, e nos inclinamos a concordar com ele, não apenas porque Jesus dialogava e debatia com fariseus, o que significa, em termos judaicos, fazer parte daquela escola, mas também porque os seus Ensinamentos (em nada saduceus), se aproximavam da corrente farisaica, em especial, do antigo Rabino Hillel. Além disso, lembramos que Jesus reafirmou os ensinamentos dos fariseus, quando disse a seus discípulos e a uma pequena multidão que o acompanhava, que *na Cadeira de Moisés estavam sentados os escribas e fariseus,* e que deveriam observar e praticar tudo o que eles ensinassem: "Então Jesus falou à multidão e a seus discípulos: na cadeira de Moisés estão os escribas [Soferim] e os fariseus; portanto, tudo o que eles vos disserem, fazei-o e guardai-o" (Mt 23,1-3).

Debater e contrapor-se são características judaicas, e, diferente das religiões de pregação unilateral, marcam a existência judaica. Ao discutir e, muitas vezes, discordar, os fariseus demonstravam apreço, e não desprezo uns pelos outros. Ademais, não leva em conta que entre os fariseus havia, ao menos, duas escolas: Rabino Hillel (110 AEC a 10 EC) e Rabino Shamai (século I AEC), ambas existentes na primeira infância de Jesus. A escola de Hillel desenvolvia uma hermenêutica mais moderna aplicável à Torá, atualizando-a para aqueles tempos, enquanto, de modo diverso, Shamai interpretava a Torá restritivamente, diríamos, positivamente, afirma Montebéller na obra organizada por Guinsburg (1967, p.

10). A escola de Shamai era feita no enfoque dogmático, de *dokein*, que parte do pressuposto de que a fonte, a Torá, é inatacável e, por isso mesmo, a interpretação é finita. A escola de Hillel desenvolveu afinidades eletivas com a filosofia helênica e, daí abriu espaço para o desenvolvimento de todo judaísmo posterior, enquanto a de Shamai tornou-se meticulosamente legalista. Como lembra Gerson D. Cohen na obra organizada por Guinsburg (1967, p. 42) "é significativo que a tradição posterior descreva Hillel como uma personalidade cálida e santa e Shamai como um erudito frio e severo. A grande maioria dos rabinos depois da Destruição do Templo pertencia à escola hillelita".

Finalmente, sobre o preconceito acerca do caráter e comportamento dos fariseus, concordamos com Abraham Cohen (1964, p. 69), quando também faz uma crítica ao dicionário inglês que anota *fariseu como hipócrita*, pois não se poderia considerar como hipócritas os curadores do judaísmo que trazia como pressuposto a prática da justiça e das boas ações.

Os saduceus, associados aos ricos aristocráticos de Jerusalém, não foi diferente, por isso mesmo, opondo-se aos fariseus, faziam o judaísmo se *basear totalmente no culto do Templo*, inclusive porque *todos os ritos e cerimônias eram oficiados por eles*. Era um judaísmo *aaronita*, de caráter ritualístico e sacrificial, especialmente realizado no Templo e em função do Templo. Ao contrário, os fariseus, seguindo a ética *profética* ou, em outras palavras, o judaísmo dos profetas, se tornaram verdadeiros continuadores destes, e opunham, assim como fizeram os profetas, a Lei ética aos sacrifícios no Templo, cujos fundamentos eram frágeis. Eram dois judaísmos opostos nessa época: *o sacrificial e o ético*; o dos Sacerdotes e o dos profetas e, agora, o dos saduceus e o dos fariseus, o fundamentalista a serviço de uma casta sacerdotal, e o hermenêutico a serviço de uma cultura em movimento. O judaísmo dos saduceus, fundamentado no culto do Templo, esgotou-se com o próprio Templo, enquanto, de modo diverso, o judaísmo dos fariseus não apenas manteve-se, posto que preparado para as adversidades geográficas e políticas, mas foi fundamental para o embasamento filosófico e cultural do judaísmo que hoje se pratica, bem como pela sobrevivência do judeu na diáspora.

Aspectos do essenismo: judaísmo do deserto

Além dos fariseus e saduceus, outra visão judaica ou, se quisermos, um terceiro judaísmo grupal – o essenismo, que, conforme alguns estudiosos, foi tão obscuro e tão autofágico quanto aquele dos saduceus. Aqui o essenismo é mencionado como um termômetro histórico daquela época. Os essênios viviam na região de Qumrã na região desértica da Judeia, cuja história interessou especialmente a Flavio Josefo (1948, p. 131-136) que os trata, nos seus livros *Guerra dos Judeus* e *Antiguidades judaicas* como uma das três seitas ou escolas do judaísmo de seu tempo. Além da notícia histórica de Josefo, os resquícios de sua existência, incluindo muitos pergaminhos, foram descobertos perto da margem noroeste do Mar Morto em 1947, e nos anos posteriores à criação do Estado de Israel, em 1948. Provavelmente os essênios se estabeleceram no deserto da Judeia no século II AEC, e ali se mantiveram até sua comunidade ser destruída pelos romanos em 68 EC. Entre os pergaminhos, muitos tratam de comentários bíblicos, bem como da vida da própria comunidade. Em seus escritos, aparecem duas figuras que, tudo indica, foram históricas, embora não se saiba o nome, indicadas apenas como Mestre de Justiça e seu inimigo, o Sacerdote Ímpio, demonstrando, já desde essas duas personagens, a visão dualista do mundo e um intenso combate entre filhos da luz e filhos das trevas, com a vitória final daqueles primeiros.

Qumrã pode não ter sido a única comunidade que se criou no deserto, mas uma delas, em um movimento de afastamento de Jerusalém, sobretudo do Templo e de seus chefes, os saduceus, que levavam, conforme defende Martin Goodman (1994, p. 89), muitos judeus a buscarem um judaísmo mais puro e, com isso, a rejeitarem a sociedade que fervilhava nas áreas urbanas. Talvez até fossem para o deserto à espera de um Messias que libertasse o povo da opressão, além de uma visão escatológica que levaria o mundo a uma premente destruição. Os essênios desenvolveram, por conta de uma visão dualista e de escatologia, uma visão de hierarquia e purificação ritual, escolhendo rigorosamente os que deveriam, ou não, fazer parte de sua comunidade. Para eles, a pureza que buscavam na vida reclusa, era o pressuposto do fortalecimento para o combate. Por isso mesmo, faziam rituais de purificação e limpeza na água todos os dias e várias vezes ao dia.

Além disso, sugere Goodman (1994, p. 89), instituíram o celibato a fim de se livrarem, provavelmente, da fonte primeira da impureza; isto é, as relações sexuais. Pode ser que os essênios vissem no casamento uma fraqueza espiritual, mas, por outro ângulo, o celibato (*que é, de todo, inédito e contrário à Torá, constituindo uma agressão às Mitzvot*) não fosse uma regra apenas no sentido de promover a pureza (sexual), mas para evitar que pessoas casadas, com filhos e esposas, estivessem na comunidade porque, tudo indica, ela se preparava para a guerra contra os *filhos das trevas*. Neste caso, não seria celibato purificador, mas estratégico para que os homens estivessem concentrados no que importava. Aliás, o próprio Goodman escreve que os essênios tiveram, com suas atitudes de purificação e afastamento da vida comum, uma capacidade extraordinária de excluírem os problemas do mundo comum, e da lufa-lufa de Jerusalém o que é, por isso mesmo, um tipo de concentração militar que procura dar aos seus soldados o foco sobre o que realmente importa. Até porque outros essênios, registra Josefo (1948, p. 132, 136), eram casados e, muitos viviam nas cidades ou mantinham com a cidade relações comerciais. Em face do registro que faz Josefo sobre a ligação entre essênios do deserto e de Jerusalém, e de uma opressão crescente imposta pelos romanos em conluio com os saduceus, é razoável pensar que eles se viam como combatentes reais e em preparo para uma batalha maior contra os romanos. Uma coisa parece certa, os essênios se recusaram a viver em Jerusalém sob o saduceísmo (romanizado) que, como sói acontecer com a religião ligada ao poder político, promovia muito mais uma domesticação social. A relação de fraternidade entre os essênios pressupunha, entre outras coisas, que tudo lhes era comum, não apenas como *chaveriam (amigos)*, conforme os fariseus, mas uma fraternidade extrema, na qual muitos veem um tipo de comunismo, em que todas as coisas pertenciam a todos e serviam a todos, além de não terem quaisquer posses, dinheiro ou objetos que não fossem absolutamente necessários.

Houve, entre os judeus estudiosos, entre os quais Chouraqui (1996, p. 67), a defesa da ideia de que João, o Batista (*Iohanan hamatbil*), figura conhecidíssima entre os cristãos, fosse da comunidade dos essênios por conta de seu ascetismo, vida no deserto, alimentação silvestre, apego à Torá e aos profetas, purificação ritual nas águas (o que o levou a ser conhecido como *hamatbil* "o imersor") bem como sua visão escatológica. É por afinidades eletivas, que aproximamos o Batista ao grupo dos essênios. Pelos relatos neotestamentários fica claro que *Iohanan hamatbil* era um respeitável mestre do judaísmo e profundo conhecedor da Torá, para a qual apontava nas suas pregações. Parece-nos evidente que estava no contexto dos essênios, não necessariamente na comunidade de Qumrã, mas, como outros tantos pregadores, no deserto.

Reafirmação do farisaísmo de Hillel e de Jesus

Por outro lado, a figura histórica e judaica de Jesus o afasta definitivamente dos saduceus e, muito menos que João, traz algumas características dos essênios, sobretudo sobre o partir do pão com seus seguidores. É possível que Jesus tenha tido, inclusive, uma experiência em sua juventude com os essênios. Talvez fosse comum que alguns jovens idealistas, principalmente da Galileia, tivessem mesmo uma inclinação contestatória e, é razoável, que tenha se dirigido ao deserto para estudos.

Os evangelistas nada mencionam sobre sua vida depois de seu *Bar Mitzvá*[29] aos 12 anos em Jerusalém, conforme o relato de Lc 2,42. Assim, dos doze até os trinta, quando ele passa a ensinar publicamente, nada se registrou. Embora nada se fale sobre Jesus na juventude e, sendo muito possível que tenha tido algum contato com os essênios (o que não o tornou um adepto do essenismo), conforme assevera Charlesworth em seu *Jesus dentro do judaísmo* (1992, p. 76). O fato é que Marcos registra que Jesus foi ensinar na Sinagoga de Nazaré em um Shabat, causando admiração nos presentes que se perguntam como ele poderia ensinar com tanta autoridade e conhecimento sendo ele um carpinteiro. Há, na verdade, inúmeras passagens neotestamentárias, entre as quais Mc 1,21; 6,1-3; Lc 4,31; Lc 4,15, que informam a presença constante de Jesus nas sinagogas, em especial Cafarnaum e Nazaré, bem como o uso por Jesus de vestimentas judaicas referentes ao judaísmo tradicional como, por exemplo, a deter-minação da Torá no uso dos *tsitsiyot* (franjas) em suas roupas (cf. Nm 15,38-40; Mt 9,20; 14,36; Lc 8,44; Mc 6,56), que indicam, afirma Geza Vermes (1995, p. 21), sua proximidade com os praticantes mais característicos do judaísmo, entre os quais, os fariseus. Assim, por conta da educação que teve, e de seu comportamento, incluindo a presença na Sinagoga (escola de fariseus), é possível dizer que Jesus está muito mais próximo, como já afirmamos, dos fariseus e, em especial, da escola de Hillel, considera o Rabino Pinkuss (1966, p. 24).

---

29. Literalmente, Filho do Mandamento, referente a uma celebração que se faz para receber o menino na maioridade judaica. À época, os meninos eram apresentados aos mestres para ouvir sobre a Torá. Hoje, as meninas fazem Bat Mitzvá (Filha do Mandamento) aos 12 anos, e os meninos, Bar Mitzva, aos 13 anos. Jesus fez seu Bar Mitzvá aos 12 anos. É de se notar que Lc 2,41 informa que seus pais iam a Jerusalém três vezes ao ano, nas Festas de Pessach, Shavuot e Sukot, respeitando o preceito da Torá em Ex 23,14-17; 34, 23; Dt 16,16. Mas, Lc 2,42 especifica que aquela ocasião era nos 12 anos de Jesus, indicando o Bar Mitzvá.

Abraham Cohen, antigo rabino na Inglaterra, considerou que houve muitos equívocos na abordagem de Jesus, tanto por cristãos como judeus. Segundo esse rabino, Jesus viveu e morreu como judeu e fariseu:

> Pelo conhecimento que temos do judaísmo farisaico, é possível constatar que nos elementos essenciais de seu ensinamento, em sua mensagem sobre a natureza de Deus e sobre as relações entre os homens para com seu Pai no céu, não encontramos nada que não seja de origem judaica ou que não tenha sido formulado dentro dos preceitos do farisaísmo (1964, p. 80).

E isso é suficiente para localizar Jesus de Nazaré em seu tempo e, também, no judaísmo que ele não apenas professou, mas ensinou – o farisaico, conforme Haim Cohn (1994, p. 64), tendo em vista que seus ensinamentos não tiveram nada de saduceísmo e apenas poucos contatos com o essenismo. Além disso, é importante destacar, de modo geral, as diferenças entre o judaísmo (ou os judaísmos) dos saduceus, essênios e dos fariseus, pois estes, os fariseus, incentivaram a criação das escolas exatamente para promover o estudo da ética judaica em face da sociedade e da prática incessante da justiça, como encontramos nos rabis fariseus.

Um deles, Hillel, sobre a responsabilidade em face do outro, lembra Schubert (1985, p. 40), com sua regra áurea: "não faças com o próximo o que tu não gostarias que te fizessem"[30] ou de Jesus, também ele um rabi, cujo ensinamento central é: "por isso, tudo o que quereis que os homens vos façam, fazei-o vós mesmos a eles" (Mt 7,12), sendo que, tanto para Hillel quanto para Jesus, ambos da mesma escola farisaica, esse comportamento era a essência da Torá e dos profetas. Aliás, para Hillel, esta regra áurea é a expressão de *toda a Torá* e o restante é *vai e estuda*!

Os fariseus, de certa maneira libertos da *caverna* ou do *abismo* ritualísticos, permaneceram legítimos portadores do judaísmo

---

30. Talmud da Babilônia, Shabat, 31ª.

que seria, a partir deles, universal. Eles instituíram escolas – isto é, sinagogas – espalhadas por todos os lugares, dentro e fora de Israel, e que se mantiveram por séculos, propiciando, com isso, a continuidade e o desenvolvimento do judaísmo. Um judaísmo hermeneuticamente aplicável a quaisquer situações e tempos, inclusive integrado a outras culturas. Diferentemente de outros grupos contemporâneos, os fariseus pressentiam uma diáspora sem precedentes e, desde sua capacidade hermenêutica para atualização da Torá e, sobretudo, seu desapego ao Templo, souberam que não haveria um lugar, aqui ou ali, mas que o próprio homem seria o depositário do judaísmo. Por isso mesmo, sua verticalização nos estudos, na interpretação e na transmissão de conhecimento entre mestres e discípulos, anota Schubert (1985, p. 52).

Os saduceus, ao contrário, fixaram-no no Templo, e em uma região geográfica, com vínculos e alianças com o poder político e, por isso mesmo, quando este Templo foi destruído, eles desapareceram. Os fariseus, em outra perspectiva, descentralizaram o judaísmo e o libertaram do Templo, dando às sinagogas pelo mundo um caráter de estudo, crítica filosófica e *prática de boas ações*, enfim, uma ética em relação ao próximo.

Parece-nos certo que, um dia, conforme o *Tanakh*, Deus libertou os hebreus do cativeiro egípcio e lhes deu a Torá e o judaísmo, a fim de fazerem justiça, mas, os sacerdotes prenderam Deus no Templo, como se fosse sua propriedade particular, embora os profetas – entre eles, Isaías (40,2.3.22) e Oseias (6,6) – reclamassem um caminho universal e a dimensão de um Deus acima do globo terrestre com olhos por toda humanidade, cujo prazer não estava de modo algum, como nunca esteve, em holocaustos e sangue de bezerros, ovelhas e cabritos, mas no fazer o bem, na busca da justiça, no socorro aos oprimidos, no direito dos órfãos e das viúvas, enfim, na misericórdia e não nos repetitivos sacrifícios.

Os saduceus, herdeiros do sacerdócio aaronita, mantiveram Deus preso no Templo, e criaram um tipo de judaísmo ritualístico que se opunha a qualquer outra ideia, fosse ou não emancipatória, inclusive contra si mesmos, cuja discórdia chegava à barbárie. Lembra Erich Fromm (1974, p. 27) que, embora os saduceus fossem política e economicamente uma classe judaica superior, não tinham nada de aristocrático e de boas maneiras. Segundo ele, *o comportamento dos saduceus entre si é, de certa forma, selvagem, e sua conversação é tão bárbara como se fossem estranhos*. E, com isso, fizeram o caminho contrário de Moisés: levaram os hebreus de volta à prisão, agora romana e ritualística. Ademais, para Schubert (1985, p. 42 e 54), os saduceus não tiveram qualquer preocupação em formar escolas judaicas nem em preparar gerações de discípulos *que pudessem transmitir suas concepções às gerações futuras*, embora tenha havia um *saduceísmo*.

Os fariseus, herdeiros dos profetas, com seu judaísmo ético hillelizante[31], penetrante, humanizador e feito de atos de bondade, libertaram Deus do Templo e o levaram para o mundo, tornando-o conhecido, agora sim, sobre o globo terrestre. Era o modo como a ética farisaica via o destino do mundo entrelaçado ao de Israel. Talvez esse tenha sido o maior ato de gratidão a Deus feito pelos fariseus: a emancipação e libertação de Deus.

Manifestações institucionais

A renovação do judaísmo e sua institucionalização após os cativeiros da Assíria e Babilônia

Para entendermos o movimento institucional judaico, é preciso retroceder ao quinto século antes da Era Comum (ou vulgar como dizem outros), que coincide com a conclusão da história bíblica. Lembra o Rabino Abrahan Cohen (1964, p. 10), que é o momento em que, Ciro, rei da Pérsia, permitiu que os judeus exilados na Babilônia regressassem à Jerusalém para reconstruir sua vida nacional. Porém, registra Cohen, os judeus voltaram sem as bases judaicas, casados com mulheres de outras cultu-

---

31. I.é, da Escola do rabino Hillel.

ras, trouxeram filhos que não falavam o hebraico (a língua dos judeus), mas a língua de suas mães. Parecia ser o sintoma da perda da judeidade. Mas, não foi o que aconteceu, pelo contrário, é o período de reconstrução e recuperação não apenas dos fundamentos judaicos, em especial, a Torá, e a compilação de obras que dariam sentido jurídico e filosófico ao judaísmo: Mishná, Talmud e Midrash e, assim, insiste Cohen, das definições que dariam o tom do judaísmo que iria resistir ao longo dos séculos e milênios.

Voltemos um pouco na história. Após a morte do Rei Salomão (Melech Shlomò) os judeus viram seu reino dividido em dois. O chamado Reino do Norte, com dez das tribos israelitas, e o Reino do Sul, formado pelas tribos de Benjamin e Judá, com a presença dos sacerdotes e levitas. O Reino do Norte, por volta de 722, foi invadido pelos Assírios, a monarquia destruída e os habitantes levados para o cativeiro. É o período da perda das tribos. Para Cohen, a perda definitiva não apenas das tribos, mas também da raiz judaica destas tribos. O que resta de judeus, cultura nacional e judaísmo ficaram no Sul até a invasão babilônica, em 586, em um momento de crise nacional e quase perda da identidade judaica, com a deportação também dos judeus do Sul. Os judeus da Assíria perderam completamente sua cultura judaica, e aqueles da Babilônia, ao contrário, conseguiram mantê-la.

Para Cohen (1964, p. 12), a força dos exilados na Babilônia, provenientes do Reino do Sul, explica-se porque eles levaram consigo os textos da literatura em hebraico, os fundamentos do Tanach (Bíblia hebraica). A língua hebraica e as narrativas, leis e poemas mantiveram a alma judia com alguma consistência. Os mais velhos faziam reuniões na Babilônia, as Assembleias, na qual se liam textos hebraicos e se mantinha a chama da cultura judaica. Na Babilônia, os judeus sabiam que eram judeus, e não babilônios, e isso foi de especial importância para a manutenção do judaísmo. As Assembleias na Babilônia, reunindo judeus, lendo e ensinando o hebraico e os textos hebraicos, e mantendo a alma judia, foram o embrião de uma das Instituições mais fortes e duradouras, que chega aos nossos dias: a Sinagoga[32]. A Sinagoga que pode ser compreendida como *casa da reunião ou da prece*, será o porto universal onde os judeus expatriados poderiam estar, reconhecer--se como judeus e viver algum aspecto da vida comunitária. Em outras palavras, a Sinagoga, nascida das assembleias judaicas na Babilônia, se tornou o lugar de resistência contra o processo de assimilação diuturna. A Sinagoga, assim, propiciou que os judeus vivendo fora do seu contexto territorial e político pudessem viver integrados a quaisquer culturas e povos, mas não assimilados. A Sinagoga demarcou o terreno e a separação entre assimilação e integração, sendo certo que a integração é, desde tempos imemoriais e patriarcais, uma capacidade judaica de viver no mundo estranho, enquanto a assimilação, ao contrário, é a perda da judeidade, da identidade e da história judaica. Conforme Cohen (1964, p. 13), a Sinagoga criou e manteve, até nossos dias, o hábito de leitura semanal da Torá, das preces respectivas e do próprio ofício de cerimônias e festas judaicas, em especial, o Shabat.

Os dois exílios, respectivamente, o da Assíria e o da Babilônia, poderiam ter destruído completamente o legado judaico. Além da criação das Assembleias na Babilônia, um escriba chamado Esdras, também ele exilado na Babilônia, por volta do quinto século antes dessa Era Comum, autorização para retornar a Jerusalém e ali, encontrando o povo em estado de desagregação e perda do judaísmo, fez não apenas campanha contra os casamentos mistos, mas promoveu uma reforma social e cultural, tendo a Torá como fundamento, reavivando o espírito judaico do que perdura até os dias contemporâneos.

O papel institucional de Esdras foi de tal importância que os rabinos disseram que, "quando a Torá foi esquecida por Israel, Esdras foi da Babilônia para restaurá-la, e que seria merecedor

---

32. *Sinagoga*, palavra em grego, para designar o que em hebraico se chama *Bet Hamidrash*, e em aramaico, *Bekanichia*.

de dar a Torá a Israel com suas próprias mãos, se Moisés não tivesse feito isso antes" (Cohen, 1964, p. 13). Esdras entendeu que somente a Torá, e o hebraico, poderiam dar vida aos judeus, assim como fizera Moisés diante dos escravizados pelo Egito. Esdras reuniu os judeus e judias, conforme registra Ne 13, e depois de carregar a Torá, passou a lê-la para todo o povo ali reunido por toda a manhã do primeiro dia do sétimo mês, Rosh Hashaná (primeiro dia do Ano-novo judaico). Com o objetivo de dar ao judeu a possibilidade e viver com sua cultura e identidade, Esdras cercou o comportamento dos homens e mulheres com os aspectos mais simples da Torá, diferenciando-os dos outros povos, inclusive os outros povos que viviam em Jerusalém à época. Foi esse grau de detalhamento da vida e comportamento judaicos que permitiu a subsistência do judaísmo posterior, ainda que esse particularismo de identidade judaica fosse, também, a causa da animosidade dos outros povos, em especial romanos, contra a comunidade judaica.

A *Grande Assembleia* – Knesset Haguedolá

Esdras, conforme a tradição, criou a *Knesset Haguedolá* (A Grande Assembleia) composta de um corpo de Mestres do judaísmo, com autoridade no judaísmo, a fim de que, não apenas a leitura semanal da Torá fosse mantida, mas que pudesse haver respostas para todas as dúvidas cotidianas sobre a vida judaica. Assim como Esdras, os componentes da Grande Assembleia eram sacerdotes e, nessa condição, foram os professores de Judaísmo e dos Rituais, com o propósito de estabelecer a diferença entre o santo e o profano, entre o puro e o impuro, e também de ensinar todas as leis e estatutos definidos por Moisés.

Outro dado institucionalmente importante foi a atividade dos membros da Grande Assembleia em escrever, estudar e incluir textos hebraicos no Canon das Sagradas Escrituras. Por isso mesmo, tanto Esdras como os outros membros da Grande Assembleia foram chamados de *Soferim*[33]. Podemos dizer, com isso, que a Grande Assembleia, a Knesset Haguedolá, foi responsável pelo estabelecimento da literatura religiosa, jurídica e cultural do judaísmo. Além da revisão da Torá e do estabelecimento dos livros judaicos, conforme atesta Cohen (1964, p. 18), os homens da Grande Assembleia foram responsáveis pela criação das liturgias, tais como a forma primitiva das *Dezoito Bênçãos*, as ações de graça do *Kidush* e da *Havdalá*, rituais ligados ao *Shabat*. Também aos homens da Grande Assembleia se deve, conforme a tradição, as bases do ofício de Shabat, incluindo a leitura da Torá.

Conforme se vê no primeiro parágrafo do *Pirquei-Avot* (a Ética dos Pais), entre as atividades da Grande Assembleia, encontra-se: *sejam circunspectos nos julgamentos, formem muitos discípulos e levantem cercas em torno da Torá*. A circunspecção no julgamento refere-se à exata avaliação dos elementos de um julgamento e, assim, originou o vasto saber talmúdico e os princípios seguidos pelo judaísmo rabínico. A formação de discípulos era de fundamental importância a fim de se garantir a continuidade e a sucessão dos primeiros Mestres. A criação de cercas em torno da Torá, como atribuição dos homens da Grande Assembleia, deveu-se a uma preocupação em proteger os preceitos negativos e positivos (613 Mitzvot) e não permitir que fossem violados, pois sua violação seria, na visão rabínica, a destruição do judaísmo e das pessoas judias.

A *Knesset Haguedolá* foi a instituição criada no pós-exílio judaico responsável pelo ressurgimento do judaísmo e do hebraico, recuperação da Torá, integração social e cultural, e o fundamento da identidade judaica. Para o Rabino Cohen (1964, p. 20), a Grande Assembleia durou até o ano 200 AEC e foi sucedida pelos *Zugot*, pares de rabinos que foram enumerados no primeiro capítulo dos Pirquei-Avot. A obra dos escribas na Kenesset Haguedolá foi

---

33. Soferim é comumente traduzido por escribas. Mas essa tradução não é boa, pois os Soferim tinham incumbência muito mais relevante; entre elas, a de estudar os textos hebraicos.

fundamental para a unidade em torno da Torá e, como consequência, para vitória dos Macabeus, porque, desde Esdras, a Torá se converteu em verdadeira Constituição do povo judeu e referência na existência judaica.

A instituição da Sinagoga

O judaísmo pós-exílio é a evolução do judaísmo bíblico. Houve institucionalmente grandes transformações. A cultura religiosa estava na vida privada e na vida pública de todos e todas. O Templo, renovado com o retorno de Esdras e, depois, purificado na luta libertadora dos Macabeus, representava o centro espiritual para todos, em Jerusalém ou na Diáspora. Nesta ocasião, apareceu a Sinagoga, mais próxima da vida real de todos e todas. O Templo não foi substituído pela Sinagoga, pois tinha função diversa, uma vez que era o lugar para a concentração dos judeus nas Festas de peregrinação e sacrifícios. O Templo era administrado pelos sacerdotes e levitas. Ao contrário, a Sinagoga foi uma instituição que pertencia a todos os judeus. O Templo era, de certa forma, um lugar ritualístico distante, mas a Sinagoga era o lugar de aprendizagem, de vida comunitária, de respostas para as dúvidas e questões cotidianas. A organização do Templo era vertical, exclusiva; a Sinagoga, horizontal, democrática. Entretanto, a Sinagoga não era apenas um lugar de encontro social. Havia ali autoridades e mestres do judaísmo, entendidos da Torá. Não é sem razão que o Templo acabou por ser um lugar de saduceus, enquanto a Sinagoga, de fariseus. Ademais, a Sinagoga não tinha um lugar fixo, como o Templo de Jerusalém. Destruído, como ocorreu algumas vezes, o Templo deixava de ser um centro espiritual. De modo diverso, as sinagogas foram sendo inauguradas em várias cidades da Judeia e arredores, assim como em outras cidades gregas e romanas. Onde houvesse um grupo de judeus, haveria uma Sinagoga. Após a destruição de Jerusalém e do Templo no primeiro século, as sinagogas espalhadas pelo mundo mantiveram a unidade judaica, os ensinamentos do judaísmo, a preservação do hebraico e, sobretudo, os valores essenciais do judaísmo.

Como dissemos alhures, até o início do primeiro século desta Era Comum, o Templo funcionava como um centro religioso e político, e atuava com ele a Sinagoga, instituição que perdura até os dias atuais. A comunidade judaica estava presente em vários centros comerciais, sociais, culturais do mundo e, onde houvesse um grupo judeus para logo se organizava uma Sinagoga para os serviços religiosos de reza, mas principalmente de organização da vida social. Foi, inclusive, esse grande número de sinagogas espalhadas pelo mundo que permitiu aos primeiros pregadores cristãos, não apenas um avanço rápido, mas, não poucas vezes, a acolhida nas muitas cidades. Mas, desde a expulsão dos judeus de Jerusalém no primeiro século, dando início à Galut (Diáspora), a Sinagoga se tornou o centro cultural, social, religioso, intelectual dos judeus pelo mundo. Mas, isso não significou unidade ou hierarquia entre as muitas sinagogas. Cada Sinagoga tem sua própria direção e administração, diferente das comunidades católicas que possuem umas com as outras uma relação de hierarquia, sobretudo, a Santa Sé e a figura do papa.

As sinagogas têm liberdade de ação, embora estejam em certa medida ligadas às federações, no caso do Brasil, estaduais. Nas sinagogas, a comunidade local contrata o seu rabino cuja função é religiosa e civil, no que respeita a documentos de casamento, divórcio, dentro da comunidade, entre outros. Portanto, a vida judaica se faz perceber e se mantém no universo sinagogal, ou seja, na Sinagoga à qual um judeu esteja ligado. Diga-se, ainda, que a Sinagoga fortaleceu-se com a presença dos rabinos, originados entre os fariseus. Relembramos, com Rosenberg (1992, p. 66), que os fariseus deram origem a todas as formas posteriores de judaísmo. Acrescente-se que, inclusive, os grupos judaicos ligados a Jesus, e o próprio Jesus eram de concepção judaica farisaica.

Se no seu nascedouro, a Sinagoga tinha uma liturgia vaga, foram os rabinos que, com o passar do tempo, estabeleceram uma forma de oração e serviço que se tornou padronizada. Ainda que com diferentes ritos, conforme o grupo, o fundamental de uma liturgia sinagogal é a mesma e quaisquer lugares. Conforme registra Rosenberg (1992, p. 70), nos serviços sinagogais a leitura de um trecho da Torá era parte de todos os cultos matutinos de Shabat, além de leituras selecionadas da Torá nas manhãs de segunda e sexta-feira, dias com maior concentração de judeus nas ruas por conta do intenso comércio. Em Jerusalém e vizinhanças, a Torá era toda lida nas sinagogas em um período de três anos. Enquanto isso, nas sinagogas da Babilônia, a leitura era feita em um ano. A prática sinagogal rabínica da Babilônia influenciou até os dias de hoje as sinagogas ortodoxas e conservadores do mundo todo.

Conforme, Rosenberg (1992, p. 84), os rabinos produziram muitos textos que junto à Torá de Moisés perfazem o universo judaico ao longo do tempo. Assim, escreveram o Sidur, a Mishná, o Talmud, o Midrash, as Responsa, os Códigos. O *Sidur*, com a ordem das preces semanais, do Shabat e dias religiosos, foi iniciado nas sinagogas de Jerusalém e, depois, os líderes das sinagogas e academias judaicas da Babilônia, promulgaram os textos para cultos utilizados pelos ortodoxos até os dias atuais, com poucas diferenças entre grupos, conforme seu contexto. Não é demais relembrar que o judaísmo em quaisquer partes do mundo, com raras exceções, é guiado pelos escritos e leis rabínicas. A *Mishná* é a codificação da Torá oral feita pelo Rabi Judá, o Príncipe, no século III EC[34]. Mishná significa *repetição*, e é fundamental para o desenvolvimento da tradição jurídica do judaísmo rabínico. Trata-se de uma obra dividida em seis partes, chamadas ordens, com vários tratados internos. As ordens são: *Zeraim* (sementes), *Moed* (época), *Nashim* (mulheres), *Nezikin* (danos), *Kodashim* (coisas sagradas) e *Tohorot* (purificações). O Talmud Babilônico é o grande texto de lei e doutrina judaica.

---

34. Ou seja, EC (era comum) equivale a d.C (depois de Cristo). Utilizamos, ainda, AEC (antes da era comum), que equivale a a.C. (antes de Cristo). Preferimos tais expressões por ser este um texto que trata do judaísmo.

Os rabinos o estudam diuturnamente nas academias judaicas, especialmente, tradicionais. O Talmud é organizado em ordens e tratados, à semelhança da Mishná. Em uma página do Talmud, cada parágrafo da Mishná é seguido pelos comentários dos rabinos que, de alguma forma, foram inspirados por este parágrafo, numa mistura de divagações e textos diretos. Tais comentários rabínicos são chamados de *gemara* (Guemará ou tradição). Assim, a Guemará e a Mishná formam o Talmud.

Rosenberg (1992, p. 91) lembra que os comentários trazem dois elementos: a *halaká* (Halaká, ou seja, modo de andar) e *aggada* (Agadá, ou seja, narrativa). A Halaká diz respeito à lei determinada pelos rabinos e ao raciocínio analítico em função do qual a desenvolveram. Por outro lado, a Agadá é formada por sem conexão jurídica ou legal, consistindo em lendas, reflexões e alguns textos cômicos.

O *Midrash* – isto é, *exposição* – é a reunião dos ensinamentos dos rabinos ao longo dos séculos. Trata-se de comentários e interpretações de passagens da Torá. O Midrash não está vinculado aos aspectos legais da Halaká, mas às narrativas da Agadá.

As *Responsa* foram escritas após a conclusão e propagação do Talmud Babilônico, com o objetivo de esclarecer, corrigir textos equivocados e aplicar as formas argumentativas do Talmud aos casos específicos. Foram escritas por estudiosos que se correspondiam com rabinos do mundo todo, e formam um compêndio de *perguntas e respostas*. Foram amplamente propagados por manuscritos e, depois, impressos.

Os *Códigos* foram escritos pelos rabinos a fim de poderem liderar suas Instituições comunitárias e sinagogais. Os rabinos, intérpretes autorizados do Talmud, desejavam o texto de um código simples, tendo em vista a vastidão do Talmud. Apesar da necessidade de um código, a ele se opuseram muitos sábios e rabinos, argumentando que o texto de um código tiraria os rabinos e demais judeus do estudo do Talmud.

No século XII, Moisés Maimônides compilou a *Mishneh Torá* (repetição da Torá) que é um grande compêndio de lei judaica, conforme Rosenberg (1992, p. 102). Maimônides, nesta obra, sugere que o homem justo adote um meio termo, uma balança, no universo emocional e das realizações concretas. No século XVI, a oposição ao texto de um código enfraqueceu. Nesta ocasião foi promulgado um código legal, aceito pelos rabinos e comunidades universais. Escrito por José Karo, que vivia em Safed, ao norte da Terra Santa, recebeu o nome de *Shulhan Aruk* (mesa posta), apresentando de forma concisa e clara, como deve ser um código, as leis e costumes das comunidades judaicas *sefaraditas*. Posteriormente, o Rabino Moisés Isserles, da Polônia, completou-o com comentários e emendas no modo *ashkenazi*. Seus comentários ficaram conhecidos o como *toalha de mesa* e, assim, o *Shulhan Aruk* passou a ser aceito em todas as comunidades do mundo, como regras jurídicas aplicadas pelos rabinos em geral. Anotamos que o Shulhan Aruk é o último código escrito e, depois dele, nada foi elaborado exceto os comentários rabínicos sobre ele.

Ramificações

Com os dois Exílios de Israel, assírio (721 AEC) e de Judá, babilônico (586 AEC), a Galut (Diáspora, a partir dos anos 70 EC, com a destruição do Segundo Templo e de Jerusalém) e a rebelião de Bar Kochba (135 EC), as expulsões nacionais, como a da Espanha em 1492, as grandes transferências e remoções, como as nazifascistas mussolinista e hitleristas, os judeus se espalharam pelo mundo e, quando não perderam sua identidade na assimilação, mantiveram-se judeus e foram se estabelecendo localmente, a partir, inclusive, das línguas locais, relacionadas aos países ou regiões onde se encontram suas comunidades. Por isso, é possível se falar em judeus do leste europeu que, sob a influência da língua alemã, desenvolveram um hebraico peculiar, o *iídishe*, e com este idioma, são judeus da Alemanha, Escandinávia, Rússia, Bulgária, França, Finlândia, Inglaterra, Holanda. Enquanto isso, os judeus de Portugal, Espanha, Holanda, Inglaterra (nestes dois casos, apenas os que são de origem Sefaradim e falam o ladino), Turquia, Grécia, Romênia oriental, Iugoslávia oriental (Sérvia e Bósnia), Bulgária, África do Norte, Israel, Américas e outros países, desenvolveram o judeu-espanhol, conhecido, também, como *ladino ou judezmo (jaquetía* na África do Norte*)*, um hebraico desenvolvido a partir das línguas de origem latina. Os judeus de língua iídishe do leste europeu são chamados *Ashkenazim*[35]. Aos judeus de língua de origem portuguesa, espanhola, marroquina etc., chamamos *Sefaradim*[36].

São os dois grupos mais conhecidos e principais. Mas, há, também, judeus que nunca saíram da Terra Santa, judeus negros etíopes, judeus sírios, libaneses, iraquianos, judeus iranianos (de fala persa), judeus egípcios e judeus árabes que não tiveram contato com os Ashkenazi nem com os Sefaradi. Os judeus que vivem em regiões árabes são considerados, quase sempre, Sefaradim, e falam a língua árabe. Os judeus italianos do norte da Itália são considerados Sefaradim, mas os judeus do sul da Itália são chamados de *Italki* e não tiveram contato com os sefaradim nem com os ashkenazim.

Esses muitos grupos, em especial ashkenazim e sefaradim, diferem um do outro, embora mantenham a cultura judaica fundamental, por línguas, costumes, alimentos tradicionais, vestimentas etc. São diferentes culturalmente, mas não compõem ramificações. Como ramificações, valendo-nos dos estudos de Michael Asheri (1995), podemos apontar os *karaim, samaritanos, doenmeh (sabatianos), franquistas, marranos portugueses, chuetas*. Os *karaim*

---

35. *Ashkenazim*, de *Ashkenaz*: expressão que se presume significar Alemanha, e indicaria, inicialmente, os judeus alemães. O termo, atualmente, é bem amplo, e abrange muitos grupos de judeus de fala iídishe ou, simplesmente, os que não são de origem Sefaradim.

36. *Sefaradim*, de *Sepharad*, expressão que se presume indicar ou significar a Espanha, e por isso mesmo, os judeus de origem espanhola e portuguesa seriam *Sefaradim*. O termo, atualmente, é amplíssimo e envolve muitos outros grupos de judeus.

ou *caraitas* se separaram do judaísmo central no século VIII, pois aceitam a Torá e, de resto, todo o Tanach[37], mas rejeitam a Lei Oral e mantém o hebraico como língua de uso sinagogal e corrente. Os *KARAIM* estavam no Cairo, Crimeia, em alguns lugares da Lituânia, Rússia e Polônia. A maioria foi para Israel que os reconhece, para fins de imigração, como judeus. Os rabinos, entretanto, proíbem casamentos com os *karaim*.

Os *samaritanos* ou *shomronim*, residem em Holon, Israel, e em Shechen (Nablus), na margem esquerda do Jordão. São praticantes de uma forma bíblica de judaísmo e reconhecem o Monte Gerizim, não Jerusalém, como centro devocional. Naquele monte celebram Pessach[38] com grande festa e, também, comem o carneiro ali. Reconhecem apenas a Torá e possuem uma tradição oral diversa dos outros judeus e dos karaim. Igualmente, Israel os reconhece, mas o casamento com eles é proibido pela Lei Judaica e pelos rabinos. Os *doenmeh* ou *sabatianos* formam um pequeno grupo que, a partir do século XVII, seguiu os ensinamentos de Shabtai Zvi, considerado um falso Messias, que começou a pregar na Turquia. Influenciou quase metade dos judeus europeus que o reconheceu como Messias, mas no final, pressionado pelas autoridades islâmicas, Shbtai Zvi acabou por se converter ao islam, sendo abandonado pela maioria dos judeus. Contudo, um pequeno grupo manteve-se fiel a ele e também se converteu ao islam. Seus seguidores se consideram judeus secretos, usam o ladino como língua sagrada e, quando quiseram retornar ao judaísmo, foram rejeitados.

Os *franquistas* se originam entre os seguidores de Shabtai Zvi. Um deles, Jacob Frank, tornou-se líder de um pequeno grupo de sabatianos na Europa Oriental. Acabou por se converter ao catolicismo romano. Consideravam-se judeus secretos. De acordo com

---

37. A Bíblia Hebraica: Torá, Neviim, Ketuvim ou, Pentateuco, profetas e escritos.
38. A Páscoa judaica.

Asheri (1995, p. 18) poucos franquistas existiram até o final do século passado, mas não há qualquer deles vivo nos dias de hoje, apenas seus descendentes.

Os *marranos portugueses* originam-se de judeus que foram forçados à conversão católica. Muitos deles vivem nas aldeias e montanhas de Portugal (p. ex., Guarda, da Beira Alta, e Belmonte, da Beira Baixa). Embora tenha havido a conversão forçada, tais grupos se consideram judeus, casam-se entre si. Muitos deles, atualmente, retomaram as suas origens judaicas e são aceitos normalmente em Israel. Além dos marranos portugueses, merecem destaque os marranos brasileiros que, na mesma linha ou origem portuguesa, foram obrigados a se converter ao catolicismo. Vivem principalmente no Nordeste brasileiro e têm alguns costumes e tradições judaicos. Nas últimas décadas eles têm procurado o caminho de retorno ao judaísmo pela via da conversão, e renovado seus valores judaicos, inclusive com a organização de sinagogas.

Os *chuetas*, conforme Asheri (1995, p. 18), formam um grupo de pessoas de religião católica que vive na ilha espanhola de Majorca. Casam-se entre si e são mal vistos pelos seus vizinhos cristãos. Apesar disso, afirma Asheri, não há traços de judaísmo ou de lealdade ao judaísmo entre eles.

À lista acima, acrescentamos ainda os chamados *judeus messiânicos*. Há muitos destes grupos nos Estados Unidos, Israel e Brasil, usam o hebraico em seus serviços, possuem sinagogas, estudam a Torá em leituras semanais da Parashá[39], celebram as Festas Judaicas no calendário judaico, praticam a circuncisão, usam determinados símbolos ou elementos judaicos, como o *Talit*, a *Kipá*, *Tsisiot*, a *Menorá*, os *Tefilim*, as *Mezuzot*[40], celebram o

---

39. *Parashá* é a porção semanal da Torá lida e estudada na maioria das sinagogas.

40. *Talit*, a *Kipá*, *as Tsisiot*, a *Menorá*, os *Tefilim*, as *Mezuzot* são, respectivamente, elementos e símbolos judaicos. *Talit*, podendo ser *gadol* (grande) ou *katan* (pequeno), refere-se ao manto judaico de oração, colocado sobre os

Shabat usando o *Sidur*, devotam lealdade a Israel e, muitos deles, seguem as leis alimentares (Kashrut).

Há, entre os *judeus messiânicos*, ex-cristãos que se reconhecem ou se descobriram *marranos*, há judeus de linha materna ou paterna, e há ex-evangélicos judaizados. Diferem dos outros grupos, pois além do *Tanach*, usam também o Novo Testamento, chamado por eles de *Brit Chadashá* (nova aliança). Além disso, acreditam que Jesus é mesmo o único Messias. Geralmente, não são aceitos como judeus e, por isso, muitos deles procuram a conversão convencional e se mudam para Israel. Dos convertidos, muitos abandonam a ideia messiânica de Jesus; outros, contudo, mantêm-na. Há muitas questões sobre a legítima judeidade dos *judeus messiânicos* ou se são apenas cristãos judeizados. A controvérsia, contudo, desaparece quando há conversão formal ao judaísmo, momento em que qualquer convertido é considerado plenamente judeu (Asheri, 1995, p. 267)

Entre as ramificações, devemos considerar, também, os *ortodoxos, conservadores e reformistas*. Nos Estados Unidos, em especial, os três grupos aparecem como expressão judaica. De acordo com Asheri (1995, p. 262), os judeus ortodoxos são chamados de *fiéis da Torá*. Aceitam plenamente a Torá, escrita ou oral, como revelação divina a Moisés, e dedicam-se ao cumprimento dos 613 Mandamentos (613 Mitzvot) assim como os decretos rabínicos. Os ortodoxos possuem divisões internas, incluindo *ortodoxos não praticantes*. Entre os ortodoxos ashkenazim há a divisão entre *chassidim* e *mitnagdim*. Os chassidim pertencem a um grupo fundado

---

ombros e cabeça, ou utilizado debaixo da blusa. *Kipá* é o solidéu, a cobertura da cabeça, utilizada pelos homens (em alguns grupos, também pelas mulheres). *Tsisiot* são as quatro franjas presas nas extremidas do *Talit*. *Menorá* é o candelabro de sete velas; muitos usam também a *Chanukiá*: candelabro de oito mais uma vela para as Festas de Chanuká. *Tefilim* são duas caixinhas de oração colocadas sobre a testa e braço masculinos. Há mulheres que utilizam este elemento. *Mezuzot* são pequenos adereços em forma retangular e pequena, afixados nas portas das casas e ambientes judaicos.

no século XVIII pelo Rabino Israel Ben-Eliezer, conhecido como *Baal Shem Tov*[41].

Baal Shem Tov ensinou que deveria haver alegria na condição de ser judeu, alegria no cumprimento dos Mandamentos e alegria em viver uma vida judaica. Os discípulos deste grande mestre foram conhecidos como *tzadikim* (santos), que organizaram grupos, inclusive dinásticos, sendo-lhes atribuída a realização de milagres e, neste caso, são conhecidos como *Rebbes* completados com o nome da cidade onde atuaram. Os chassidim estão presentes na atualidade e com grupos numerosos. O grupo mais conhecido e proeminente é o de Lubavitch sob a liderança do Lubavitcher Rebbe (Menachem Mendel Schneersohn). Não obstante, os chassidim são considerados radicais, reacionários e extremamente conservadores. Seus oponentes, também ortodoxos, são conhecidos como *Mitnagdim* (oponentes), ou seja, ashkenazim não chassidícos. Enfim, os Ortodoxos seguem rígidas prescrições alimentares (kosher ou casher), todos os costumes judaicos, festas, procedimentos da vida e para a vida, desde o nascimento à morte. São legalistas no que pertine às leis judaicas e ao cumprimento das Mitzvôt (palavras-princípio ou mandamentos).

Além dos ortodoxos, há os conservadores, cujas sinagogas pertencem a uma organização chamada Sinagoga Unida. Consideram que o judaísmo conservador dedica-se à proposição de que a Lei judaica, a partir da Torá, com interpretação talmúdica e elaborada na Halaká é obrigatória a todos. Nas sinagogas conservadoras, as mulheres sentam-se ao lado de homens (diferentemente dos ortodoxos). As mulheres também são chamadas à leitura da Torá e há propensão em se considerar a ordenação de mulheres para o rabinato. São mais leves na interpretação da Torá do que os ortodoxos. Ao lado dos ortodoxos e conservadores, indicamos, também, os reformistas. Para os reformistas, a revelação

---

41. *Baal Shem Tov* significa *Mestre do Nome:* o dom daquele que pode invocar milagres por um nome secreto de Deus (ou D'us);

não é central no judaísmo e os Mandamentos não precisam ser cumpridos se e quando em divergência com a vida moderna. Os reformistas divergem dos judeus ortodoxos e conservadores, pois não acreditam na revelação da Torá como pacto eterno. Acreditam, sim, que Deus se revelou a Moisés, mas não a Torá. Respeitam e consideram obrigatórios os mandamentos éticos, mas não os que tratam da dieta, dias festivos, Shabat e demais cerimônias. Do mesmo modo, não utilizam qualquer menção ao retorno à Terra Santa ou à reunião das Tribos perdidas. Consideram isso como fantasia não sustentável nos dias de hoje. Ademais, cada Sinagoga reformista tem liberdade para legislar sobre os interesses de sua congregação. Muitos judeus reformistas ainda admitem ser ateus e não acreditar na existência de Deus. Mesmo nesta linha aberta, os judeus reformistas são considerados judeus e em nada menos judeus que os ortodoxos e conservadores.

Situação atual e perspectivas para o futuro

Fatos históricos contemporâneos determinantes para o judaísmo atual

Três fatos históricos modificaram a relação do judaísmo com o mundo: 1) a Revolução Francesa de 1789 que permitiu ao judeu sua emancipação civil, inserindo-o no mundo; 2) o Holocausto[42] no contexto da Segunda Guerra Mundial, entre 1939 e 1945; e 3) a organização dos Kibutzim, o judaísmo kibutziano, e a criação do Estado de Israel em 1948.

---

42. A palavra *Holocausto* ou, em hebraico, *Shoah*, embora utilizada não poucas vezes para se referir a determinadas opressões contra povos e minorias, deve ser utilizada apenas para designar o projeto de extermínio do povo judeu, levado a efeito pelos nazistas hitleristas no contexto da Segunda Guerra Mundial. Foi um projeto que tinha como meta a eliminação do povo judeu no processo industrial de extermínio, como se registrou nos campos de concentração.

Da Revolução Francesa de 1789 ao Holocausto

A Revolução Francesa de 1789, criadora dos chamados direitos individuais e políticos, colocou o judeu no mundo que ainda não estava preparado para recepcioná-lo em sua cultura. Por isso mesmo, o judeu passou a ser visto como alguém que está no meio, mas é diferente, é o estranho, o curioso e, não poucas vezes, o perigoso. Isso fará o antissemitismo aflorar no seio europeu até o extremo do projeto de eliminação: o Holocausto. O Holocausto, nas palavras de Bauman (1998, p. 12),

> não foi simplesmente um problema judeu nem fato da história judaica apenas. O Holocausto nasceu e foi executado na nossa sociedade moderna e racional, em nosso alto estágio de civilização e no auge do desenvolvimento cultural humano, e por essa razão é um problema dessa sociedade, dessa civilização e cultura.

É um problema dessa sociedade, dessa civilização e dessa cultura, considerando a comunidade judaica inserida no mundo. O Holocausto elevou a humanidade a uma dimensão jamais vista ou conhecida antes e, também legou ao judeu uma responsabilidade para que aquilo que o afetou profundamente, não afete quaisquer outros grupos e minorias. A responsabilidade para com o mundo é, conforme o Rabino Lemle (1967, p. 32), a *maior das responsabilidades judaicas*, a fim de se eliminarem a infelicidade e a discórdia e se criarem fundamentos para a paz. O Holocausto criou no judeu, e acrescentou ao judaísmo, um senso de humanidade, de responsabilidade e, por isso mesmo, o judaísmo contemporâneo atua junto às pautas de Direitos Humanos, associando-se aos grupos vulneráveis. É uma ética de responsabilidade para que se criem pontos de resistência e de combate ao neofascismo e neonazismo, hoje, infelizmente, tão presentes (e cada vez mais presentes).

Um dos pontos fortes é não relativizar direitos, e não colocar na história "passada" a destruição do elemento humano. Há uma lição que não é abstrata, é histórica. Segundo Scliar (1979, p. 291):

esta talvez seja a grande lição do Holocausto. Precisamos aprender a projetar para frente o que estamos vendo. Precisamos discernir, por trás de certa retórica, a ameaça neonazista que não se restringe às atuais cruzes suásticas. Precisamos localizar, ao redor de nós, perto de nós, dentro de nós, as estruturas sociais e os dispositivos psicológicos que dão origem ao nazismo, com seu antigo e seus novos nomes. Precisamos opor à imaginação doentia a imaginação sã, ao pensamento degenerado o pensamento fecundamente voltado para a humanidade. Precisamos continuar combatendo o nazismo. Hoje e sempre. Para evitar que as sombrias chaminés voltem a fumegar.

O judaísmo kibutziano – Kibutz: a experiência da justiça social

O outro ponto histórico de importância para o judaísmo é a organização dos Kibutzim judaicos[43]. Trata-se de uma experiência judaica histórica que nasce na visão social da Torá, na proposta mosaica de ocupação da terra com justiça social, especialmente, no Livro do Deuteronômio (Devarim), nas lutas dos grandes profetas de Israel e na peregrinação judaica pelo mundo. Os Kibutzim judaicos são, a um só tempo, a resposta ao antissemitismo europeu, a manifestação de resistência ao projeto de extermínio contra os judeus levado pelos nazifascistas hitleristas e, finalmente, a expressão viva do judaísmo secular, ou seja, ateológico.

O Kibutz ou, em outras palavras, o judaísmo kibutziano, é fato de tal relevância na ideia e história judaicas que deve, de modo correto, ser considerado com um pouco mais de fôlego e tempo. Sua compreensão impõe-se como condição *sine qua non* de análise das relações judaicas de resistência aos antissemitismos do século XIX e por toda a primeira metade do século XX.

---

43. A palavra *Kibutz* (organização judaica agrícola e social) está no singular. No plural, grava-se *Kibutzim*.

A questão que sempre se apresentava (de resposta difícil) diz respeito à possibilidade de realização do ideal emancipatório judaico em alguma dimensão. Em outras palavras, buscava-se saber se era mesmo possível sair do plano das ideias ou da cultura, na qual os judeus, em especial, os judeus ateológicos, estavam condenados à *utopia messiânica*, e avançar para a realidade, ou seja, *topia*: ideia básica dos muitos judeus anarquistas e anarquizantes, entre os quais, os judeus alemães Gustav Landauer e Martin Buber (1971, p. 160). Michael Löwy, em seu *Romantismo e Messianismo* (2008, p. 159) lembra que Landauer e Buber tiveram uma relação de amizade e influência recíproca, produzindo-se aí uma interessante corrente judaico-anarquista, que em Landauer foi explícita, com uma obra que influenciou decisivamente jovens judeus sionistas e socialistas, de matriz anarquista, na disseminação dos conceitos de comunidade judaica rural nos Kibutzim palestinenses[44]. Na sua *redenção e utopia: o judaísmo libertário na Europa Central* (1989, p. 47), Löwy considera que Buber, como um judeu *socialista libertário antiestado*, incluído por ele entre os judeus anarquistas europeus, marcará sua presença crítica diretamente nos Kibutzim, inclusive colocando-se, de modo consciente, a favor de uma composição colaborativa com os vizinhos árabes e muçulmanos, situação que, entre outros aspectos, marcará Buber negativamente pelas instituições governamentais israelenses. Buber, a partir de uma refinada

---

44. A palavra "palestinenses" aqui é usada originalmente como referência à região geográfica *Palestina*. É nome dado pelos romanos à região como um todo (Palestina, referência aos filisteus (*philistaeu,* um antigo povo não semita que viveu ali onde hoje é a região de Gaza). Após o ano 135 EC as regiões da *Síria Romana* e da *Judeia Romana*, com a revolta do grupo judaico liderado por Bar Kokhba, foram reunidas sob o nome de *Syria Palaestina*. Importante ressaltar que antes de 1948 não se pode falar em Israel e Palestina (enquanto estados), já que um nasce em função do outro apenas em 1948. Usamos acima o termo "comunidade judaica rural nos Kibutzim palestinenses" para evitar, e quiçá corrigir, um equívoco recorrente; ou seja, o uso das expressões "kibutzim de Israel" ou "kibutzim israelenses", termos impróprios porque os Kibutzim são muito anteriores ao Estado de Israel, e têm o qualificativo "judaico" e não "israelense". Por isso mesmo, é preferível utilizar apenas os termos *Kibutz judaico* ou *Kibutzim judaicos*.

106

compreensão da conjuntura do após Segunda Guerra Mundial, volta a questionar pontos importantes da experiência humana, entre eles, a propriedade, a apropriação do solo e a salvaguarda da cultura judaica. Sua reflexão tem especial importância porque, nascido em Viena, tendo frequentado os ciclos de judeus anarquistas, encontrou-se no meio do turbilhão antissemita e nazifascista europeu e, transferindo-se para Jerusalém em 1938, ali encontraria, após 1948, até o final da sua vida, em 1965, os dramas que ainda permanecem até hoje: de um lado, o conflito Israel-Árabe, e, de outro, o conflito expresso entre o poder estatal israelense e o projeto judaico kibutziano, duas forças opostas até certo ponto.

Escreve Buber, ainda nos anos de 1950, que os sistemas econômicos ocidentais, mormente de nações pequenas, uma vez destruídas por conflitos, só podem ser restaurados parcialmente ou, como assevera, restaurados aparentemente (1971, p. 170):

> necessidade de socializações radicais nas pequenas nações, sobretudo a expropriação do solo. Então será muitíssimo importante saber quem será o sujeito real da economia transformada e o proprietário dos meios sociais de produção: o poder central de um Estado totalmente centralizado, ou as unidades sociais dos trabalhadores rurais e urbanos que vivam e produzam em conjunto; [...] está em jogo a decisão sobre a base: reestruturação da sociedade como federação de federações e redução do Estado à função de unificador, ou absorção da sociedade amorfa pelo Estado todo-poderoso; pluralismo socialista ou unitarismo "socialista"; [...] promessa de liberdade que se supõe deverá sobrevir "por si mesma", posteriormente.

Os kibutzim judaicos *palestinenses*, em suas múltiplas modalidades (coletivismo, cooperativismo e individualismo) e experiência judaica anarquista[45] é, conforme Lévi-Strauss, Kathleen Gouch e

---

45. É de grande importância a leitura atenta do artigo "A natureza anarquista do Kibutz – texto de Giora Manor (1938-2005)", judia anarquista, jornalista, que atuou na crítica de teatro e dança israelenses; foi membro do *Kibutz*

Melford Spiro (1980, p. 87), uma organização agrícola judaica (1980, p. 87) que se desenvolveu nas terras *palestinenses* desde a virada do século XIX, de caráter rural e judaico, economia socializada, gestão coletiva e vida em comum. Alguns autores, entre os quais Silva Mello (1961, p. 162), datam sua formação embrionária em 1870, quando Charles Netter, e outros judeus, fundaram a Escola de Agricultura Mikveh Israel, em Jafa, região litorânea sudoeste do agora Israel, cujo objetivo era o desenvolvimento agrícola da região, em especial o apoio a pequenos grupos de famílias judias que ali se encontravam. Em 1878, conforme Silva Mello (1961, p. 162), um grupo de jovens judeus de Jerusalém fundou a primeira comunidade agrícola autônoma, chamada de *Petach Tikvah*, às margens do *Rio Yarkon*, região palestinense sudoeste. Era uma Kvutzá, que significa *reunião* em hebraico, nome conceitual porque constituída por pequeno grupo de judeus com vida comunitária total, sem trabalho assalariado, baseando-se no consumo conforme as necessidades e capacidade de sua economia interna, com rigorosa seleção e restrição ao ingresso de membros. Em 1882, com apoio financeiro, constituíram-se outras colônias agrícolas judaicas com as mesmas características, sendo a primeira delas chamada de *Rishon-le-Zion*, região litorânea mais ao sul, sem o conceito de propriedade privada, com posse coletiva, uso específico para fins de agricultura e moradia, sem qualquer especulação sobre o solo.

O conceito de Kvutzá, conforme esclarece Cecil Roth (1967, p. 729), é mais restrito que o de Kibutz, que também significa "reunião" em hebraico, mas neste caso com um número maior de judeus. O conceito modificou-se, e hoje há pouca diferença entre um e outro. De acordo com Paulo Geiger (2005, p. 188), pode-se dizer que o Kibutz é a Kvutzá, com os mesmos princípios, mas institucionalizada, *visa ser um ponto de interferência na economia,*

Mishmar HaEmek – publicado originalmente no *Kibbtuz Trends*, n. 10, 1993 (Yad Tabenkin) e reproduzido em *A – Rivista Anarchica*, ano 24, n. 214, dez./1994 e jan./1995 e, finalmente, no *Bollettino Centro Studi Libertari*, Milão, p. 19-21, 2000.

nos valores sociais, na própria condução dos destinos políticos e ideológicos do universo judaico naquelas terras.

A despeito dos grupos judaicos embrionários Kvutzá ou Kibutz, *coletivistas, cooperativistas* (Pinho, 1966, p. 57) acima citados, e da Moshavá, de caráter *semi-individualista* e *mutualista*, oficialmente o grupo judaico de Degânia, em 1909, foi considerado efetivamente o primeiro Kibutz (Segal, 1973, p. 4). Na organização judaica de Degânia foi proibido, por decisão de todos os membros, o uso de dinheiro, sendo que, com o trabalho, coletivo ou cooperativo, todos tinham o direito aos bens produzidos conforme a necessidade de cada família ou indivíduo. O termo Kibutz pode ser utilizado com sentido geral e abrangendo os vários grupos judaicos e modelos econômicos, cuja base seja a *posse coletiva da terra*, com exceção dos grupos chamados Moshavot, cuja expressão que está no plural, significa núcleo ou colônia em hebraico, cujo fundamento é a pequena *propriedade privada*, de caráter semi-individualista, fundadas no conceito de *cooperativismo integral* e *mutualismo*. Em todos os casos (Kvutzá, Kibutz, Moshavá e suas variações), os grupos são de natureza judaica anarquista, cuja tendência é a *pluralidade na posse da terra* ou *pequena propriedade privada* mutualista, coletivização ou cooperação na produção, decisões horizontais, regramento proposto, debatido e estabelecido pelos membros de cada núcleo.

Referindo-se ao caráter especialmente singular e proativo de tais organizações agrícolas kibutzianas, bem como suas experiências no trato da terra e das relações sociais judaicas, Buber (1971, p. 168) dirá que

> assim, nasceu algo que é essencialmente diferente de todas as experiências sociais do mundo: não um laboratório onde cada trabalha para si, isolado com seus problemas e planos, mas um campo de pesquisas onde, sobre solo comum, são experimentadas simultaneamente plantações diferentes de acordo com métodos diferentes para uma finalidade comum.

Trata-se realmente de um tipo de experiência judaica, de acordo com Buber, única, e de grande vulto em termos de mutualismo integral, absolutamente independente de qualquer intervenção estatal. Esclarece Buber que o Kibutz judaico precedeu a ideologia e não nasceu sob um Estado (1971, p. 160), nem a seu serviço, ou sob sua tutela. Em 1922, já eram dezoito Kibutzim judaicos, e no senso de 1953 chegavam a 227 grupos totalmente estruturados. Finalmente, Buber dirá que esses grupos se formaram sem ideologia ou doutrina, mas a despeito disso, com um ideal judaico anarquista: *igualdade e liberdade*. Essa experiência kibutziana, chamada por vários estudiosos de socialismo judaico reformista, criou o processo comumente chamado de *cooperativização judaica integral*.

A gestão desses núcleos sempre foi horizontal e direta, com a presença de todos os membros. Embora alguns tenham considerado como gestão democrática (nome impróprio para o fenômeno do Kibutz em sua fase inicial), o fato é que, não tendo havido qualquer distinção entre os membros, todas as decisões e todos os trabalhos, incluindo os de limpeza e outros de natureza desagradável, eram realizados por todos indistintamente.

Conforme Bulgarelli (1964, p. 14), em pesquisa realizada em 1962, embora mutualistas, tais organizações judaicas são vistas geralmente como cooperativistas. Porém, os Kibutzim, segundo ele e outros estudiosos do cooperativismo, são mais do que cooperativas, embora sirvam, com têm servido, de modelo, de objeto de estudo para vários seguimentos agrícolas, industriais ou simplesmente acadêmicos. Os Kibutzim judaicos se encaixam naquele tipo de sociedade judaica independente do Estado, aliás, que se estrutura com ou sem Estado. O objetivo dos Kibutzim judaicos foi maior, pois além do econômico, ou do meramente econômico, seja ele coletivo, cooperativo ou semi-individualista, apontava para a humanização, justiça social, liberdade e um mundo judaico mais igualitário. O movimento kibutziano, de caráter especialíssimo, conforme Bulgarelli, não é cooperativa no sentido em que o termo foi empregado nos sistemas capitalista ou comunista. Tinha algo de um socialismo ativo e reformador, cuja base era a produção no âmbito social, protegendo-se, integralmente, o indivíduo e suas relações sociais. Além disso, um aspecto é particularmente importante no que concerne à diferenciação entre cooperativas e Kibutzim judaicos: no cenário capitalista, bem como comunista, sistemas de cooperativas têm propósitos programáticos, por força do mercado ou dos projetos governamentais. Não é o caso dos Kibutzim, porque seu estabelecimento foi de geração espontânea, e seus motivadores não eram o de servir a um Estado, seja capitalista ou comunista, mas garantir a integridade de pessoas e grupos sociais judaicos, cansados de perseguições e que, não poucas vezes, não se encontravam nem se sentiam protegidas nos países nos quais estavam. Por isso mesmo, a experiência kibutziana foi muito além do econômico, e procurou propiciar condições de organização social, *familiar* (Lévi-Strauss; Gouch; Spiro, 1980, p. 85), científica e cultural com base nos valores judaicos emancipatórios tradicionais. No contexto do Kibutz, é mais do que emancipação judaica, ou seja, conquista de cidadania e direitos civis. É a busca de se reencontrar um mundo judaico antigo e perdido na Diáspora. Nas palavras de Buber (1971, p. 164), o movimento kibutziano tem como uma das suas razões motivadoras "a situação de calamidade, de coerção e de perseguição sem fim, ou seja, da situação histórica de um povo atormentado".

Além das razões buberianas, Hannah Arendt (2016, p. 646) acrescenta algo mais e dá nome à situação judaica europeia. Ao comentar a obra de Herzl (*O Estado Judaico*), bem como a situação dos judeus nas terras palestinenses, Arendt se opõe à tese de que a criação de um lar nacional judaico eliminaria – vez por todas – o antissemitismo, criador daquele tormento e coerção citados por Buber. Na verdade, diz Arendt, a tese de Herzl era inocente, pois o antissemitismo se baseava em dois aspectos: na pessoa do antissemita que se tornou, também, desonesto, e queria preservar a disponibilidade dos judeus como bode expiatório, ou, então, se "honestos", tinham por meta exterminar os judeus onde quer que vivessem. Por isso mesmo, a ideia de um retorno às terras palestinenses, seria – como foi, uma resposta, antes de tudo, para o antissemitismo. Mas, o Kibutz não resulta apenas disso, pois, como assevera Buber, esta é apenas uma das suas razões. A outra, talvez mais importante, é a consciência clara dos *halutzim* (em hebraico, pioneiros), primeiros judeus envolvidos e organizadores dos Kibutzim, em formar uma sociedade estruturada, para a qual tinham uma orientação (não exatamente uma doutrina) de caráter anarquista, judaico e libertário.

Em 1950, quando Buber publicou seu livro *Caminhos da utopia* (chamado depois de *Socialismo Utópico*), Moscou representava um dos polos econômicos do mundo (com seu férreo comunismo) e, obviamente, o outro polo era formado pelos Estados Unidos, com seu agressivo capitalismo. Buber (1971, p. 171) chega a sugerir, e provavelmente tinha o anarquismo judaico em mente, que Jerusalém era o terceiro polo, com o sistema econômico dos Kibutzim, e a realização efetiva do que antes era apenas considerado como socialismo utópico. Buber tinha plena clareza dos textos de Landauer, de quem fora amigo, sobre os processos anarquistas judaicos libertários de *utopia e topia*.

A filiação à ideia do socialismo libertário dá ao movimento judaico kibutziano um valor no que respeita às ideias socioeconômicas, mas, original porque se tornou a concretização de tais ideias, consideradas como irrealizáveis e utópicas. Em síntese, podemos dizer que os princípios judaicos da igualdade e de distribuição conforme as necessidades são obviamente os de maior importância na vida do Kibutz. Além disso, o projeto e a metodologia educacional, levados a efeito nos Kibutzim judaicos, prepararam o jovem na completude do conhecimento, sem qualquer intenção de afastá-lo do mundo atual, apesar dos seus problemas, consciente das normas comunitárias e dos valores judaicos kibutzianos, intenção que, principalmente, tem como meta despertar no jovem judeu a noção exata do que seja *com-*

panheiro (em hebraico, *chaver*)[46], cujo sentido carrega os mais altos princípios da vida e ideais sociais.

O Kibutz judaico ou o judaísmo kibutziano, tem sido considerado mais do que uma cooperativa. Todo o sistema kibutziano repousa, básica e fundamentalmente, na concepção judaica de cooperação, ajuda mútua e solidariedade.

É, portanto, nessa visão judaica integral e humanista, que o Kibutz ultrapassou o cooperativismo comum. O Kibutz judaico surge como uma nova fórmula social integral, de vida e de trabalho, visando, em última análise, a melhoria das condições de vida do judeu, tanto espiritual quanto física e economicamente, através da comunhão de esforços, da solidariedade, da cooperação, da ajuda mútua e realização do judaísmo humanista.

Os Kibutzim são organizações únicas porque sua característica de sociedade integral, envolve todos os aspectos da vida dos seus membros. Desde o sistema de produção, distribuição, trabalho, repartição dos frutos do trabalho, até a educação das crianças, o Kibutz envolve todas as facetas da vida, de modo integral e intenso, inibindo, na prática, o desvio individualista e egoístico, com sentido ideal socialista judaico que faz lembrar Jesus (*aliás, um judeu e rabino*) e os seus discípulos da comunidade original de Jerusalém (cf. At 4,32-35). É o pensamento que norteou os principais anarquistas judeus.

Löwy (2008, p. 161), ao tratar dos judeus anarquistas europeus, entre os quais Landauer, com ideias fundamentais na concepção do judaísmo kibutziano, faz uma análise da dimensão messiânica do anarquismo judaico. Sugere que, para Landauer, o Messias, diferentemente do pensamento cristão, não seria um homem, uma pessoa singular, mas todo um povo – o povo judeu:

---

46. *Chaver*, em hebraico, significa amigo, companheiro, no sentido latino da palavra: *cum pagnis(eiro)* ou, *aquele que divide e come do mesmo pão*. Portanto, não se trata apenas de uma amizade superficial, mas de uma amizade comprometida com a subsistência um do outro, bem como com a integridade física, espiritual, emocional e interpessoal.

Uma voz irrefutável, como um grito selvagem que ressoa no mundo inteiro e como um suspiro em nosso foro íntimo, nos diz que a redenção do judeu só poderá dar-se ao mesmo tempo em que a da humanidade, e que as duas são uma só e mesma coisa: esperar o Messias no exílio e na dispersão, e ser o Messias dos povos.

Importante considerar que a partir dos Kibutzim judaicos criou-se o Estado de Israel, o chamado *Estado Judaico*. Com isso, abriu-se um flanco de conflitos entre Israelenses e Palestinos que, de forma oblíqua, é um conflito entre judeus e muçulmanos. Claro que o problema não foi a criação do Estado de Israel, situação em conformidade com o Direito Internacional, mas a (ainda) não criação de um Estado Palestino. É impossível tratar de judaísmo e seus valores milenares sem enfrentar, com serenidade e seriedade, o assunto desse conflito e sua solução pacífica.

Um (antigo) e atual diálogo necessário entre o judaísmo e Jesus, o Judeu

Recuperação dos elementos fundamentais do judaísmo de Jesus

É necessária a consideração dos elementos fundamentais do judaísmo de Jesus de Nazaré a fim de recolocá-lo no contexto judaico. Os principais pontos são também aproveitados aqui para aclarar um pouco mais a essência do judaísmo de Jesus. Por que falar de Jesus em um texto sobre judaísmo? Porque simplesmente é impossível, e até desonesto, tratar do judaísmo sem considerar atenta e respeitosamente os ensinamentos desse antigo e profundo Rabi, um *querido irmão*, conforme a expressão viva de Martin Buber, relembrada pelo Rabino Byron Sherwin na obra organizada por Bruteau (2003, p. 65).

Porém, para muitos é difícil e pesado tratar de Jesus no contexto do judaísmo, ou fora da Igreja. Para nós, é fácil, porque reconhecemos nele uma das maiores expressões do judaísmo profundo.

Pensamos que o Jesus histórico deve ser estudado e recuperado pela Igreja e, também, pela Sinagoga. A Igreja deveria descobrir seu elemento judaico substancial, e a Sinagoga não pode vê-lo como o "outro", o "estranho". Na verdade, o judaísmo e o cristianismo não podem mais se considerar como *o outro,* afirma o Rabino Bronstein, na obra organizada por Bruteau (2003, p. 76). Jesus é o ponto de ligação entre as culturas do judaísmo e do cristianismo. E acrescentamos aqui, conforme o ensinamento do Rabino Fritz Pinkuss (1966, p. 25), um dos criadores da Congregação Israelita Paulista (CIP) e um dos idealizadores da criação da Cadeira de Hebraico na Universidade de São Paulo, que

> o cristianismo levou ao mundo a missão do grande ensinamento do amor ao próximo e da paz. Muitas vezes, durante séculos, indivíduos e sociedades humanas não estavam bem maduras para entender toda significação deste ensinamento. Houve épocas em que se tinha construído a injusta acusação contra todas as gerações judaicas de "culpa coletiva de deicídio". Hoje assistimos a uma nova e feliz aproximação entre todos os credos monoteístas, no intuito de, com mútuo respeito, ensinar a palavra de Deus para o bem da civilização humana que disto tem tremenda necessidade.

Mas é preciso superar (e ainda não chegamos ao ponto), e para fechar os abismos e curar as feridas, as histórias contadas e recontadas precisam resolver suas lacunas criadas ao longo dos séculos, que, por esta ou aquela razão, não disseram tudo sobre Jesus do ponto de vista cristão (Paassen, 1952, p. 12) ou disseram de modo horroroso, repulsivo e ultrajante, do ponto de vista judaico, como é o caso do *Sefer Toledot Yeshu* (o livro da história que trata Jesus como filho de um certo José Pandera, soldado romano, e de Maria, em um ato de violência sexual), escrito na Idade Média para se contrapor, de modo pouco inteligente e nada respeitoso, às narrativas cristãs, livro esse que o Rabino Michael J. Cook, sob organização de Bruteau (2003, p. 65) considera ultrajante e vergonhoso. E, acrescentamos, em completa violação aos preceitos judaicos tradicionais e aos princípios mais elementares do judaísmo, mormente acerca de alguém que foi reconhecidamente um ardente defensor da Torá (Calimani, 1988, p. 36).

Jesus não é o outro, mas um *Tu* no contexto judaico da melhor e mais elevada cultura e estudo. Se a Igreja deve descobrir seu elemento judaico, também a Sinagoga, por seu lado, deve descobrir a importância de Jesus, o judeu, para o judaísmo e para o mundo. Não fosse por outro motivo, seria, ao menos, para o cumprimento de uma Mitzvá, que resume o motivo pelo qual se estabeleceram sinagogas pelo mundo: "diante dos eruditos e dos mestres, te levantarás e honrarás suas faces!"[47] Se com o termo *Mestre* devemos reconhecer, não apenas quaisquer pessoas do mundo acadêmico, mas, no contexto judaico quem ensina o judaísmo, principalmente a Torá e os profetas, Jesus, então, merece um lugar de honra indiscutível. O que fez ele? Não apenas confirmou a Torá em sua integridade, mas, também, em consonância ao que fez Hillel, deu os fundamentos do judaísmo.

O judaísmo de Jesus, como de outros mestres de sua envergadura e, antes deles, dos profetas e patriarcas, resume-se em uma palavra proferida por Jesus bastante significativa: "ensinarei coisas ocultas desde a fundação do mundo" (Mt 13,35). Também foi Ele quem esclarecera, depois de confirmar a validade e permanência de toda Torá e dos profetas, que isso tudo resume-se em dois mandamentos: "Amarás o Senhor, teu Deus, com todo o teu coração, com toda a tua alma e com todo o teu entendimento [...]. Amarás o teu próximo como a ti mesmo. Destes dois mandamentos dependem toda a Torá e os profetas" (Mt 22,37-40).

Recuperar Jesus é, por isso mesmo, recuperar aquele judaísmo de *amor que forma a força mais sutil do mundo*. Para propor esta substância nas relações, principalmente na que respeita à emancipação da pessoa humana. Talvez consigamos compreender que resgatar Jesus, em ambos os ambientes, bem como sua experiência

---

47. Mitzvá 209 positiva.

de vida e a dos seus discípulos imediatos, ou seja, da comunidade primitiva, aproveitando-os para que se lancem luzes, quiçá novas, ajuda na organização social dos tempos atuais, como, por exemplo, o Sermão da Montanha, já considerado como uma das pérolas do judaísmo hillelista tanto por Pinkuss quanto por Walter Rehfeld e J. Guinsburg, todos aqui mencionados. Sobre o mesmo Sermão da Montanha, disse Gandhi, na obra organizada por Louis Fischer, certa vez: "se naquela oportunidade eu tivesse de enfrentar somente o Sermão da Montanha e minha própria interpretação dele, não hesitaria em dizer: oh, sim, sou cristão [...] mas, negativamente, posso dizer-vos que muita coisa que passa por cristianismo é uma negação do Sermão da Montanha [...]" (1984, p. 190). E com Buber, o filósofo judeu do diálogo, que compreendeu o pensamento de Jesus como inteiramente formado pelo judaísmo do amor, não simplesmente por sentimentos que acompanham o amor, que não podem ser confundidos com ele. Este amor judaico é indivisível e clama sua atenção sobre toda a humanidade:

> a los sentimientos se los tiene; el amor es un hecho que se produce [...] el sentimiento de Jesús para con el poseso es otro que su sentimiento para el discípulo bienamado; pero el amor es uno [...] aquel que toda su vida está clavado sobre la cruz de este mundo porque pide y exige esta cosa tremenda: amar a todos los hombres (1969, p. 19).

Um dos pontos fundamentais na doutrina humanista de Jesus consiste nesta *redescoberta do homem enquanto homem* e, desta forma ele é trazido para o diálogo. É uma redescoberta geral: todo homem é homem, e como tal deve ser respeitado. Cada qual é responsável pelo seu próximo, e por fazer com que todos alcancem a plenitude de ser pessoa. Outro ponto, igualmente fundamental, no pensamento de Jesus reside no fato de dar ao homem a oportunidade de participar de um processo que lhe garanta a *reforma interior. Para ele o homem deve (e pode) melhorar.* Diferente do pensamento antigo babilônico, para o qual o homem, tendo inclinações para o mal, deve ser *disciplinado* por uma carta de preceitos punitivos, de cuja elaboração não participou e, por isso mesmo, não compreende. E, não compreendendo, se lhe apresenta como estranha e impraticável. Por isso mesmo, para Jesus, é mais importante que o homem *ame*, tendo em vista que este amor lhe dará a reforma necessária até chegar ao ponto em que nada lhe seja obrigação, mas tudo seja amor, justiça e verdade. Jesus, em seus ensinamentos do Sermão da Montanha, no qual ele, conforme ressalta o Rabino Fritz Pinkuss, já mencionado, fala em termos da escola de Hillel, ressalta as virtudes de alguns homens, capazes de dar a eles mesmos, a força necessária para lutarem contra a violência.

Comunidade de bens dos seguidores de Jesus

Logo após a morte de Jesus, seus discípulos se organizaram em uma comunidade, como aquela dos essênios, com a diferença de que a dos seguidores de Jesus era na área urbana. Foi a primeira que procurou vivenciar os ensinamentos do judaísmo de Jesus, fundamentada, de fato, na redescoberta do humano, no fim da acepção de pessoas e, como entre os essênios, na comunidade de bens. E é de Lucas (cf. At 4,32-37; 2,44-47; 4,32-37) o retrato daquela comunidade:

> e tinham tudo em comum. E vendiam suas propriedades e fazendas, e repartiam com todos, segundo o que cada um havia de necessidade, partindo o pão em casa, comiam juntos com alegria e singeleza de coração, e era um o coração e a alma da multidão dos que seguiam, e ninguém dizia que coisa alguma do que possuía era sua própria, mas todas as coisas lhes eram comuns. Não havia pois, entre eles, necessitado algum; porque todos os que possuíam herdades ou casas, vendendo-as, traziam o preço do que fora vendido [...] e repartia-se por cada um, segundo a necessidade que cada um tinha.

Erich Fromm (1979, p. 68-70) insiste em que esta comunidade primitiva deveria ser tomada mais seriamente, pois se trata de um grupo que experimentou uma força sobre o mundo das *coisas*, sobre o mundo da opressão com base exclusivamente em sua *convicção moral*. Segundo ele, esse grupo era formado de pobres, desprezados, humilhados e marginalizados.

O espírito da comunidade era de uma plena solidariedade humana, cuja expressão maior consistia em não permitir que pessoa alguma passasse necessidade e, por isso mesmo, partilharam espontaneamente todos os bens materiais. Era um verdadeiro espírito revolucionário. Segundo Fromm, retomando o pensamento weberiano, essa comunidade de seguidores de Jesus tinha consistência no próprio Sermão da Montanha, porque ele foi o manifesto de uma grande rebelião de oprimidos. E tal relato de Lucas demonstra por si só o caráter dos primeiros seguidores de Jesus: unidade, não apego às coisas materiais, solidariedade e, sem muitas palavras, ação no sentido de que todos tivessem suas necessidades supridas, até porque o amor implica responsabilidade buberiana de um eu com um tu. A fome e a miséria eram gritantes pelas ruas da Judeia. A comunidade (judaica) dos seguidores de Jesus tinha isso em mente e, assim, o processo era emancipatório, não simplesmente religioso. Era um judaísmo de resultado ético e libertário, não ritualístico.

Aparece, assim, outra grande diferença entre saduceus e fariseus, considerando Jesus um fariseu. Aquela é movida e alimentada pela violência, discórdia, ódio, discriminação e se acomoda com a violência, inclusive romana. Esta se encontra numa luta incessante contra a violência, indignando-se amiúde e misturada ao povo. Aquela aceita a pobreza e a miséria de muitos (que é violência) como fundamental para a existência de poucos; esta, ao contrário, considera a violência da pobreza uma violência contra todos. E a partir do judaísmo de Jesus, o valor da relação entre pessoas suplantou o valor da coisa. Por isso mesmo, um dos momentos realmente expressivos daquela comunidade, é o *partir do pão* e o *dividir os recursos e os bens* para que cada um tenha suas necessidades supridas.

Sobre o valor central do judaísmo recuperado por Jesus: o amor ao próximo

No que respeita à cultura judaica, penso que seja uma daquelas que podem oferecer contribuições para a tessitura de um mundo com solidariedade, tolerância e justiça. E isso se traduz *realmente* na expressão milenar (socada como chão pisado) de "amar o próximo com a si mesmo"[48].

A alma judia cunhou esse princípio, e os sábios do judaísmo o vêm ensinando ao longo do tempo. Erich Fromm (2005, p. 19) relembra que Moisés o estabeleceu na Torá numa perspectiva de humanismo radical, e como fundamento da vida judaica e da humanidade. Jesus de Nazaré, um mestre do judaísmo, do ponto de vista do Rabino Herbert Bronstein, na obra de Bruteau (2003, p. 85) concebeu-o como palavra-princípio de caráter revolucionário, confirmando-o (Mt 22,39), aliás, como expressão máxima da própria Torá e dos profetas, aplaudido no livro de David Flusser (2002, p. 57). Conforme o Rabino Marco Tedeschi, o amor à humanidade é um preceito da herança judaica. No seu pequeno livro *Preghiera d'un Cuore Israelita,* publicado primeiramente em 1848, Tedeschi relembra que essa *palavra-princípio* da Torá: "amarás o teu próximo como a ti mesmo (*Veahaveta Lereakha Kamocha*), três sublimes palavras hebraicas que contêm em si tudo o que proclamam quaisquer livros e doutrinas que foram escritos posteriormente" (1948, p. 230).

O *amor ao próximo* não é simplesmente um texto ou uma reflexão, mas *uma virtude essencial* do judaísmo porque, a partir da Torá, uma das fontes do judaísmo, proclamou-se um princípio de fraternidade entre todas as pessoas. De acordo com esse antigo rabino, também não se trata de um amor circunscrito à relação de um judeu com outro judeu, mas *se estende*, ensina Tedeschi, *a* todas as pessoas *de todas as nações como uma grande família,*

---

48. *Veahaveta Lereakha Kamocha.* Cf. Lv 19,18 – *Mitzvá Positiva 206.*

sendo este o ideal almejado no judaísmo, escreve o Rabino Hirsch: "o mais almejado ideal de Israel é a existência de uma fraternidade universal de toda a humanidade" (2002, p. 100) Ademais, não há – e é determinação da Torá – diferença entre o *estrangeiro* e o judeu *natural* (Lv 19,34; Dt 10,19)[49]. O preceito é amar o estrangeiro como qualquer *natural*. São dois *preceitos de uma tradição ininterrupta, de geração em geração* que, afirma Tedeschi, não podem apequenar-se num tipo de *amor* egoísta, feito de interesse *e de vantagem*, ou que se traduza apenas em *afeição por parentes e alguns amigos*, ou por pessoas que tenham uma relação social similar de educação ou posição profissional. No mesmo sentido, o Rabino Henrique Lemle considerou essa *palavra-princípio* como *magna orientação*, incluindo o amor concreto aos pobres, viúvas, doentes e estrangeiros, e diz: "Quem é o teu próximo? Todos! Não há restrição alguma, nem de religião, nem de origem, nem de posição na vida" (1967, p. 29) E isso inclui o senso de ética e solidariedade, inclusive com o inimigo, como se depreende da leitura de um trecho *Parashá Mishpatim* (Direito/Leis) que é, também, uma *Mitzvá*[50]: "se encontrares o animal do teu inimigo (sonaakha) curvado sob a carga, deixarás de ajudá-lo? Certamente ajudarás o teu inimigo"[51].

---

49. *Mitzvá Positiva* 207. • LEVY, M. (org.) *Le 613 Mitzvòt*. Roma: Lamed, 2002.

50. *Mitzvá* é a *palavra-princípio*. Comumente traduzida como "mandamento", e, assim, parte dos 613 Mandamentos, organizados por Moshé Ben Maiomon – Maimônides (1138-1204) no seu *Sefer Ha-Mitzvoth*, com 248 positivos e 365 negativos. A palavra *Mitzvá* tem um componente hebraico em *tzav*, que significa "comando, preceito", e, também, em *tzavat*, que significa "unir-se, agregar-se", bem como em *tzavet ou tzavtà*, que significa "grupo de pessoas", tendo em vista que a *Mitzvá* propicia a relação principiológica construtiva com o próximo, independentemente das ideias, da nacionalidade ou das religiões das pessoas. Entretanto, a palavra *Mitzvá* perde seu imenso significado quando traduzida apenas como *mandamento*. Trata-se mesmo de princípio, em torno do qual se constrói uma ideia, um comportamento e um juízo de valor. Utilizarei, neste trabalho, simplesmente *Mitzvá* (singular) ou *Mitzvot* (plural) na sua dimensão principiológica.

51. Ex 23, 5 (Parashá Mishpatim). *Mitzvá 202 positiva*.

Além disso, o Livro dos Provérbios de Salomão (em hebraico *Mishlê Shlomoh*) traz um algo mais sobre isso: "quando cair o teu inimigo, não te alegres, e quando ele tropeçar não deixe teu coração rejubilar" (Pr 24,17). Conforme Rashi (1993, p. 125), ao comentar o trecho, o verbo no hebraico é *ajudar* (*taazov*) e, além disso, ainda que pareça um pleonasmo, é um *ajudar junto*, não havendo necessidade sequer de solicitação de ajuda. Aqui, a Torá indica a raiz ética da solidariedade proativa, e isso é especialmente claro quando Maimônides (1990, p. 166) explica que há um preceito positivo – isto é, de *ajudar* – e um negativo – ou seja, de *não abandonar o inimigo*. Mas, não é apenas isso. André Chouraqui (1996, p. 276) lembra que para ajudar– isto é, aliviar o fardo do animal pertencente ao inimigo, ou para endireitar o fardo nas costas do animal – impõe-se a necessidade de um diálogo e de um associar-se no mesmo esforço, o que pode propiciar a paz entre inimigos.

Mordechai Rabello, professor de História do Direito e Direito Comparado da Universidade Hebraica de Jerusalém (2002, p. 16), anota que a ajuda tem duplo esforço, pois se trata de trabalho que depende de duas pessoas, uma de cada lado do animal, simultaneamente, e o objetivo desta *Mitzvá*, segundo sábios talmúdicos, é, a um só tempo, aliviar o animal e ajudar o seu dono. Em consonância com essa ética da Torá acerca de como tratar o inimigo (*sonaakha*), Salomão escreve: "se o teu inimigo tiver fome, dá-lhe pão para comer; e se tiver sede, dá-lhe água para beber" (Pv 25,21). Michael Fox (1985, p. 1.488), ao comentar a Bíblia Hebraica, especialmente o texto de Salomão, lembra o princípio judaico que ensina a tratar gentilmente o inimigo vulnerável em vez de buscar vingança. Craig S. Keener (2004, p. 61), professor de Novo Testamento, explica que não há realmente na Torá, ou em qualquer outra passagem do *Tanakh*, alguma prescrição ou sugestão para *odiar o inimigo*, conforme a que *estranhamente* denuncia o relato neotestamentário (colocado na boca de Jesus): "ouvistes o que foi dito: amarás o teu próximo e odiarás o teu inimigo" (Mt 5,43). André Chouraqui e Geza Vermes, já citados aqui, confirmam que "em parte alguma a Bíblia (hebraica) ou qualquer de seus comentários, determinam o ódio ao inimigo, e tal insinuação não tem qualquer fundamento na Bíblia Hebraica, sendo possivelmente proveniente de quem escreveu Mateus, e não propriamente de Jesus".

Nem Jesus ou a Torá, ou qualquer outra fonte judaica, ensina o amor incondicional ao inimigo, pois fosse assim Jesus não ensinaria tanto sobre as diferenças entre os ricos e os pobres, não expulsaria os *vendilhões* no Pátio do Templo, não falaria de justiça após a morte, que excluiu um rico da salvação. Pela análise orgânica dos ensinamentos e vida de Jesus, parece-nos claro que Jesus está falando da *Mitzvá* de ajudar o inimigo e, assim, de promover com ele um ambiente propício de paz ou, conforme Bronstein, de simplesmente não ser vingativo nem guardar rancor. Assim, o *amar o próximo, o estrangeiro e, também o inimigo,* na Torá, não é um sentimento *vago ou espiritual*, não é um sentimento de fé, e, também não é um amor de amizade, mas de humanidade, de solidariedade universal, e deve ser demonstrado com *atos visíveis e reais*, pois *não valem nada as intenções sem os fatos*.

Perspectivas judaicas

Finalmente, o judaísmo, em sua longa peregrinação em face de muitos povos e culturas, desenvolveu uma *cultura multicultural*, e nisso consiste a experiência judaica histórica de compreensão do outro e de convivência na diversidade. O mundo no qual cabe o judaísmo é plural, e o judeu se apresenta pluralista. Mas, ser pluralista é, antes de tudo, estar no mundo com sincera compreensão das diferenças e, além disso, saber que estas formam a riqueza da humanidade. A não pluralidade leva à arrogância da única verdade.

A religião judaica não tem caráter contemplativo, mas concreto e realista. Desse modo, aplica-se às situações cotidianas. O senso de justiça social é indissociável da convicção religiosa porque o judaísmo se identifica com a luta humana por direitos. Além disso, é preceito fundamental da Torá que não haja pobres e, para isso, a mesma Torá exige atos de solidariedade e acolhimento. Constitui-se injustiça em face da Torá se alguém for excluído, direta ou indiretamente, dos frutos da terra. Uma pessoa está obrigada a ajudar os outros a fim de livrá-las do peso que lhes enfraquece. Este é o espírito do judaísmo e de toda Torá ao determinar comportamentos positivos ou negativos: a renúncia da primeira pessoa em favor da segunda. Esse esforço é *Tzedek – Justiça*. E esse processo de buscar Justiça, pode, sim, começar na tolerância, na compreensão do outro e, finalmente, no reconhecimento do seu direito, pois é no reconhecimento do direito que reside o respeito. A tolerância, antessala do respeito, tem ainda um preço muito alto, e por isso mesmo a luta por justiça social começa no pluralismo. O judaísmo precisa, então, reafirmar sua própria tessitura à luz dos fundamentos humanistas, sendo um deles a verdade, *(Emet),* que anda de mãos dadas com o direito (*Mishpat)*, e com a justiça (*Tzedek)*, ou seja, três palavras e conceitos que são inseparáveis no pensamento judaico. O judaísmo deve continuar seguindo o seu próprio caminho e peregrinação, revisitando, sempre, seu percurso desde o seu primeiro abraâmico *Lech Lechá – vai, vai então por ti mesmo,* até o grito de um sonho de emancipação plena.

Referências

ARAUJO, E. *O Êxodo hebreu: raízes histórico-sociais da unidade judaica*. Brasília: Ed. Brasília, 1970.

ARENDT, H. *Escritos judaicos*. Trad. de L.D. Monte Mascaro, L.G. Oliveira e T.D. Silva. São Paulo: Manole, 2007.

ASHERI, M. *O judaísmo vivo: as tradições e as leis dos judeus praticantes*. Trad. de J.O.A. 2. ed. rev. Abreu. Rio de Janeiro: Imago, 1995.

AVINER, S. *Mulheres da Bíblia*. São Paulo: Sefer, 2004.

AZRIA, R. *Le Judaïsme*. Paris: La Découverte, 1996.

BAUMAN, Z. *Modernidade e Holocausto*. Trad. de M. Penchel. Rio de Janeiro: Zahar, 1998.

BIBBIA EBRAICA – *Agiografi*. Trad. de D. Disegni. Colab. de S. Avisar. Firenze: La Giuntina, 2002.

BIBBIA EBRAICA – *Profeti anteriori*. Trad. de D. Disegni. Firenze: La Giuntina, 2003.

BIBBIA EBRAICA – *Profeti posteriori*. Trad. de D. Disegni. Firenze: La Giuntina, 2003.

BIBBIA EBRAICA – *Pentateuco e Haftaroth*. Trad. de D. Disegni. Firenze: La Giuntina, 2005.

BÍBLIA SAGRADA. Trad. de J.F. de Almeida. 13. impr. Rio de Janeiro: Imp. Bíblica Brasileira, 1958.

BOUZON, E. *As Leis de Eshunna*. Petrópolis: Vozes, 1981.

BOUZON, E. *Cartas de Hammurabi*. Petrópolis: Vozes, 1986.

BOUZON, E. *Código de Hammurabi*. 5. ed. Petrópolis: Vozes, 1986.

BRUTEAU, B. (org.). *Jesus segundo o judaísmo* – Rabinos e estudiosos dialogam em nova perspectiva a respeito de um antigo irmão. Trad. de A. Sobral. São Paulo: Paulus, 2003.

BUBER, M. *O socialismo utópico*. São Paulo: Perspectiva, 1971.

BUBER, M. *Mosè*. Trad. de P. Di Segni. Gênova: Marietti, 2000.

BULGARELLI, W. *O Kibutz e a entidade cooperativa*. São Paulo: Sec. Agricultura, 1964.

CALIMANI, R. *Storia dell'Ebreo Errante*. 3. ed. Milão: Rusconi, 1988.

CAMPAGNANO, A.R.; PETRAGNANI, S. *A milenária presença de judeus na Itália – Resgatando a memória da imigração de judeus italianos no Brasil (1938-1941)*. São Paulo: Atheneu, 2007.

CARMELL, A. *Judaísmo para o século 21*. Trad. de P.R. Rosenbaum. São Paulo: Sêfer/Or Israel College, 2003.

CASPER, B.M. *Comentário judaico da Bíblia*. Trad. de J.W. Fuks. Rio de Janeiro: Biblos, 1964.

CASSIRER, E. *Linguagem e mito*. Trad. de J. Guinsburg e M. Schnaiderman. 3. ed. São Paulo: Perspectiva, 1992.

CHARLESWORTH, J.H. *Jesus dentro do judaísmo*. Trad. de H.A. Mesquita. Rio de Janeiro: Imago, 1992.

CHOURAQUI, A. *No Princípio (Bereshit)*. Trad. de C. Azevedo. Rio de Janeiro: Imago, 1995.

CHOURAQUI, A. *Ele chama (Levítico/Vaicrá)*. Trad. de W.C. Brant e A. Cardoso. Rio de Janeiro: Imago, 1996.

CHOURAQUI, A. *Nomes (Shemot)*. Trad. de I.E. Rocha e P. Neves. Rio de Janeiro: Imago, 1996.

CHOURAQUI, A. *No Deserto/Bamidbar/Números*. Trad. de P. Neves. Rio de Janeiro: Imago, 1997.

CHOURAQUI, A. *Palavras (Devarim)*. Trad. de P. Neves. Rio de Janeiro: Imago, 1997.

CLEMEN, C. *Les Religions du munde: leur nature, leur histoire*. Trad. de J. Marty. Paris: Payot, 1930.

COHEN, A. *Il Talmud*. Trad. de A. Toaff. 5. ed. Bari: G. Laterza & Figli, 1935.

COHEN, A. *Dois caminhos: o judaísmo e o advento do cristianismo*. Trad. de R. Fuks. Rio de Janeiro: Biblos, 1964.

COHN, H. *O julgamento e a morte de Jesus*. Trad. de H.A. Mesquita. 2. ed. Rio de Janeiro: Imago, 1994.

DIESENDRUCK, M. *Sermões (Hom. Judaica)*. São Paulo: Perspectiva, 1978.

DINUR, B. História judaica: sua singularidade e continuidade. *In*: GUINSBURG, J. (org. e trad.). *Vida e valores do povo judeu*. 2. ed. São Paulo: Perspectiva, 1999.

EBAN, A. *A história do povo de Israel*. Trad. de A. Lissovsky. 3. ed. Rio de Janeiro: Bloch, 1975.

ELIADE, M. *História das crenças e das ideias religiosas*: *das origens ao judaísmo*. Tomo I. Vol. I. Trad. de R.C. Lacerda. Rio de Janeiro: Zahar, 1978.

ELIADE, M.; COULIANO, I.P. (com a colab. de H.S. Wiesner). *Dicionário das Religiões*. Trad. de I.C. Benedetti. São Paulo: Martins Fontes, 1999.

ENDE, S. *Chelkat – Elimelech: leis e costumes do luto judaico*. Trad. de B. Lubavitch. São Paulo: Lubavitch, 2008.

FERREIRA, A.B.H. *Novo Dicionário da Língua Portuguesa*. 2. ed. rev. e aum. Rio de Janeiro: Nova Fronteira, 1986.

FINKELMAN, S.; BERKOWITZ, Y. *Chafets Chaim: uma lição a cada dia – O conceito e as leis do falar adequadamente organanizadas para estudo diário.* Trad. de E.E. Horovitz. São Paulo: Maayanot, 1998.

FISCHER, L. *Gandhi.* Trad. de R. Polillo. São Paulo: Círculo do Livro, 1984.

FLUSSER, D. *Jesus.* Trad. de M. Goldsztajn. São Paulo: Perspectiva, 2002.

FONTANELLA, F. *Vocabulario Ebraico-Italiano ed Italiano-Ebraico.* Veneza, 1824.

FREUD, S. *Moisés e o monoteísmo, esboço de psicanalise e outros trabalhos.* Vol. XXIII (1937-1939). Trad. de J. Salomão e de J.O.A. Abreu. Rio de Janeiro: Imago, 1975.

FRIEDRICH, C.J. *Perspectiva histórica. da Filosofia do Direito.* Trad. de A. Cabral. Rio de Janeiro: Zahar, 1965.

FROMM, E. *O dogma de Cristo e outros ensaios sobre religião, psicologia e cultura.* Trad. de W. Dutra. 4. ed. Rio de Janeiro: Zahar, 1974.

FROMM, E. *Ter ou ser.* Trad. de N.C. Caixeiro. 2. ed. Rio de Janeiro: Zahar, 1979.

FROMM, E. *O Antigo Testamento: interpretação radical.* Trad. de R. Silva. São Paulo: Fonte, 2005.

GIDDENS, A. *Capitalismo e moderna teoria social.* Trad. de M.C. Cary. 6. ed. Lisboa: Presença, 1972.

GOLDBERG, D.J.; RAYNER, J.D. *Os judeus e o judaísmo: história e religião.* Trad. de P. Geiger e C.A. Oighenstein. Rio de Janeiro: Xenon, 1989.

GONÇALVES, M.F. Homem: da carne à linguagem – Ensaio antropo ético. *In*: NARDELLA-DELLOVA, P. (org.). *Antropologia jurídica: uma contribuição sob múltiplos olhares.* 2. ed. São Paulo: Scortecci, 2018.

GOODMAN, P. *História do Povo de Israel: história judaica até nossa época.* Trad. de I. Raffalovich. Rio de Janeiro: Francisco Alves, 1927.

GOODMAN, M. *A classe dirigente da Judeia – As origens da Revolta Judaica contra Roma.* Trad. de A. Lissovsky e E. Lissovsky. Rio de Janeiro: Imago, 1994.

GUINSBURG, J. (dir.). *Histórias do Povo da Bíblia: relatos do Talmud e do Midrasch*. São Paulo: Perspectiva, 1967.

GUINSBURG, J.; FALBEL. N. (orgs.). *Aspectos do hassidismo*. São Paulo: B'nai B'rit, 1971.

HERÓDOTO. *História*. Vol. 1. Trad. de J.B. Broca. São Paulo: Jackson, 1964.

HERZL, T. *Lo Stato Ebraico*. Trad. e intr. de G. Servadio. Lanciano: G. Carabba, 1918.

HINKELAMMERT, F.J. *Sacrificios humanos y sociedad occidental: Lucifer y la Bestia*. 2. ed. Costa Rica: Dei, 1993.

HIRSCH, S.R. *Dezenove cartas sobre o judaísmo*. Trad. de A. Del Giglio e R. Metzner. São Paulo: Sêfer, 2002.

JASPERS, K. *Introdução ao pensamento filosófico*. Trad. de L. Hegenberg e O.S. Mota. São Paulo: Cultrix, 1971.

JOSEFO, F. *Delle Antichità Giudaiche*. Tomo I. Trad. de F. Angiolini. Milão: Battista Sonzogno, 1821.

JOSEFO, F. *Delle Antichità Giudaiche*. Tomo II. Trad. de F. Angiolini, Milão: Fratelli Sonzogno, 1822.

JOSEFO, F. *Delle Antichità Giudaiche*. Tomo III Trad. de F. Angiolini. Milão: Fratelli Sonzogno, 1822.

JOSEFO, F. *Delle Antichità Giudaiche*. Tomo IV. Trad. de F. Angiolini. Milão: Fratelli Sonzogno, 1822.

JOSEFO, F. *Guerra de los judios y destrucción del Templo y ciudad de Jerusalén*. Trad. de J.M. Cordero. Barcelona: Iberia, 1948.

KEENER, C.S. *Comentário bíblico: Novo Testamento*. Trad. de J.G. Said. Belo Horizonte: Atos, 2004.

LANDAUER, G. *Revolution and Other Writings: A Political Reader*. Ed. e trad. de G. Kuhn. [EUA]: The Merlin Press, 2010.

LANDMANN, J. *Sexo e judaísmo*. Rio de Janeiro: Uerj, 1999.

LATTES, D. *Nuovo Commento alla Torà – Parashat Bereshit. Fascicoli Settimanali con il comento alla Parashà, spediti dall'Unione dele Comunità Ebraiche negli anni '50 agli Ebrei Italiani, poi raccolte in un volume per iniziativa ed a cura dell'ed. Beniamino Carucci*. Jerusalém, 2018.

LEFÈVRE, A. *Las leguas e las razas*. Trad. de A. Gonzalez. Madri: Jorro, 1910.

LEICK, G. *Mesopotâmia – A invenção da cidade*. Trad. de A. Cabral. Rio de Janeiro: Imago, 2003.

LEMLE, H. *O judeu e seu mundo*. Rio de Janeiro: B'nai B'rith, 1967.

LÉVI-STRAUSS, C.; GOUCH, K.; SPIRO, M. *A família: origem e evolução – O casamento e a família no Kibutz*. Porto Alegre: Villa Martha, 1980.

LÖWY, M. *Método dialético e teoria política*. Trad. de R. Di Piero. Rio de Janeiro: Paz e Terra, 1978.

LÖWY, M. *Redenção e utopia: o judaísmo libertário na Europa Central*. São Paulo: Letras, 1989.

LÖWY, M. *Romantismo e messianismo*. São Paulo: Perspectiva, 2008.

LUZZATTO, S.D. (trad.). *Il Pentateuco ovvero i 5 Libri della Torà (ad uso degli Israeliti)*. Trieste, 1859.

LUZZATTO, S.D. *Il Profeta Isaia – Libro commentato ad uso degl'Israeliti*. Pádova: Antonio Bianchi, 1867.

LUZZATTO, M.C. *The Way of God (Derech HaShem)*. Trad. de A. Kaplan. 4. ed. Nova York: Feldheim, 1988.

LUZZATTO, M.C. *Il Sentiero dei Giusti – Prima versione integrale daal'originale ebraico del XVIII secolo*. Intr. Trad. e notas de Massimo Giuliani. Turim: S. Paolo, 2000.

MAIMONIDE. *Le 613 Mitzvòt di Maimonide*. Trad. e org. de L. Moisè. Roma: Lamed, 2002.

MAIMÔNIDES. *Maimônides –Os 613 Mandamentos*. Trad. de G. Nahaïsse. 2. ed. São Paulo: Nova Stella, 1990.

MELLO, A. *Israel: prós e contras*. Rio de Janeiro: Civilização Brasileira, 1961.

NANGERONI, A. *La fisolofia ebraica*. Milão: Xenia, 2000.

NARDELLA-DELLOVA, P. *Pierre Proudhon e sua Teoria Crítica do Direito Civil: anarquismo, teorias da propriedade e kibutzim judaicos*. São Paulo: Scortecci, 2021.

PAASSEN, P. *Por que Jesus Morreu?* Trad. de I.S. Leal e M. Silveira. [Ed. do autor], 1952.

PACIFICI, R. *Midrashim: fatti e personaggi biblici nell'interpretazione ebraica tradizionale*. Milão: Fabbri, 1997.

PINHO, D.B. *Doutrina cooperativa nos regimes capitalista e socialista*. São Paulo: Pioneira, 1966.

PINKUSS, F. *Quatro milênios de existência judaica*. São Paulo: Rev. de História, 1966.

PINSKY, J.; PINSKY, C.B. (orgs.). *Faces do fanatismo*. São Paulo: Contexto, 2004.

RABELLO, A.M. *Introduzione al Diritto Ebraico*. Turim: G. Giappichelli/Centro di Judaica Goren-Goldestein, 2002.

RASHI, S.B. *Bíblia – Chumash: Bamidbar/Números; Comentários*. São Paulo: Trejger, 1993.

RASHI, S.B. *Bíblia – Chumash: Bereshit/Gênesis; Comentários*. São Paulo: Trejger, 1993.

RASHI, S.B. *Bíblia – Chumash: Devarim/Deuteronômio*. São Paulo: Trejger, 1993.

RASHI, S.B. *Bíblia – Chumash: Shemot/Êxodo; Comentários*. São Paulo: Trejger, 1993.

RASHI, S.B. *Bíblia – Chumash: Vaikrá/Levítico; Comentários*. São Paulo: Trejger, 1993.

RATTEY, B.K. *Los hebreos*. Trad. de M.H. Barroso. 3. ed. México: Fondo de Cultura Económica, 1992.

REHFELD, W.I. *Nas sendas do judaísmo*. Org. de J. Guinsburg e M. Goldsztajn. São Paulo: Perspectiva, 2003.

ROSENBERG, R.A. *Guia conciso do judaísmo: história, prática e fé*. Trad. de M.C. De Biase e W. Fernandes. Rio de Janeiro: Imago, 1992.

ROSENFELD, H.; HANEGBI, Y.; SEGAL, M. *The Kibbutz*. Tel-Aviv: Sadan Publishing House, 1973.

ROTH, C. *Enciclopédia Judaica*. 10 vol. Rio de Janeiro: Tradição, 1967.

SCHUBERT, K. *Os partidos religiosos hebraicos da época neotestamentária*. 2. ed. São Paulo: Paulinas, 1985.

SCHULTZ, S.J. *A história de israel no Antigo Testamento*. Trad. de J.M. Bentes. São Paulo: Vida Nova, 1984.

SCLIAR, M. Um exercício de imaginação. *Shalom*, n. 3, São Paulo, jan./1979.

130

SCLIAR, M. *Judaísmo: dispersão e unidade*. São Paulo: Ática, 2001.

SEGAL, M. *et al*. *The Kibbutz*. Tel-Aviv: Sadan Publishing, 1973.

SIDUR COMPLETO. Trad. e org. de J. Fridlin. São Paulo: Seder, 1997.

SKORKA, A. *Introducción al Derecho Hebreo*. Buenos Aires: Universidade de Buenos Aires, 2001.

SUÁREZ, L. *Los judíos*. 4. ed. Barcelona: Ariel, 2005.

TEDESCHI, M. *Preghiere d'un Cuore Israelita*. Livorno: Belforte, 1948.

VERMES, G. *A religião de Jesus o Judeu*. Trad. de A.M. Spira. Rio de Janeiro: Imago, 1995.

WEBER, M. *Ancient Judaism*. Trad. e ed. de H.H. Gerth e D. Martindale. Nova York: Free Press, 1952.

WEBER, M. *Ensaios de sociologia*. Org. e intr. de H.H. Gerth e C.W. Mills. Trad. de W. Dutra. Rev. de F.H. Cardoso. Rio de Janeiro: Zahar, 1963.

WEBER, M. *Economia y sociedad*. Trad. de J.M. Echavarría *et al*. México, 1997.

WEGENER, G.S. *Seimila Anni e un libro: storia del testo biblico*. Trad. de G.M. Merlo. Turim: Marietti, 1965.

WIESEL, E. *Judeu, hoje: narrativas, ensaios, diálogos*. Trad. de L.S. Blandy. São Paulo: Andrei, 1986.

Cristianismo

João Décio Passos

Introdução

As exposições aqui apresentadas sobre o cristianismo aproximam-se desse objeto complexo sem pretensões de esgotar o assunto e nem mesmo de ser a única forma de aproximação. São explanações introdutórias que visam apresentar as características básicas do cristianismo, do ponto de vista da gênese, da estrutura e das funções. Nesse propósito serão dados quatro: exposição das origens do movimento cristão que se torna progressivamente um sistema religioso, mapeamento das ramificações históricas construídas no passado e no presente, síntese dos elementos doutrinais que demarcam a tradição cristã tomada em sua singularidade e apresentação de alguns parâmetros para a convivência religiosas em nossos dias de Modernidade avançada, mas, muitas vezes, marcada por fundamentalismos e intolerâncias. As reflexões, verão os leitores, perseguem os processos de formação da identidade cristã, evitando descrições estáticas do que veio progressivamente a ser denominado cristianismo no bojo de um tempo e de um espaço em confluíram criativamente tradições judaicas, cultura grega e sociedade romana. As descrições fotográficas fixas podem, de fato, esconder os movimentos que produzem os fenômenos reais. O cristianismo não nasceu pronto como não nasce pronta nenhuma religião. A experiência dos seguidores de Jesus foi construindo passo a passo as condições de suas existências até chegar a um sistema estruturado como se pode observar nos dias de hoje a partir de uma enorme diversidade de manifestações.

As tradições religiosas despertam inevitavelmente paixões em seus adeptos, atitude que termina gerando certezas e inseguranças. As certezas costumam dispensar as investigações por já possuírem todas as repostas verdadeiras. As inseguranças rejeitam as mesmas investigações como perigosas. Contudo, o cristianismo formou-se no decorrer do tempo, precisamente, como construção que soube discernir o passado a partir do presente, onde o método interpretativo contou tanto com dados de fé quanto de razão, de forma que o sistema concluído (cristianismo propriamente dito) resulta de um processo de construção racional de longa temporalidade. O fato é que como tudo que é humano o cristianismo permanece em construção, ainda que muitos o neguem ou não enxerguem esse processo. Na humildade exigida pelo provisório e na persistência da busca da verdade, a exposição que segue constrói aproximações de modo sucinto e pedagógico. O intuito é contribuir com o leitor na compreensão desse sistema de crenças milenar e multifacetado, de forma a superar as simplificações e os conhecimentos estabelecidos.

Origens e expansão

Toda tradição religiosa tem seu começo histórico, mais concretamente, seus começos históricos, uma vez que vai sendo formada gradativamente. O princípio fundamental é que nada cai do céu e nada nasce pronto, mas, ao contrário, tudo que é humano forma-se em tempos e espaços concretos e vai sendo interpretado ao longo do tempo, quando se mostra importante para um determinado grupo. Com efeito, para início de exposição pode-se distinguir *começo* de *origem*. O começo é momento inicial datado no tempo e no espaço. A origem é aquilo que se compreende como fundamento de um grupo humano ou de uma tradição e que os alimenta permanentemente como fonte de significados e de motivações.

Nesse sentido, a origem nasce do começo que vai oferecendo os elementos de uma experiência interpretada como fonte, ou seja, como realidade primeira que fornece os significados e as forças que referenciam e alimentam a identidade do grupo pela história afora. Para as tradições religiosas, o começo será sempre sua origem, do contrário sequer existiria como tal no presente. O desafio para as ciências dedicadas ao religioso, será sempre distinguir esses dois aspectos: o começo histórico e as interpretações sobre o mesmo que os transformam em fonte permanente de significados.

O que se sabe hoje é que o cristianismo tem começos plurais e formação gradativa, embora os cristãos costumem entender que nasceram de uma origem única e singular, no caso de Jesus Cristo. Essa percepção de um marco zero e singular que vai sendo levado adiante sem tensões e sem mudanças é uma miragem construída posteriormente, quando uma identidade e, por conseguinte, uma ortodoxia cristã já estavam constituídas. A imagem da semente que germina e vai formando a planta em cada uma das fases da germinação/crescimento pode ser elucidativa para designar processo de formação do que veio ser cristianismo propriamente dito. A planta madura tem como começo mais primordial a semente, mas é muito mais que ela. Pode se pensar na imagem do solo, da semente, da primeira germinação, dos primeiros galhos, na formação de um tronco, na formação dos galhos, na formação dos frutos, e assim por diante. Assim ocorre com a formação das tradições religiosas de um modo geral. A árvore frondosa adulta que recebe um nome é mais que a semente, embora a semente seja seu marco inicial indispensável. A partir das imagens da germinação, podem ser desenhados de modo esquemático os começos do cristianismo até ser visualizado como uma árvore completa, feita de ramificações e produzindo frutos no decorrer do tempo, na medida em que vai gerando novos descendentes. A árvore adulta e frondosa do cristianismo nasceu de uma semente e de um primeiro solo, foi logo em seguida transplantada para outro solo e suas sementes se espalharam por muitas terras, formando distintas filiações. A mesma semente gerou diferente filiações que se adaptaram no tempo e no espaço.

Os solos do cristianismo

A tradição dos seguidores de Jesus Cristo não nasceu de um único solo. No mínimo dois solos principais ofereceram o húmus de sua identidade básica. Como ocorre nas formações culturais, o cruzamento de distintos elementos é que constroem o que somente mais tarde será definido como identidade singular. O primeiro e mais primordial foi o solo judaico da Palestina Romana. O segundo o do mundo greco-romano, concretamente das chamadas cidades gregas. A partir da experiência religiosa localizada na Palestina os seguidores de Jesus de Nazaré se espalharam pelo mundo greco-romano e aí foram construindo gradativamente suas comunidades, suas identidades e, mais tarde, uma identidade comum que receberá o nome de cristãos. De modo simplificado, pode-se dizer que se trata de uma semente rural germinada no mundo urbano, de uma religião particular que se universalizou, de uma gramática religiosa hebraica que foi sendo helenizada. Vale observar que esse movimento centrífugo foi constitutivo do que veio a ser o cristianismo do ponto de vista de sua identidade, mas, antes disso, foi a própria condição de sua existência histórica. Depois da destruição de Jerusalém no ano 70 pelas forças romanas comandada pelo general Tito, os grupos religiosos judaicos, ou foram desterrados ou se sucumbiram, a começar do judaísmo praticado no Templo de Jerusalém. Na verdade, tanto o judaísmo quanto os grupos seguidores de Jesus já haviam encontrado seus habitats fora da Palestina espalhados pelas cidades gregas e aí traçado seus destinos cada vez mais distintos daquele judaísmo localizado na velha Terra Prometida e gravitando em torno do tempo de Jerusalém.

Em ambos os mundos, mas em condições e dinâmicas distintas os seguidores do Messias crucificado constituíram um grupo religioso e social minoritário, uma facção ou seita judaica que afirma a chegada do Messias prometido por Deus e, por meio dele, a salvação realizada no castigo vergonhoso da cruz. Foi, sem dúvidas, uma germinação demorada que exigiu dos seguidores de Jesus a construção de uma nova interpretação messiânica sobre a vida, a pessoa e o destino do Mestre de Nazaré, assim como um trabalho árduo de organização dos próprios seguidores. Como grupo minoritário, firmaram-se lentamente na resistência à ordem institucionalizada, a do judaísmo oficial e a do Império Romano.

A Palestina do tempo de Jesus

O primeiro solo dos seguidores de Jesus foi a Palestina Romana, província do Império da região conquistada pelo general Pompeu no ano 63 a.C. A antiga Judeia foi anexada ao Império Romano e, por um equívoco dos conquistadores, recebe o nome de Palestina (*Philestina*), ou seja, terra dos filisteus. A província romana se enquadra, desde então, às regras do domínio imperial. Os Romanos permitem a manutenção submissa da dinastia real local, mas impõem um administrador juntamente com a forte presença das legiões, oferecem benfeitorias e aplicam os impostos, permitem a prática do judaísmo centralizado no Templo de Jerusalém e nas sinagogas e cooptam as elites religiosas do Templo como apoio político. Submissão ao regime do Império Roma e ordem política são as regras de governo. O território da antiga Judeia advinha de uma história longa de conflitos. O povo havia conseguido a libertação da dominação helênica (Reino Selêucida da Síria) e estabelecido a dinastia dos Asmoneus da qual advinha o conhecido Rei Herodes. Portanto, se por um lado o domínio de Roma sobre o pequeno território era implacável, por outro terá que administrar grupos políticos e revolucionários cada vez mais seduzidos por utopias retrospectivas da terra livre doada por Deus ao povo eleito. O Messias prometido por Deus haveria de chegar e libertar o povo da dominação. O domínio romano era visto por muitos desses grupos como um atentado contra as promessas de Deus ao povo: as promessas à Abraão, a doação da Terra prometida, o império do grande Rei Davi, a terra do povo eleito, Jerusalém com o lugar sagrado da habitação de Deus etc. No futuro certo e cada vez mais próximo, a vinda do Messias libertaria o povo da dominação e instauraria um novo Reino: de justiça e paz e sem dominação. O contraste entre a tradição religiosa judaica e a dominação externa era inevitável e germinava a indignação e a revolta. Nesse contexto de dominação, revolta e esperança é que se pode encontrar a primeira semente do que veio a ser o cristianismo. Max Weber explica que os líderes carismáticos nascem no ambiente alimentado por três sentimentos: a indigência, o entusiasmo e a esperança (1997, p. 194). A exploração romana, o entusiasmo e a esperança da vinda do Messias compunham o solo de germinação de movimentos políticos revoltosos e movimentos messiânicos, como será visto mais à frente.

Jesus de Nazaré é um aldeão da Galileia que participa da tradição religiosa judaica estruturada no Templo e na Sinagoga. O Templo de Jerusalém era a instituição político-religiosa central que se organiza em torno dos cultos sacrificiais executado pela hierarquia sacerdotal (os sacerdotes e levitas coordenados por um líder maior, o Sumo Sacerdote e por um conselho superior, o Sinédrio). As sinagogas eram instituições religiosas locais que, em cada comunidade, organizava e dinamizava a vida religiosa, tendo como centro as Escrituras Sagradas que, por sua vez, gravitam em torno da Torá, ou Lei de Moisés. Os especialistas nas Escrituras compõem a direção religiosa dessas comunidades, estudando, ensinando e cultuando a Palavra escrita na forma mais correta possível. Além dessas duas instituições oficiais, existem outras expressões judaicas, como no caso da comunidade dos essênios fundada no século II a.C. e de movimentos religiosos populares, como no caso de alguns messias ou profetas. João Batista é um desses profetas. Jesus agrega em torno de si um desses movimentos e a partir dele constitui um grupo de discípulos. Aqui residem o primeiro solo e a primeira semente do cristianismo: encontramos Jesus de Nazaré, denominado pelos estudiosos *Jesus histórico* e seu ministério, chamado *movimento de Jesus*.

O mundo greco-romano

Esse é o segundo solo do cristianismo. O termo greco-romano designa o mundo político romano com sua cultura herdada dos gregos. As cidades compunham o mundo social e cultural do Império Romano durante o período de formação das comunidades de seguidores (*ekklesiai*); eram o resultado do encontro da tradição grega (a língua, os padrões artísticos, as mitologias e a filosofia) com a organização romana (a organização das cidades, as infraestruturas, a estrutura social escravocrata, o direito romano, o controle pelas legiões etc.). Nesse mundo "globalizado" (*oikoumene*) as diferenças locais conservam suas visões e práticas culturais, pluralidade se evidencia e as culturas se misturam. As religiões antigas de origem greco-romana sobrevivem ao lado de novos cultos que se espalham. As chamadas "religiões de mistério" oferecem suas explicações e soluções. A religião oficial do Império se espalha como religião oficial, tendo no centro a ideia da divindade do Imperador que havia se instaurado desde Augusto (Crossan-reed, 2007b, p. 121-230). As escolas filosóficas descendentes diretas das antigas escolas gregas oferecem também suas explicações e soluções éticas para os dramas de um mundo plural e marcado pelo forte domínio político romano. Nesse mesmo espaço, o judaísmo já havia se espalhado com suas comunidades, as sinagogas, tornando-se cada vez mais helenizado. Os judeus falavam grego e, em boa medida, começam a pensar à maneira grega. O grande feito desse período foi, ainda em meados do século III a.C., a tradução de seus textos sagrados escritos em hebraico para o idioma grego feita pelos judeus letrados de Alexandria. A tradução completa das Escrituras hebraicas (a Torá, os profetas e os outros escritos, o que hoje é chamado de Antigo Testamento) compôs uma versão nova desses textos (conhecida como *Septuaginta*) na qual se evidenciam não somente a façanha da transposição linguística, mas também uma tradução cultural de conceitos hebraicos e, de modo original, a composição em grego de novos livros que são integrados ao conjunto hebraico (Paul, 2014).

Foi por dentro das sinagogas presentes nas cidades que os seguidores de Jesus, o Cristo, se espalharam pelo Império (Meek, 1992). Vale observar algo nem sempre considerado na consciência comum dos cristãos. Esses seguidores se consideram legítimos herdeiros da tradição judaica: nada mais que judeus que afirmam a concretização das promessas messiânicas por meio de Jesus de Nazaré condenado à pena da cruz, morto e, segundo afirmam, ressuscitado. Messias, salvação e ressurreição são categorias religiosas judaicas. O novo segmento judaico opera com essas categorias, agora faladas em grego e, cada vez mais, pensadas também em grego. Nesse sentido, a fé no Cristo enviado por Deus tem uma raiz judaica, mas toma forma e se firma em termos culturais gregos. O Messias é o Cristo universal que vai além dos limites territoriais, étnicos e legais judaicos; será gradativamente afirmado como *Logos* universal encarnado, como salvador de todos os seres humanos e, por fim, como *Logos* cósmico (Cl 1,15-20). Nesse sentido, a perspectiva cosmopolita grega (sobretudo estoica) ofereceu elementos para a formulação da experiência de fé dos seguidores de Jesus. Foi nesse contexto, falando grego, utilizando a tradução grega dos Textos Sagrados (Bíblia = biblioteca em grego) e se distanciando das comunidades sinagogais que o novo segmento judaico foi se entendendo como distinto de suas raízes judaicas primordiais e construindo suas identidades: seus textos sagrados (o que veio a ser o chamado Novo Testamento), seus rituais (batismo e eucaristia) e suas normas éticas (amor ao próximo). O cristianismo é uma identificação mais tardia do grupo de seguidores de Jesus que permaneceu judaico, primeiro dentro das sinagogas, mas também depois que romperam com essa instituição e buscaram abrigo nas casas, como religião suspeita e ilícita dentro do Império Romano (Pesce, 2017, p. 153-172). A profissão de fé no crucificado/ressuscitado e no senhorio único de Cristo desenhava uma rota inevitável de rupturas com a tradição oficial da Sinagoga que rejeitava esse tipo de messianismo e de confronto com a religião oficial do Império centrada no poder supremo e divinizado do Imperador. Na construção dessa nova identidade, o papel de Saulo de Tarso, um judeu culto convertido, se mostra relevante, senão central. As construções paulinas, a começar de sua invenção social mais original, a *Ekklesia*, formaram a base mais fundamentada, ao menos do cristianismo que vingou historicamente. Focado na cosmovisão que lhe converteu – Cristo crucificado como revelação de uma nova presença de Deus – Paulo edificou e conduziu as *ekklesiai*, comunidade de iguais-diversos, corpo gerado pelo Espírito, comunidade inclusiva, onde os fracos têm ascendência sobre os fortes e são adotados como referência ética para os relacionamentos.

De Jesus de Nazaré ao cristianismo

A sequência dos seguidores designados *discípulos* (grupo ligado ao Jesus histórico), *ekklesiai* (as primeiras comunidades do mundo romano) *cristianismo* (identidade mais definida e ampla dos seguidores) nasceu de uma semente primeira: o "movimento de Jesus". O grupo de seguidores de Jesus foi o núcleo do qual brotou o que mais tarde recebeu a denominação cristãos, segundo o Livro dos Atos dos Apóstolos em Antioquia, na atual Turquia (At 11,26). Portanto, a sequência *Jesus-Cristo-Discípulos-ekklesia-cristãos* oferece a explicação e, ao mesmo tempo, o enigma da formação do cristianismo primitivo. Ou seja, não se trata de uma sequência simples, mesmo que os textos do Novo Testamento, particularmente os escritos lucanos, o deixem transparecer. Trata-se, de fato, de um processo de formação que conta com sujeitos, conteúdos religiosos e culturais diversos que foram confrontados e compostos, vindo a formar gradativamente uma nova identidade religiosa, de forma que cada uma das fases possui características próprias e, antes disso, compreensões diferenciadas do próprio Jesus e de seu projeto.

Como toda identidade social, os seguidores de Jesus foram construindo as suas em um processo de interpretação gradativa, permanente e complexa de si mesmos e dos grupos sociais, culturais e religiosos com os quais conviviam. O Apóstolo Paulo expressa essa identidade em formação quando fala dos seguidores do crucificado perante a religião judaica e perante a cultura grega: "Os judeus pedem sinais e os gregos procuram a sabedoria; nós, porém, anunciamos Cristo crucificado, escândalo para os judeus e loucura para os pagãos" (1Cor 1, 22-23). Já se pode observar que nos anos 50, quando a carta foi escrita, tratava-se de um grupo judaico distinto dos grupos judaicos tradicionais (que não aderiam ao messianismo de Jesus) e sem possibilidade de ser entendido pela filosofia grega tão marcada pela coerência lógica. No entanto, Paulo, olha para esses dois lados ao apresentar a proposta do seguimento de Jesus Cristo, o crucificado, por meio do qual Deus havia revelado uma nova face. O escândalo da cruz não toca somente no centro dos imaginários judaico (que entende a cruz como maldição = Dt 21,23) e romano (pena de morte aplicada aos revoltosos), mas no coração das teologias do poder: do Deus todo-poderoso do judaísmo e do Império. A cruz como revelação de Deus se apresenta como uma teologia invertida que desempodera e esvazia Deus (*kenosis*) e exige rupturas religiosas radicais (Arbiol, 2018, p. 63-83). Trata-se, de fato de uma teologia débil para as teologias hegemônicas e os seus adeptos são considerados loucos e fanáticos pelo conjunto da sociedade. A ideia de um Deus que se manifesta em um crucificado não poderia ser mais estranha e escandalosa para as religiões centradas na divindade sinônimo de poder.

Jesus, o galileu de Nazaré

O nome Jesus Cristo foi assimilado como um nome próprio pessoal para o profeta galileu, embora seja, na verdade, uma fusão do nome pessoal (*Yeshua*, em hebraico, *Iesus*, em latim) com a profissão de fé no Messias (*Christós*, em grego). O próprio nome Jesus Cristo expressa, portanto, aquele encontro das duas culturas, a hebraica e a grega. Jesus de Nazaré foi acolhido por seus seguidores como o Messias e recebeu esse qualificativo que passa a integrar mais tarde o seu nome. Funde-se, assim, o personagem histórico com o personagem da profissão de fé. Trata-se de uma fusão que se consolida de tal forma que se torna difícil separar os dois aspectos, a partir do que se tem de disponível em documentos históricos, os chamados evangelhos e as cartas. O personagem narrado por Paulo e pelos evangelhos é o Cristo enviado de Deus como Salvador. As narrativas preservadas têm a intencionalidade de apresentar precisamente o Cristo e por essa perspectiva apresenta o personagem histórico Jesus e tudo o que aconteceu com ele. Em outros termos, os escritos do Novo Testamento e os demais escritos não canônicos da época visam apresentar Jesus, o Cristo de Deus, para comunidades crentes a partir dos anos 50 (as cartas de Paulo) e a partir dos anos 60 até as primeiras décadas do século II (demais cartas e evangelhos). Esses escritos não são historiografia, mas textos catequéticos que pretendem educar a fé das comunidades, décadas após a presença histórica de Jesus, o galileu de Nazaré crucificado em Jerusalém e, segundo afirmam os seguidores, ressuscitado pelo poder de Deus.

Contudo, esses gêneros literários, epístolas e evangelhos, embora não sejam historiográficos, fornecem informações sobre a pessoa histórica de *Yeshua* interpretada como Messias e afirmada com viva após sua morte pela comunidade dos discípulos. Além desses textos, o historiador Flávio Josefo dá notícias telegráficas sobre Jesus em sua obra *Antiguidades Judaicas* (anos 90). As pesquisas arqueológicas hoje bastante avançadas vão oferendo informações complementares que permitem aprofundar os acontecimentos daqueles tempos, sobretudo do ambiente em que os fatos se deram (Crossan-Reed, 2007a).

Portanto, a figura histórica de Jesus só pode ser reconstruída a partir de um cuidadoso trabalho que confronta informações dos textos dos evangelhos com outras pesquisas disponíveis referentes ao contexto em que viveu Jesus em uma aldeia rural (Nazaré), em uma região politicamente agitada (Galileia) pertencente à província

Romana da Palestina. Do confronto dessas informações é possível recuperar os traços fundamentais do chamado Jesus histórico. Esse trabalho tem sido feito desde o século XIX e produziu excelentes sistematizações nas últimas décadas.

O Jesus histórico, em carne e osso, é inacessível por vias historiográficas e mesmo arqueológicas, mas pode ser reconstruído pelo confronto de fragmentos históricos e arqueológicos (Crossan-Reed, 2007a) e de mediações analíticas diversas que podem resgatá-lo por baixo das narrativas de fé que compõem os textos canônicos e não canônicos sobre sua pessoa. Os estudos sobre o profeta galileu compõem um acervo enorme, de forma que se torna impossível sequer apresentar por ora um balanço desses resultados. O que se pode, entretanto, afirmar de maneira suscinta sobre sua existência?

O Nazareno

A Galileia onde se localiza a pequena vila Nazaré, cidade natal de Jesus, situa-se ao norte da Palestina Romana. Região agrícola e pouco afeita à Judeia, onde estava localizada a cidade de Jerusalém e o Templo. Trata-se de uma região suspeita desde os tempos antigos por haver rompido com a unidade do Reino deixado por Davi, após a morte de Salomão. É uma região que abriga nos tempos da dominação romana grupos de revolucionários que querem expulsar os dominadores. Quando Jesus era criança aconteceu a grande revolta da Galileia que foi esmagada pelas legiões romanas. Calcula-se que foram crucificados em torno de 2000 galileus. Por essa razão, na região sul onde estão localizados Jerusalém e o Templo, os galileus são suspeitos como perigosos. As autoridades romanas olham com suspeita para essa região e monitoram os movimentos religiosos que ali se alojam. Na conhecida cena da negação de Pedro fica clara a suspeita sobre os galileus (Mt 26,69-75). O evangelho joanino guarda essa memória quando transcreve as interrogações: "Pode vir alguma coisa boa de Nazaré" (Jo 1, 46), "Estude e verás que da Galileia não sai profeta" (Jo 7, 52).

Jesus e seu movimento são galileus e, dede essa região suspeita, se expandem para outras regiões.

As suspeitas sobre a Galileia indicam que não havia uma única maneira de interpretar a religião judaica e, muito menos, uma unidade política capaz de garantir coesão e controle sob o comando romano apoiado pela dinastia de Herodes que governava a região sob a tutela direta de Roma. A figura de Jesus e sua pregação causam preocupação para as autoridades políticas e religiosas como perigo de insurreição. A cruz será o resultado final dessa suspeita.

Um movimento

Jesus compõe um grupo de seguidores que viram nele uma oferta de salvação para Israel, conforme as expectativas messiânicas. Salvação de Israel está muito longe do que se compreendeu mais tarde como salvação universal, individual, escatológica e espiritual. O conteúdo profético e messiânico do movimento de Jesus atrai e compõe um discipulado que, ao que indicam as próprias narrativas dos evangelhos, vão tomando consciência de sua proposta. Mas, não restam dúvidas de que estão alentados por uma pregação da chegada iminente do Reino de Deus em Israel: era messiânica anunciada pelos profetas que reconstituiria o reinado de Davi e que, de imediato, significaria a libertação da dominação romana. Reino de Deus é sinônimo de Reino de Israel. Trata-se de uma promessa a ser realizada em um território, para um povo, por meio de um líder enviado por Deus.

O movimento de Jesus ocorre em um contexto político demarcado por diferentes grupos político-religiosos. No topo da pirâmide social estavam os *saduceus*, formados pela elite econômica e religiosa ligada ao Templo de Jerusalém e aliados dos romanos. Os *fariseus*, opositores dos saduceus, defendem a estrita observância da Lei de Moisés consignada na Torá e praticam normas rituais de pureza e alimentação. Consideram-se puros e separados do resto do povo, são ligados às sinagogas e contrários à presença dos romanos.

Além desses grupos principais, marcam presença os *zelotas* que defendiam a expulsão dos romanos em nome da pureza da terra e do povo e aguardavam a vinda iminente do Messias. Os *sicários* são os revolucionários que carregam uma faca escondida no manto e atacam sorrateiramente os romanos. Os *essênios* afirmam também a vivência da lei e da pureza e assumem uma postura radical construindo uma comunidade monástica no deserto distante da sociedade impura e aguardando a vinda do Messias. Além desses grupos, existiam outros de cunho profético que emergiam em pontos distintos. São movimentos espontâneos que retomam a tradição profética e anunciam a chegada iminente do Reino de Deus por meio do Messias. A esses perfilam o movimento do João Batista e o de Jesus. Embora sejam grupos distintos eles se misturam. No grupo de Jesus existiam alguns zelotas e, talvez, até mesmo sicários. Hoje há quem defenda que o próprio Jesus tenha sido um zelota (Aslan, 2013).

As expectativas messiânicas eram variadas e mais excitadas, na medida em que a dominação romana se impõe com toda a sua eficácia (Wengst, 1991). Cada grupo imagina o Messias a sua imagem e semelhança. E, na medida em que a dominação romana se impunha com sua força opressora, essas expectativas se tornavam mais urgentes e conclamavam os grupos a resistirem aos romanos. Os saduceus acreditavam na vinda de um messias Sacerdote que governaria a partir do Templo. Os fariseus projetavam um Messias especialista na Lei. Os zelotas aguardavam um Messias apocalíptico que expulsaria com seus anjos os romanos. Jesus de Nazaré se apresenta como um pregador popular original que irrita e ofende os saduceus e também os fariseus, atrai alguns zelotas (Forte, 1985, p. 72-83) Sua pregação tem características proféticas, apocalípticas e sapienciais. Anuncia a chegada do Reino de Deus, apresenta uma imagem de Deus como *Abbá* (Papai) misericordioso, solidariza-se com os marginalizados da época (os pobres, leprosos, prostitutas etc.) e relativiza a observação literal da lei em nome da supremacia do ser humano.

O discurso de Jesus não é estranho ao povo, mas, ao contrário, apresenta-se como um autêntico profeta e, para muitos, como um possível Messias. A morte na cruz será, sem dúvidas uma decepção para as expectativas messiânicas do grupo de seguidores.

Um condenado

O movimento de Jesus era suspeito desde o início de sua pregação. Afinal, o que se poderia esperar de um pregador da Galileia. Os evangelhos narram essa suspeita que vai tomando formas cada vez mais nítidas até a condenação em Jerusalém. É importante relembrar que as narrativas da captura, julgamento, condenação e morte de Jesus são construídas a partir de uma chave de leitura teológica (Jesus como o Cristo Salvador enviado por Deus), como fatos que revelam no todo e nos detalhes o desígnio salvador de Deus. No entanto, é possível perceber por debaixo das narrativas a clara condenação política de Jesus. A frase ditada por Pilatos a ser colocada na cruz expressa a razão da condenação: se apresentou como Rei dos Judeus. Essa pena capital era reservada aos bandidos e aos revolucionários. Os Romanos caçavam esses últimos e os mandavam para a cruz. Jesus de Nazaré foi mais um revolucionário crucificado, ainda que sua pregação pudesse não manifestar diretamente essa intenção. As narrativas do julgamento deixam clara a construção de uma razão política (ameaça ao Império) por parte das autoridades religiosas do Templo.

Um vivente

Após a experiência trágica da cruz – maldição para os judeus e loucura para os gregos – os seguidores afirmaram a presença viva de Jesus entre os seus discípulos. Os relatos dessa presença são variados e revelam diferentes roteiros. A interpretação dessa experiência será a partir da fé judaica: a ressurreição. O que para a escatológica judaica ocorreria no fim dos tempos, quando os justos ressuscitariam, para os seguidores já aconteceu. O fim dos tempos foi concretizado com Jesus, o profeta assassinado e redivivo por Deus. É dessa experiência narrada pelos discípulos que o movimento se recompõe e inaugura uma nova fase, agora sem a presença física do Nazareno, porém com sua presença mística entre os seguidores. Para as interpretações posteriores sobre Jesus a relação entre morte-ressurreição será a chave de leitura central, da qual se pode professar a fé no Messias (Cristo), salvador, Filho de Deus e o próprio Deus encarnado. É dessa experiência que nascem as comunidades dentro e fora da Palestina romana.

Portanto, entre as expectativas messiânicas centradas na ideia de um poder de Deus intervindo na história e a trágica morte na cruz interpõem-se um hiato hermenêutico ou um vazio de sentido que terá de ser superado pelos seguidores com uma leitura messiânica da cruz. O novo messianismo será construído no lugar daquele que habitava as imagens de seus seguidores, antes da morte. O fato é que, após a tragédia da cruz, os seguidores retomam a pregação de Jesus a partir de dois elementos fundamentais: a afirmação de que o crucificado ressuscitou e a releitura dos acontecimentos a partir de textos da tradição judaica. A cruz deixa de ser um fim e uma maldição e torna-se um começo de uma segunda fase do movimento, agora sob o comando dos discípulos. A morte de cruz vai sendo interpretada como um meio de Deus realizar suas promessas e oferecer sua salvação por meio do Nazareno condenado. Como já foi mencionado acima, a cruz torna-se o lugar da manifestação de Deus. Pode-se dizer que aqui reside a passagem mais fundamental do Jesus histórico para o Cristo da fé dos seguidores do Mestre de Nazaré.

Os discípulos e Jesus Cristo

Os seguidores de Jesus deram continuidade ao seu movimento, agora reinterpretado a partir da cruz/ressurreição. O movimento messiânico permanece reivindicando sua autenticidade judaica, como legítimos herdeiros das promessas feitas por Deus a seu povo, elaborando, porém, uma imagem própria do Messias e de seu Reino. Jesus havia dado os sinais messiânicos em suas pregações e práticas. O próprio significado dos doze apóstolos remetia para as origens de Israel, com as doze tribos. Não deve ser correto afirmar que as interpretações messiânicas sobre Jesus, sejam obra dos discípulos na era pós-pascal. Gerd Theissen insiste que o próprio Jesus histórico se entendeu como personagem que alia de modo indissociável em sua práxis e identidade pessoal mito-história, ou seja, messianismo e historicidade (2009, p. 41-94). Aqui cumpre, entretanto, lembrar mais uma vez que não há uma unanimidade interpretativa sobre Jesus de Nazaré. São grupos distintos de seguidores com suas distintas interpretações que levam adiante o projeto do Nazareno. E, na medida em que o cristianismo avança para além das fronteiras palestinas vai abrindo ainda mais o leque das interpretações. Na própria Palestina existem grupos que guardam memórias específicas sobre Jesus: os que guardam seus ensinamentos de Mestre, sobretudo no norte da Palestina e os que afirmam uma ligação mais próxima das tradições e do tempo na comunidade de Jerusalém. Lá fora no mundo greco-romano, a figura de Paulo de Tarso, o judeu convertido, afirma uma visão própria sobre Jesus e, por conseguinte sobre Deus que se manifesta por meio da cruz (Arbiol, 2018). Enquanto aqueles grupos palestinos se sentiam bastante próximos das tradições judaicas, sob a liderança de Tiago o irmão de Jesus, os grupos helenizados afirmam um cristianismo mais universal/liberal, aberto aos costumes pagãos e dispensam várias regras judaicas. Com o tempo, outros grupos se aproximam da mentalidade grega e entendem o cristianismo como mais uma forma de salvação por meio das ideias (gnósticos). Paulo e mais tarde a comunidade joanina vão afirmar a missão universal de Jesus como Cristo enviado a todos os povos como *Logos* encarnado e como um modelo cósmico de toda a criação. Para o sociólogo da religião Joachim Wach seria esse o momento da irmandade que sucede o círculo de discípulos, após a morte do mestre (1990, p. 167-176), porém tratando-se de um grupo composto por membros que ainda bebem e transmitem aquele carisma original emanado da figura do "fundador" do grupo.

Em meio à diversidade de cristianismos pode se dizer que alguns pontos foram sendo acordados entre as divergências: a) afirmação de uma nova perspectiva messiânica que vincula cruz-salvação-Deus; b) afirmação de uma perspectiva universal que rompe com a ideia de um reinado político local na Palestina; c) afirmação de um jeito de viver a tradição judaica sem necessitar das práticas rituais do Templo, das regras da circuncisão, de purificação e de alimentação; d) afirmação da presença de Deus na carne de Jesus e contraposição à afirmação da salvação pela via das ideias que negam o valor da carne; e) afirmação da necessidade de uma unidade grupal na forma da citada irmandade, donde se distinguem o que entende ser convergente e divergente.

Os seguidores de Jesus assumem que não haviam entendido seu projeto quando ainda estava vivo e que foram conduzidos pelo Espírito para compreender o que aconteceu com Jesus e com eles próprios (Lc 24, 23-35; Jo 14,26). Em outros termos, os discípulos são autênticos construtores de uma interpretação que vai sendo elaborada em meio a divergências e acordos e que, mais tarde, será denominada cristianismo. Essa será a denominação de um sistema religioso já concluído e institucionalizado do ponto de vista de sua cosmovisão e de suas práticas institucionais. Aqui há que afirmar, portanto, o papel das gerações de discípulos construtores do jeito cristão de ser que retratam um processo gradativo de institucionalização: a) o grupo original de seguidores (círculos de apóstolos/ discípulos); b) seguidos de uma segunda geração (irmandade), onde se encontram Paulo, Barnabé, Silas etc.; c) seguidos, por sua vez, por outra geração que preserva a memória direta de Jesus, discípulos de Pedro e de Paulo e de outros Apóstolos; d) sucedidos por gerações que desembocam propriamente no que se denominou cristianismo (do ponto de vista das fontes e tradições oficializadas) e Igreja Católica (do ponto de vista organizacional e geopolítico). Salvas todas as ilusões de uma sucessão linear, unívoca e harmônica, essa transmissão entende ser um modo autêntico de passar adiante a fé em Jesus Cristo e, cada vez mais, afirma-se como tradição que vinha sendo afinada de maneira sempre mais singular nos primeiros séculos.

Como em todas as tradições formou-se com o tempo um núcleo comum, resultado do debate entre as diversidades internas e com as diversidades externas. O cristianismo foi sendo construído em um ambiente duplamente hostil. Considerados como heréticos e fanáticos, traidores do judaísmo tradicional e da religião oficial do Império, os seguidores de Jesus foram construindo a si mesmos com elementos antigos (da tradição judaica) e novos (da experiência com Jesus) e assimilando elementos da cultura grega e da política romana (Frangiotti, 2006). A identidade cristã contou com personagens ousados e criativos que foram capazes de desenhar um novo sistema de crenças descendido da fé judaica, elaborado na cultura grega e organizado cada vez mais de maneira romana. Nessa dialética ao mesmo tempo tensa e criativa foram escritos e, mais tarde, catalogados os textos do que veio a ser o chamado Novo Testamento e também os textos da Tradição que o companha e sucede: os chamados Padres da Igreja e as definições dogmáticos dos concílios. De fato, o cristianismo como hoje é entendido vai ser concluído somente a partir do século IV com a realização dos concílios, quando a Igreja Católica já havia se inserido no mundo romano e assimilado suas estruturas.

O cristianismo se apresenta como um tipo de religião histórica que se distingue daquelas religiões cósmicas que oferecem acessos diretos às origens por meio dos rituais. A história é o lugar em que o divino se revela e o parâmetro da consciência religiosa. A cada tempo e lugar os seguidores vão construindo e reconstruindo a si mesmos no movimento permanente de confronto entre as fontes e a realidade presente. Por essa razão a tensão entre preservação e renovação se mostra como inerente a sua história de ontem e de hoje. A hermenêutica fundamental cristã afirma um mistério presente no hoje da história e se propõe a discerni-lo permanentemente com o auxílio do próprio Espírito doado por Jesus Cristo a seus seguidores.

O processo de institucionalização

Já é sabido que os sistemas religiosos não nascem prontos, mesmo que todos afirmem ser a continuação fiel das origens e a imagem mais coerente do que foi proposto pelo fundador. Também ficou esclarecido que a imagem de uma unidade sistêmica é sempre resultado de construções tardias, quando o grupo dispõe de condições políticas internas e externas para institucionalizar a si mesmo, ou seja, desenhar e comunicar sua identidade religiosa em contraste com outras de seu entorno.

Todos os sistemas religiosos legitimam-se precisamente na medida em que são capazes de construir uma narrativa de fidelidade às suas origens, de transformar o que foi construído no tempo e no espaço como aquilo que foi desde sempre verdade. Os mitos narram as origens e as atualizam em cada ritual como algo vivo e atuante no presente, operam com o tempo contínuo, explica Eliade (1999, p. 63-64). As religiões reveladas operam de modo diferente, quando afirmam ter recebido uma revelação por meio de sujeitos e mensagens datados no tempo e no espaço. Mas, de modo semelhante aos mitos, buscam os meios de acessar as suas fontes por um caminho que seja legítimo, ou seja, que garanta a fidelidade e a eficácia da oferta de salvação aurida diretamente das fontes e a autenticidade do acesso realizado pela autoridade religiosa investida dessa missão sagrada. Em ambos os casos, está em jogo a oferta de um dom eterno, a uma realidade que existe para além das precariedades históricas. Peter Berger explica essa estratégia como constitutiva do processo de construção social da religião. O historicamente construído adquire um novo *status* como realidade cosmificada e ontologizada; o transitório é eternizado e o transcendente torna-se fundamento do imanente (1985, p. 47-52).

Se essa postura define os sistemas de crença de um modo geral, adquire, no caso do cristianismo, dinâmicas particulares, por se tratar de uma oferta de salvação transmitida ao longo da história: no jogo da história sempre desgastante e conflitivo. O eterno comunicado, então, na história está entregue ao dinamismo transitório do tempo e busca as formas de se expressar em cada contexto que vai sendo inevitavelmente transformado. Para os cristãos, não se trata de afirmar somente a existência de uma divindade eterna, poderosa e transcendente, mas de uma divindade encarnada, historicamente mediada por um sujeito submetido às regras da imanência.

O drama cristão foi desde as suas origens não somente o da comunicação/construção de uma origem salvífica (de um carisma fundacional), mas também o da transmissão histórica desse carisma por meio de narrativas e sujeitos legítimos. Era necessário vincular a mensagem presente ao evento passado: oferecer o passado no presente por meio de acessos fiéis e seguros à salvação que de lá advinha. A tensão entre carisma e instituição é constitutiva da dinâmica cristã e gera suas sucessivas configurações no decorrer da história. A oferta de salvação pelos meios legítimos, seguros e eficazes, demarca as construções históricas pelas quais os cristãos exibem a si mesmos com suas ofertas salvíficas. O cristianismo buscou os caminhos de garantir a continuidade histórica estruturando-se em sua doutrina, rituais e organização. Também nesse caso, não se trata de uma operação exclusiva dos seguidores de Jesus Cristo, mas de um processo inevitável de todo grupo religioso. A cada época os grupos religiosos criam os modos de estruturação de si mesmos, único meio de preservar-se na história que vai modificando as condições econômicas e políticas da vida e da convivência humana.

Os discípulos e a construção do cristianismo

Os movimentos religiosos sobrevivem na proporção da capacidade de encontrar os meios de construção de si mesmos, ao expandirem-se no espaço e distanciarem-se dos tempos fundacionais. Max Weber explicou esse processo na sequência *carisma-rotinização-instituição*. A fase de efervescência da oferta de salvação vai caindo na rotina com a morte do líder e dos primeiros seguidores e dando lugar a novas lideranças que lançam mão de estratégias de organização para resguardar, transmitir, explicar e estruturar os elementos oferecidos como dom(carisma) pelo fundador e seus seguidores imediatos (1997, p. 197-201). O drama de todo grupo que oferece um projeto religioso ou político consiste precisamente em conseguir manter a fidelidade ao carisma original, por meio e por dentro da organização institucional. Na dose da institucionalização é que reside o segredo da fidelidade e da preservação ao carisma. Uma estruturação muito rígida pode matar o vigor do carisma. Uma estruturação frouxa não o resguarda, de forma a sobreviver sob a pressão do tempo que o desgasta e o desanima. Por essa razão, as reformas acompanham as religiões como esforço de retornar às fontes e retirar delas os elementos revigoradores e autênticos para a sua continuidade histórica.

Com efeito, é preciso evitar uma linearidade progressiva que parte de um ponto fixo que é transmitido sem alterações. Embora as origens sejam, de fato, um ponto fundante das tradições que lhes fornece referência permanente, a história demonstra uma circularidade hermenêutica entre as origens e o presente: essas leem o presente e as condições presentes as releem. Trata-se de um processo regular de sobrevivência da tradição no presente em que o passado (origens) vai sendo retomado e, ao ser retomado, reinventado com as referências do presente. As origens são sustentadas como fundadoras da tradição, porém, a cada tempo e lugar, são reinterpretadas. Vale aqui para o carisma o mesmo princípio da *invenção da tradição* defendido por Hobsbawm (2002, p. 9-23). O próprio carisma é recriado em função das necessidades e das expectativas do presente de cada tradição. O conceito de *continuidade retrospectiva* de Emilio Ferrín (2018, p. 380-381) também explica essa construção permanente das fontes que originam os grupos religiosos.

Nesse ponto, será necessário distinguir as religiões que se assentam em fontes orais das que se assentam em fontes escritas, sendo que essas últimas buscam exatamente canonizar suas origens, o que, desde então, cria um núcleo escrito de certa maneira estável e pretensamente fixo. Ao fixar suas fontes canônicas, o cristianismo estava, na verdade, construindo suas origens havia décadas – e até mesmo séculos – depois de seus começos históricos. De fato, a imagem de uma fonte primeira e fixa se apresenta como necessária para fundamentar todas as religiões, embora essa unidade primordial possa e deva ser compreendida historicamente como um modo de o sistema religioso entender a si mesmo naquele tempo e naquele espaço. A fonte fixada por escrito permite ao sistema religioso exibir a fotografia fiel de si mesmo, fotografia supostamente primordial, mas, na verdade, elaborada mais tarde, quando o grupo já dispunha de sujeitos investidos de autoridade para definir o que era autêntico e distingui-lo do inautêntico. De toda forma, um cânon primordial exerce a função política de garantia de unidade, o que não ocorre em tradições orais, sempre mais vulneráveis às modificações e adaptações históricas, como no caso das tradições afrodescendentes oriundas das diásporas africanas.

Contudo, nenhuma fonte canônica está livre dos processos interpretativos inerentes à história. A circularidade hermenêutica entre o passado e o presente, entre a textualidade fixada e as pré-noções do presente (pré-noções conscientes ou inconscientes, espontâneas ou formuladas) se mostra inevitável. Toda fonte é sempre reinterpretada no presente e, potencialmente, pode revelar significados inéditos a cada geração. Foi nessa dinâmica que o cristianismo se expandiu e revelou, ao mesmo tempo, sua unidade e suas diversidades. As reformas sucessivas pelas quais passou produziu, pode-se dizer, uma variedade de compreensão de si mesmo e, por conseguinte, das próprias origens canonizadas. O caso mais explícito e radical foi o da reforma protestante (século XVI) que não temeu assumir uma revisão consciente das próprias fontes, como fica explícito na proposição de um novo cânon bíblico por Martinho Lutero. Contudo, para além desse fato emblemático, o cristianismo conheceu formas diversas de interpretar suas fontes desde os primeiros tempos, o que lhe rendeu a construção de novos grupos que se tornaram grandes tradições religiosas. E dessa dinâmica não escapou o catolicismo com sua cultura milenar centrada numa suposta unidade estável. A cada concílio, mas sobretudo nos três últimos, é possível perceber maneiras diferentes de interpretar suas próprias fontes e de recolocá-las no tempo presente. O Vaticano II o fez de modo claro e consciente, ao abrir uma temporada de *aggiornamento* (atualização) que implicava dois movimentos inseparáveis: a leitura do presente a partir do passado e a leitura do passado (refontalização) a partir do presente (Küng, 1999, p. 130-133).

Voltando ao modelo weberiano, pode-se dizer que a rotinização do carisma (inevitável e implacável) provoca um movimento em duas direções: 1ª) de revisão do carisma na busca do vigor e dos significados mais autênticos capazes de revigorá-lo, quando, então o carisma passa por uma espécie de renascimento; 2ª) de busca dos meios institucionais seguros capazes de preservá-lo, quando o carisma é traduzido em normas, regras e papéis. Essas duas direções se alternam em função dos sujeitos políticos envolvidos (reformadores ou preservadores) e das possibilidades de eficácia reformadora (consenso ou dissenso reformador). Dessas possibilidades políticas nascem os novos grupos com suas novas tradições (as criações ou os cismas contínuos) e os grupos hegemônicos conhecem renovações mais ou menos radicais (as revisões e refontalizações periódicas).

Portanto, podem-se observar dois movimentos constitutivos nos processos de desenvolvimento histórico das tradições religiosas em relação às fontes: 1º) *Fonte ↔ Transmissão ↔ Preservação*; 2º) *Fonte ↔ Renovação ↔ Criação.* O primeiro movimento possui uma compreensão que pode ser denominado *tradicionalista*, ou seja, entende as fontes e a transmissão como reprodução linear de algo fixo e imutável. O segundo assume as fontes como experiência que se renova no ato de transmissão, sendo, portanto, esse ato, por si mesmo renovador, na medida que comunica o carisma em cada tempo e lugar. Essa postura é *tradicional*, uma vez que transmite (*traditio*) a cada geração uma mensagem sempre atualizada. O cristianismo avançou pela história dinamizado por essas dinâmicas e, desde as suas origens, conheceu os dramas do conflito de interpretações daquilo que assumiu como sua origem, fonte e cânone.

O acesso ao carisma

Como já foi dito, esse é o desafio de todas as tradições religiosas: oferecer as vias de acesso seguras e legítimas ao carisma fundacional, no caso do cristianismo à própria fonte de salvação que se identifica com o mistério de Jesus, o Cristo de Deus. A partir da primeira geração de discípulos, esses se apresentam como as autoridades investidas dessa missão de transmitir o que viveram junto do Mestre e aquilo que dele ouviram e a missão que lhes foi confiada; oferecem as narrativas e, sobretudo, os caminhos que podem conduzir os seguidores ao carisma primordial no tempo presente. O cristianismo se apresenta com um jeito próprio de operar essa ligação entre as fontes e as gerações seguintes, de forma a superar as dicotomias de tempo e de espaço entre as duas realidades. A ligação é feita em diversos aspectos:

1º) Do ponto de vista teológico

O carisma de Jesus crucificado/ressuscitado é selado, transmitido e distribuído a cada seguidor e ao conjunto deles (*ekklesia*) pela força do Espírito do Ressuscitado (considerado uma das pessoas divinas). O mesmo Espírito que gerou e ressuscitou Jesus gera a comunidade de seguidores em todo tempo e lugar; o corpo eclesial é feito e dinamizado pelo Espírito que torna os seguidores participantes do próprio messianismo do Mestre (sentido do ser cristão = messiânico). Portanto, um mesmo mistério divino liga os seguidores de modo direto às fontes oferecidas pelo Cristo Filho de Deus.

2°) Do ponto de vista organizacional

A primeira geração de seguidores transmite uma missão recebida de Jesus às gerações seguintes numa sucessão que liga o carisma aos discípulos atuais; uma geração recebe da anterior a autoridade de levar adiante a missão do anúncio da mensagem salvadora. No Livro dos Atos dos Apóstolos (1,23-26) encontra-se a cena da escolha de Matias como o sucessor legítimo de Judas, o traidor, para compor o grupo dos 12. O número 12 simboliza os herdeiros legítimos das promessas, as novas tribos do Israel messiânico (12 como foram as tribos nas origens de Israel). A escolha dos novos membros é ratificada com um gesto ritual: lançam sorte (no caso de Matias), impõem as mãos (At 6,6) e, no caso de Paulo, a autoridade ministerial se identifica com o próprio gesto do batismo (At 9,18ss). Em outros termos, a sucessão das gerações ocorre pela mediação carismática em rituais que invocam diretamente a autorização vinda de Deus em nome de Jesus e operada pelo Espírito. A ideia de sucessão apostólica como uma corrente ininterrupta que liga os primeiros Apóstolos aos que são investidos para a missão atual representa esse recurso carismático de transmissão do poder religioso.

3°) Do ponto de vista ritual

O acesso às fontes salvíficas é feito por vias místicas e rituais diretas dentro da comunidade de seguidores. Onde está a Igreja está o Espírito e, por conseguinte, a possibilidade de acesso ao mistério salvífico que ele encerra. Não se trata de um acesso racional – pelo conhecimento de conteúdos doutrinais – e nem mágico – por meio de uma figura detentora de forças especiais – mas de um acesso que participa de uma oferta que advém do próprio mistério que a comunidade ungida pelo Espírito carrega como promessa e graça.

As diversas expressões cristãs construídas no decorrer do tempo são formas de oferecer o acesso dos seguidores atuais às suas origens (a fonte sempre atual) que, por sua vez, deve conectar-se necessariamente ao começo histórico: ao tempo em que tudo começou como dom inédito oferecido por Deus na pessoa de Jesus de Nazaré e de seus seguidores imediatos. Sem essa conexão, todo processo de institucionalização corre o risco de ser arbitrário. Como será exposto no próximo item, duas compreensões ou modos de acessar o carisma fundacional subjazem aos processos de institucionalização e renovação do cristianismo no decorrer do tempo: 1º) o carismático que afirma a possibilidade de acesso direto às fontes sem a mediação da autoridade eclesial, sendo a autoridade para esse ato oferecida pelo próprio Cristo; 2º) o tradicional que afirma a necessidade de um vínculo incessante da autoridade presente com as autoridades de passado por meio da sucessão apostólica.

O processo de institucionalização

A luta pelo acesso legítimo às fontes caracterizou os movimentos que povoaram o cristianismo ao longo da história. A partir do presente os seguidores propunham não somente interpretações das fontes, mas, ao mesmo tempo, a interpretação legítima que fosse capaz de ligar de modo seguro e coerente os seguidores aos tempos fundacionais. A ligação direta entre Jesus Cristo e a Igreja era a garantia de autenticidade do grupo. A estratégia fundamental consistia, portanto, em construir a narrativa que evidenciasse essa ligação fiel e apresentasse a Igreja como a continuadora da missão delegada por Jesus a seus discípulos. A tradição era o processo de transmissão fiel das verdades advindas diretamente de Jesus Cristo passando pela pregação dos Apóstolos. A fixação dos textos sagrados foi um passo fundamental para garantir essa sequência às gerações seguintes. Mas não bastava fixar as fontes que testemunhavam a ação de Deus por meio de Jesus Cristo. A ligação teria também um fio condutor capaz de ligar o grupo atual de forma regressiva – de geração em geração – ao próprio Jesus. Como foi exposto, os seguidores eram ligados a essa origem por vias diversas, pela via da fidelidade à doutrina (a tradição dos Apóstolos), pela via mística (o mistério e a graça presentes) e pela via institucional (a sucessão apostólica).

A sequência do processo de institucionalização cristã contou com estratégias de afirmação dessas vias: de afirmação e definição da verdade (por meio dos concílios), afirmação da transmissão da graça (por meio das celebrações) e afirmação do poder delegado por Jesus (por meio das lideranças). Na medida em que a *ekklesia* ia se distanciando das fontes e da geração das testemunhas diretas, a necessidade de encontrar os meios de ligação entre as origens e a ordem presente se tornavam mais urgentes. É quando o carisma se institucionaliza, explica muito adequadamente Max Weber. Segundo o sociólogo (1997, p. 197-203) as seguintes saídas possíveis de continuidade do carisma são as seguintes: a) busca de um novo líder que demonstre qualidades semelhantes ao anterior; b) por revelação (sorteio, oráculo, juízo de Deus); c) por designação de um sucessor feita por uma autoridade reconhecida pelo grupo; d) por indicação de um líder por parte do corpo administrativo; e) pela indicação do "carisma de sangue", entendendo ser o carisma transmitido pela força da hereditariedade; f) pela via litúrgica que entende ser o carisma transmitido por um ato de consagração.

Os seguidores de Jesus experimentaram a urgência de construção dos critérios de organização de si mesmos e, por conseguinte, da autoridade legítima para coordenar as comunidades. Ao que tudo indica compuseram seus modelos organizacionais a partir daqueles disponíveis na Sinagoga, nas famílias e nas cidades, evoluindo do mais carismático (espontâneo, participativo e descentralizado) para o mais estruturado (regrado, concentrado e centralizado).

As vias de acesso às origens

A oferta atual de salvação – ao mistério de Deus revelado e oferecido em Jesus Cristo morto/ressuscitado presente na comunidade por seu Espírito – conheceu divergências já na primeira geração cristã. Como foi descrito anteriormente, as figuras de Pedro e Paulo apresentadas no Livro dos Atos dos apóstolos tipificam os modos tradicionais e carismáticos de ligação às fontes. A figura de Pedro representa, de fato, a ligação tradicional com a origem, na condição de Discípulo direto do Mestre, enquanto a figura de Paulo, que reivindica o *status* de Apóstolo, representa a ligação carismática, por ter recebido do próprio Cristo a missão. Na verdade, o livro deixa flagrante a luta entre os herdeiros da missão por meio dos "notáveis" da comunidade de Jerusalém, dirigida por Tiago o irmão do Senhor, e o Apóstolo convertido que afirma um meio direto de ligação com o Cristo vivo na história e nas comunidades.

Os tipos de dominação sugeridos por Weber explicam esses dois modos de legitimação do poder. O poder tradicional que exibe sua legitimidade a partir do passado, por meio dos mecanismos sucessórios que ligam a liderança presente com seus antepassados. Os modos de transmissão hereditária familiar (secessão patriarcal ou matriarcal) ou dinástico (sucessão real) são as expressões clássicas desse poder legítimo. No caso do cristianismo, a chamada sucessão apostólica reproduz a seu modo esse mesmo mecanismo, sendo que, de geração em geração, o poder religioso atual vincula-se aos primeiros Apóstolos e ao próprio Jesus. O poder carismático tem o mérito de ligar o líder atual diretamente a um dom sobrenatural que dispõem sua pessoa. É pela força do dom presente e atuante que conquista a legitimidade de sua pessoa e de seu projeto, independente das sucessões dinásticas retrolineares. Os líderes carismáticos cristãos se apresentam precisamente como os portadores diretos de dons extraordinários recebidos diretamente de Deus como revelação sobrenatural ou como capacidade natural de sua pessoa enquanto membro da Igreja e seguidor de Jesus Cristo. Assim emergiram os líderes reformadores, os excluídos ou os assimilados pelo corpo institucional da Igreja ou das igrejas de um modo geral.

O cristianismo conta com esses dois modelos de acesso às origens dos quais decorrem seus distintos modos de organização: o tradicional e o carismático. Na dinâmica do primeiro se apresentam as igrejas católica, ortodoxa e anglicana. Para essas, a ligação com as fontes passa pela geração dos que foram sucedendo os apóstolos por meio do episcopado. A dinâmica carismática afirma a autoridade do acesso direto da Igreja atual com as origens, de forma que cada Igreja tem seu fundamento nessa fonte e as novas fundações são plenamente legítimas por estarem ligadas diretamente a Jesus e seu Espírito. No entanto, ainda na perspectiva weberiana que tem sido ratificada pela história, ambos passam pelo processo de racionalização que exige fixação das regras de exercício do poder religioso. Tanto a tradição quanto o carisma pedem formas de estruturação para sobreviver como legítimos no decorrer da história. A história que passa e se modifica em seus modos de produzir e representar a vida exige que as ofertas religiosas, as mais efervescentes e as mais tradicionais, se afinem às suas exigências políticas e culturais e se refaçam em seus modos de narrar, organizar e oferecer salvação.

A institucionalização da ekklesia

O sociólogo Joachim Wach explica o percurso de institucionalização da religião na sequência *discípulo=>irmandade=>igreja* (p. 167-180). Os continuadores do fundador buscam os meios de garantir a continuidade histórica do projeto original e terminam fixando a doutrina, as normas e os papéis. É quando surge propriamente o que denomina Igreja. Ainda que seja uma tipologia linear, essa sequência pode ser, de fato, observada na macro-história do cristianismo. A comunidade de seguidores estruturada de maneira mais espontânea e carismática foi se tornando mais institucionalizada: fixa as fontes por escrito, formula as doutrinas, estabelece as funções e as normas disciplinares e rituais. A *ekklesia* cristã foi um autêntico trabalho de reconstrução sociorreligiosa que, no caso das comunidades paulinas, contava com modelos organizacionais diversos emprestados da Sinagoga, da casa, das associações, das escolas e das cidades (Arbiol, 2018, p. 100). As novas assembleias eram novas na fundamentação teológica (espelhavam a fraqueza de Deus em seus membros fracos – 1Cor 1,26-28), na composição social (feita de judeus, gregos, escravos e livres homens e mulheres Gl 3,28) e na abertura para os costumes do mundo cultura de entorno. A pluralidade social e cultural haveria de ser regulada por uma unidade fundamental advinda do próprio Cristo.

O próprio Paulo deparou-se com a necessidade de organizar a *ekklesia* de Corinto, dinamizada por critérios nitidamente carismáticos: nos dons/serviços recebidos do Espírito e executados pelos membros da comunidade (Estrada, 2005, p. 226-234). O risco do individualismo que gera anarquia social acompanha as comunidades carismáticas. Paulo oferece critérios que estabelecem hierarquias dentro da comunidade entre as lideranças entusiastas e em lutas entre si. O critério fundamental adotado visava estabelecer um equilíbrio entre unidade e diversidade (individualidade e coletividade). A comunidade é um corpo feito de membros diversos, e a autonomia individual (que recebe dons do Espírito) está sempre referenciada pelo comunitário (pela edificação do mesmo corpo eclesial), ensina o Apóstolo helenizado (1Cor 12,12-27). O projeto de Paulo foge tanto do individualismo quanto da massificação coletiva. Nessa relação de equilíbrio que afirma sem prejuízos a autonomia individual e o compromisso comunitário, oferece, ao que parece, um critério de organização das lideranças carismáticas, quando indica em ordem decrescente as funções dos apóstolos, dos profetas e dos mestres, funções ligadas diretamente ao testemunho e ao ensino e somente a seguir lista os dons extraordinários e o próprio dom de governar (1Cor 12,28). A *ekklesia* sustenta-se em sua ligação com Jesus Cristo por meio dessas funções testemunhais. Os carismas mais fundamentais são os que ligam a comunidade a Jesus Cristo. Ao que parece, Paulo dá um primeiro passo no processo de tradicionalização dos carismas, ligando o dom presente à fonte primeira.

A invenção da organização cristã testemunhada por Paulo não era a única maneira de organização dos seguidores de Jesus.

Por certo, outras maneiras foram construídas, sobretudo nos grupos descendentes do ciclo dos discípulos diretos de Jesus. O Livro dos Atos dos Apóstolos, escrito trinta anos depois dos acontecimentos (morte e ressurreição), testemunha não somente a presença de duas maneiras de organização, a de Jerusalém (certamente muito próxima das organizações das sinagogas) e as de Paulo de cunho mais carismático. O mesmo livro mostra a sucessão de Matias pela via da sorte (At 1,12-26) e os evangelhos de Mateus (16,18) e Jo (21,15-17) narram Jesus transmitindo a autoridade de liderança do grupo a Pedro. Não está em questão a historicidade dessas passagens, mas o fato de registrarem um modo de fundamentar o poder religioso nos moldes tradicionais: legitimidade assentada diretamente nas origens do grupo, no caso no próprio Jesus histórico.

Ainda no Novo Testamento as cartas de Timóteo e de Tito, escritas provavelmente no início do segundo século, já dão notícias de comunidades hierarquizadas em torno das figuras centrais do epíscopo e do presbítero. As *ekklesiai* marcadamente carismáticas em suas origens foram estruturando-se de forma a centralizar o poder nas figuras hierárquicas (epíscopo = supervisor das cidades e presbítero = ancião das sinagogas) e delas descender outros ministérios da comunidade: os diáconos e diaconisas, as virgens, as viúvas etc. Na sequência histórica, as comunidades fazem um grande recuo histórico e vão resgatar a tríplice hierarquia do antigo Templo de Jerusalém para estruturar essa hierarquia, identificando o Sumo Sacerdote com o bispo, os sacerdotes com os presbíteros e os levitas com os diáconos (Parra, 1991, p. 142-155). A inserção política do cristianismo no Império Romano a partir de 313 com o Edito de Milão encontra o ambiente político afim que justifica e sela esse modo de organização, dando à hierarquia poderes e significados políticos. A organização foi sendo sacerdotalizada e politizada e assim triunfou como modo único e legítimo de estruturar e governar a Igreja, agora católica e teocrática.

Os processos de renovação

Com o tempo, as tradições se destradicionalizam e o institucionalizado se dessinstitucionaliza, ainda que os defensores da ordem estável neguem essa realidade. A história testemunha, de fato, essas transformações factuais e inevitáveis. Karl Marx dizia que "tudo o que é sólido desmancha no ar". Com o cristianismo não tem sido diferente. Mesmo no seio do catolicismo uniforme, hierárquico e centralizado, outras formas de organização eclesial emergiram na sua longa história, criando poderes transversais dentro do mesmo corpo institucional. As comunidades monásticas foram as experiências mais antigas de recriação (descentralização) do poder, em nome de uma autoridade local (o abade ou prior). As ordens e congregações religiosas levaram adiante essa tradição e construíram micropoderes relativamente autônomos dentro da grande estrutura. E não faltaram papas reformadores que refizeram a compreensão e a prática de muitos aspectos da organização eclesial. A luta permanente entre o profeta e o sacerdote tipifica, segundo Bourdieu (2003. p. 60-90), a tensão permanente das instituições religiosas no esforço de preservar ou/e renovar suas estruturas e ordenamentos.

O potencial carismático do cristianismo eclode de tempos em tempos com sua força renovadora. Em nome da pureza mais original do cristianismo os reformadores expurgados como heréticos ou assimilados como suportáveis ofereceram seus projetos de renovação eclesial. O cristianismo vai sendo construído/ reconstruído no decorrer do tempo nesse duplo movimento de renovação a partir de suas fontes e de preservação das mesmas fontes por meio de fixações doutrinais e normativas. As duas formas de acesso às fontes acima descritas fornecem o roteiro previsível do que vai sendo proposto como forma legítima de organização: a) o acesso carismático que tende a renovar as estruturas consolidadas e, até mesmo, a desestruturá-las em nome de uma verdade a ser resgatada por estar esquecida, soterrada ou desvirtuada, verdade que por ser a mais original tem poder de renovar e refazer; b) o acesso tradicional que tende a preservar o que está instituído e quando adota processos de renovação o faz no signo da preservação (renovar para preservar e preservar para renovar). Os movimentos reformadores desencadeados desde as reformas protestantes abriram a era do acesso direto às fontes e, por conseguinte, novos modos de organização eclesial que relativizam as estruturas organizacionais em nome de uma Igreja espiritual e invisível que se identifica com o próprio mistério de Cristo (Haight, 2012, p. 29-300). O Catolicismo desenvolveu uma dinâmica própria que concilia renovação com preservação e quando adere a processos renovadores, o faz em nome das fontes e negociando com a tradição fixada. Os concílios são a expressão emblemática dessa habilidade, assim como os ensinamentos oficiais dos papas. A renovação legitima-se no âmbito da doutrina oficial e na sequência da tradição estabelecida.

Os principais modelos organizacionais cristãos resultam desses dois modos de acesso às fontes. Embora sejam, na verdade, tipificações, eles indicam modos mais participativos e descentralizados e modos mais tradicionais e hierarquizados de organizar o poder e a própria comunidade. Podem ser observados três modelos puros: a) *O modelo episcopal* fundamentado na sucessão apostólica que transmite a autoridade religiosa regredindo até os Apóstolos, organizado de modo centralizado na figura maior do bispo (papa e patriarcas) de onde descendem os demais ministérios, compreendido teologicamente como sacerdócio ministerial ontologicamente distinto do leigo, exercido de modo colegial e investido da missão de ensinar (magistério); b) *O modelo presbiteral* fundamentado no colégio de representantes ordenados para a função do pastoreio, organizado como instância representativa deliberativa das igrejas, interpretado teologicamente como poder que nasce diretamente de Deus por agirem em seu nome, praticado como órgão administrativo central investido da missão de ensinar; c) *O modelo congregacional*: fundamentado diretamente na graça (carismas) oferecidos por Deus a todos os

166

batizados, organizado por meio de das assembleias locais de cada comunidade, dos ministérios escolhidos, exercidos e controlados pela comunidade com mandatos temporários, vivenciados como poder religioso local com funções de ensino originada diretamente das Escrituras.

Esses tipos de organização compõem linhagens organizacionais como eixo estruturador de tradições eclesiais: o modelo episcopal predomina no catolicismo, nas igrejas ortodoxas, no anglicanismo e, de modo reinterpretado, no metodismo tradicional, o modelo presbiteral expressa as organizações sinodais de tradições luteranas e calvinistas e o modelo congressional nas linhagens batistas. Vale observar que são eixos estruturantes que predominam como regra fundamental dessas nominadas tradições, embora cada qual venha, de fato, compor com essas organizações em determinadas esferas de organização ou em determinados contextos. No interior do catolicismo pode-se verificar a presença de estruturas sinodais que estruturam governos religiosos localizados (os capítulos das Congregações, os Conselhos diocesanos e paroquiais e as assembleias sinodais dos bispos), assim como práticas congregacionais em muitas experiências de assembleias pastorais. A Igreja Luterana adota o episcopado em determinadas regiões e a Igreja Batista, representante mais emblemática do congregacionalismo, ensaia modelos organizacionais centralizadas muito afinadas ao modelo episcopal.

As organizações religiosas cristãs vivem a tensão renovação e preservação desde as suas origens e, a cada época, mostram seus modos de construção criando movimentos amplos (como o fundamentalismo e o tradicionalismo), reconfigurando as instituições (por meio de seus sínodos, concílios e lideranças reformadoras) e criando novas denominações (as muitas igrejas originadas do campo cristão protestante, os ramos da ortodoxia e os cismas católicos). O cristianismo está em permanente construção; renasce a partir de suas fontes e de suas próprias fixações institucionais. Mas, a história testemunha que a fase da efervescência religiosa ou do puro carisma só pode sobreviver se construir os modos seguros de sobrevivência, mediante fixações de regras e papéis, mesmo que se trate de uma fixação das regras da espontaneidade ou da participação coletiva descentralizada na condução da comunidade crente.

Ramificações

A tensão entre o singular e o plural acompanhou a formação da tradição cristã como sua dinâmica constitutiva. Como já foi explicitado anteriormente, o cristianismo é uma singularidade construída com a finalidade de garantir a unidade, mediante o risco de dissolução do carisma no interior das contingências históricas. Nenhum sistema religioso nasce pronto em sua identidade e a busca da unidade faz parte dos processos de institucionalização que formam as identidades religiosas no decorrer do tempo. Ou seja, na medida em que um grupo busca os modos de compreender a si mesmo, estruturando para tanto sua experiência fundante, ele edifica uma unidade em torno da doutrina, das normas, dos rituais e da auto-organização. Institucionalizar-se é buscar uma identidade garantidora de sobrevivência histórica em meio aos desafios presentes, desde onde o passado é interpretado, retomado e construído como unidade perene, ou seja, como algo desde sempre existente e, como tal, normativo para o presente. As ortodoxias religiosas são, ao mesmo tempo, o sujeito e o resultado desse processo de construção de unidade confessional, de forma que, por meio de hierarquias estabelecidas e de mecanismos de definições consensuais, vai sendo estabelecido o que consideram fundamental e fundante para o grupo.

A luta regular entre as diferentes compreensões das fontes no interior dos grupos religiosos revela, na verdade, as diferenças existentes do presente – as distintas percepções de cada tendência – que buscam os meios de legitimar a si mesmas, afirmando serem a autêntica continuidade das origens. Trata-se, portanto, de uma divergência estruturada em dois planos: 1º)

Vertical: dada entre o presente e o passado visando apresentar a leitura mais correta das fontes e com essa apresentar-se como tendência ou grupo mais verdadeiro; 2º) Horizontal: dada entre as tendências que se distinguem em suas posturas e lutam por se estabelecer como hegemônicas. A busca da unidade grupal (identidade) acompanha, portanto, a construção de uma unidade interpretativa (doutrinal) e as possibilidades políticas (hegemonia). Os grupos com maior força política tendem a se impor como o mais verdadeiro e instaurar uma unidade maior a partir de si. Os mecanismos de unificação podem contar com estratégias de consenso e persuasão praticadas por meio de regras institucionalizadas, como no caso dos concílios e sínodos, ou por meio de normativo, como no caso das bulas e decretos praticados pelas ortodoxias, quando detêm poderes para isso. Nos processos de unificação ficam evidenciados os certos e os errados e, por conseguinte, os fiéis e os infiéis, os ortodoxos e os heréticos. Na medida em que construiu sua identidade como sistema religioso singular, o cristianismo vivenciou essas lutas em busca de unidade, construindo consensos e praticando mecanismos coercitivos que chegaram ao expurgo das diferenças consideradas infiéis à verdade cristã.

A sequência dos processos de institucionalização do cristianismo pode ser esquematizada como *divergência => unificação => exclusão => expurgo*, de forma que as unidades estabelecidas em cada ramificação cristã no decorrer da história foram o resultado dessas lutas, quase sempre motivadas por razões políticas. Foi assim com o cristianismo antigo em relação às heresias, com a separação entre catolicismo do Ocidente e do Oriente e com as reformas protestantes. Embora os argumentos religiosos – as divergentes interpretações das fontes, dos textos sagrados, das doutrinas e dos dogmas – apareçam na superfície como única razão dos conflitos e das divisões, as razões de ordem econômica e política estão sempre presentes como condicionante real. O fato é que a unidade cristã estabelecida tardiamente registra apenas um momento do processo de institucionalização da fé dos seguidores de Jesus Cristo, sendo que, no decorrer da história, o que se observa é sempre um movimento de dispersão e de agregação que reconstrói a identidade cristã em facetas variadas.

A árvore do cristianismo no solo ocidental

Os seguidores de Jesus foram se espalhando pelo mundo greco-romano, seguindo o mandato do Nazareno de sair pelo mundo anunciando sua mensagem – *euangelion* (grego) = evangelho = boa notícia (Mc 16,15). O Livro dos Atos dos Apóstolos escrito por um seguidor de Paulo possivelmente nos anos 80 narra esse processo de expansão dos seguidores a partir de Jerusalém (Lc 24,47), tendo como pano de fundo precisamente a inserção no mundo das cidades greco-romanas, quando a tensão entre a preservação das tradições judaicas e a adoção dos costumes pagãos provocava divergências e exigia a busca de novos consensos. O autor do livro enumera na cena de pentecostes uma série de povos presentes em Jerusalém, lista que provavelmente indica onde o cristianismo já estava presente naquela época: em várias localidades da Ásia, na África e na Europa (At 2,9-10). Já se tratava de um movimento inserido em várias culturas e falando a língua grega comum o *koiné* e, segundo a cena descrita pelo livro, falando as diversas línguas dos povos ali indicados (At 2,11) A lista reflete um dado histórico ao referir-se à presença majoritária dos cristãos no Oriente, partindo de Jerusalém. Foi, de fato, nesse contexto que o cristianismo se firmou nos primeiros tempos, onde foi construindo comunidades culturalmente diferenciadas e estruturando suas primeiras igrejas. Nesse berço, ao mesmo tempo comum e diverso, nasceram e consolidaram-se a partir do segundo século distintos ritos e as principais igrejas que serão referências para as demais. Atos dá notícias da centralidade da Igreja de Jerusalém para as demais, quando das divergências entre cristãos de origem judaica e de origem pagã (At 15). Em torno das autoridades locais herdeiras dos discípulos de Jesus, firmavam-se igrejas referenciais para as diversas e diferenciadas comunidades locais. De fato, o cristianismo vai adquirindo as fisionomias culturais locais a partir das grandes cidades, Jerusalém, Antioquia, Alexandria, Roma e mais tarde Constantinopla.

Os mundos oriental e ocidental foram as matrizes para duas grandes tendências, a grega e a latina, que configuraram as visões e as práticas cristãs em suas origens. Os ritos/igrejas orientais que ainda hoje exibem suas identidades são o resultado do que se formou do contato com as diversidades culturais e linguísticas daquele mundo. Já século IV se pode verificar a existência de quatro tipos de ritos: o asiático na chamada Ásia menor e os distintos ritos do Ponto (na atual Turquia), da Síria e do Egito e de Roma (Khatlab, 1997, p. 17-18). O cristianismo se expandiu diversificando-se e construindo subsistemas com *performances* rituais, imaginários e, até mesmo, com ideias diferentes na geografia do mundo antigo romano. A figura dos "concílios" mencionada nos Atos dos Apóstolos (15) será uma estratégia adotada para construir consensos quando o dissenso se torna um risco para as igrejas e, desde o grande Concílio de Niceia convocado pelo Imperador Constantino (325), torna-se uma instituição oficial da Igreja Católica.

Foi precisamente a vocação universal do cristianismo que demarcou sua identidade e o fez assumir diferentes fisionomias culturais, na medida em que se inseria nas diversas localidades sem o laço étnico de suas raízes judaicas e, evidentemente, sem ligações geográficas com o território do mesmo povo judeu. Um movimento centrífugo levou já a primeira geração ao que era considerado centro do mundo (Roma) e ao fim do mundo: aos limites do Império. O messianismo de marca judaica universalizou-se e encarnou-se nas culturas. Aqui residiu a grandeza e a miséria do cristianismo de ontem e de hoje, onde o discernimento do que se deve ou não assimilar das culturas se fez e se faz presente. Os primeiros pensadores cristãos se dividiram entre os que entendiam ser legítimo assumir a cultura grega e os que negavam como risco de perverter a raiz judaica e a originalidade da fé cristã. Os defensores da inserção cultural utilizavam um conceito da filosofia estoica (*Logos spermatikós*) para justificar essa postura: as culturas já possuíam as sementes do Verbo de Deus encarnado em Jesus Cristo (o *Logos spermatikos* universal) e, portanto, o cristianismo deveria ir ao encontro das verdades encerradas na cultura grega. Desse modo, o cristianismo construiu uma primeira camada grega – língua, conceitos e rituais – e, na sequência, outras camadas culturais, a latina no Império ocidental, as influências bárbaras e, na época moderna, as diversas faces locais com as reformas protestantes.

Nessa dinâmica de luta por uma identidade crida como existente desde sempre e as diversas identidades que vão configurando rostos locais nasceram as primeiras igrejas e as heresias, os cristianismos oriental e ocidental, assim como as muitas ramificações modernas. A imagem da árvore pode ser ilustrativa para visualizar esse processo longo e complexo:

- Raízes = judaísmo/Jesus;
- Tronco = grego e latino;
- Galhos centrais = oriental, latino, protestante;
- Demais galhos = catolicismos, protestantismos históricos, pentecostalismos, neocristianismos.

As ramificações ocidentais do cristianismo seguem os destinos da própria história do Ocidente e se confundem muitas vezes com ela. Por certo, não será diferente com as grandes tradições religiosas, sempre alocadas e identificadas com alguma civilização, como o caso do islam com as nações/culturas árabes. O cristianismo é inseparável das fases e conjunturas históricas da formação do Ocidente e da própria Modernidade; nasceu e se consolidou em sua identidade dentro do contexto social, político e cultural do Império Romano e carregou suas marcas indeléveis no catolicismo romano. A reforma gregoriana lançou os pressupostos da secularização, ao estabelecer a separação entre os poderes espiritual dos papas e os poderes temporais dos reis (Berman, 2006). Mais tarde o Estado laico demarcou política e juridicamente essa separação. O ambiente medieval, a alta

172

e a baixa idade média, formatou o cristianismo católico com suas estruturas monárquicas e com sua teoria escolástica, descendente direta do aristotelismo retomado no século XIII. A mesma simbiose pode ser observada nas artes renascentista e barroca, assim como na constituição do novo mundo. A cada tempo e espaço as igrejas cristãs se refizeram de alguma forma e construíram endogenias localizadas nos diversos ambientes culturais.

Essa dinâmica pode ser observada em relação à reforma protestante. Um novo cristianismo emergiu nas trilhas da subjetividade moderna que se firmava como ideal e prática havia alguns séculos no âmbito econômico e buscava os meios de expressão no campo cultural, político e social. O mesmo sujeito econômico que emergira no mercantilismo do século X toma forma, agora, no movimento religioso desencadeado pelos reformadores Erasmo de Roterdã e Martinho Lutero. O "eu produzo" econômico e cultural assume a forma religiosa como "eu interpreto" e como "sola fide" no ideal e na práxis reformadores. Nos tempos modernos, o cristianismo se depara com as renovações advindas das ciências e da política e terá que rever a si mesmo, primeiramente, afirmando-se como verdade que nega as revoluções modernas (fundamentalismo protestante e tradicionalismo católico) e, mais tarde, assimilando as contribuições modernas (métodos exegéticos modernos, teologias contemporâneas e Vaticano II). As mudanças modernas consolidadas e desgastadas com as crises do século XX e XXI foram o solo fecundo de novas construções religiosas no âmbito do cristianismo. As compreensões e construções de tendências e grupos cristãos seguem seu curso histórico por dentro das transformações históricas, ora reproduzindo, ora resistindo a essas transformações de forma consciente ou não.

As primeiras divisões

O Livro dos Atos dos Apóstolos descreve a primeira divergência entre as tendências judaicas e helênica no seio da comunidade cristã. O cristianismo foi sendo construído como interpretações e práticas distintas que recorriam a Jesus Cristo para discernir os conflitos por meio de consensos. Do ponto de vista sociológico, ao que parece, não se tratava somente de um conflito de interpretação, mas de uma crise no tipo de sucessão legítima do fundador do grupo: pela via tradicional que transmite o carisma fundante por meio de líderes relacionados diretamente a Jesus, no caso emblemático do irmão do Senhor, Tiago, da comunidade de Jerusalém e pela via carismática que recebe a autoridade diretamente do Ressuscitado, caso de Paulo. O próprio convertido na estrada de Damasco reivindica a legitimidade de pregador do evangelho perante os "notáveis" (Pedro, João e Tiago) da Igreja de Jerusalém (Gl 2,1-6) e inicia sua carta à comunidade cristã-judaica afirmando-se como Apóstolo "não da parte dos homens, mas da parte de Jesus Cristo" (1,1). O *status* de Apóstolo não dependia da ligação direta com os discípulos do Jesus histórico, mas de uma ligação mística (carismática) direta com o Ressuscitado. O enredo do Livro dos Atos dos Apóstolos expressa em torno do personagem Paulo o que foi a dinâmica de constituição da identidade cristã nos primeiros tempos e que conheceu conflitos ainda mais agudos na medida em que se inseria na mentalidade helênica e nas práticas religiosas das cidades gregas.

Na sequência histórica, as interrogações de cunho conceitual sobre a pessoa de Jesus de Nazaré, o Cristo enviado de Deus, o Filho de Deus, rendeu discordâncias e divisões internas entre as comunidades cristãs. A afirmação da presença carnal de Deus em Jesus foi o núcleo central das divergências, quando se buscavam explicações para o mistério que fora afirmado, ao que tudo indica já pela primeira geração de seguidores. Como poderia o Deus onipotente encarnar-se em uma pessoa física? Como conciliar as categorias de transcendente e imanente, absoluto com relativo? Nem a tradição hebraica e nem a grega ofereciam categorias aptas para explicar a profissão de fé que vai tornando-se essencial na comunidade cristã.

A percepção grega de que o conhecimento tem uma função libertadora adquiriu no contexto do cristianismo antigo contornos e dinâmicas religiosas como um caminho possível e a ser ensinado de retorno à felicidade primordial perdida com a vida decadente na carne. Os movimentos gnósticos se apresentavam como esse caminho e, nas suas expressões cristãs, entendiam o mistério da revelação de Deus em Jesus Cristo como um conhecimento que ao ser alcançado segundo as regras da escola ofereceria a salvação. O conflito crescente com a perspectiva cristã não se dava propriamente por oferecer esse itinerário, mas por centrar a salvação em um processo cognitivo (numa ideia) e, sobretudo, por negar a condição carnal de Jesus com todas as consequências: encarnação, vida corporal, morte na cruz etc. (Klauck, 2011, p. 191-265). O cristianismo formou-se como oferta de salvação optando pela via da encarnação que negava a via da ideia pura. Respondendo aos gnósticos os escritos joaninos vão afirmar que o Verbo se fez carne (Jo 1) e que o anticristo nega essa realidade (1Jo 2,18-28; 4,4). Mais tarde, no segundo século, Irineu de Lião dirá que "o que não foi assumido não foi redimido". A compreensão da figura de Jesus gerou debates e divisões com os docetistas do segundo século que afirmavam a aparência física de Jesus como forma de salvar sua divindade e os arianistas do século IV que negam a divindade e o apolinarismo que busca uma solução para as duas naturezas, afirmando que Jesus possuía um corpo humano e mente divina.

Foi precisamente com o objetivo de resolver as divisões internas em torno do arianismo que Constantino convocou o Concílio de Niceia em 325. Várias outras divergências doutrinais marcaram os primeiros séculos, como o pelagianismo, os donatistas e os maniqueístas no século IV. O cristianismo conheceu em seus primeiros séculos a existência de conflitos e divisões e buscou os meios de construir consensos, o que se torna politicamente viável quando uma hierarquia detinha poderes políticos para impor uma visão hegemônica e uma elite de teólogos dispunha de instrumentos teóricos capazes de definir e sistematizar os conteúdos de fé do ponto de vista dos parâmetros lógicos e metodológicos da tradição filosófica grega.

Os cristianismos orientais

Os cristianismos orientais podem ser descritos do ponto de vista cultural, como modos orientais de pensar e viver o cristianismo que nasceram no mundo oriental antigo a ainda hoje são vivenciados e como grupos que se separaram, na medida em que os conflitos se acirravam, sendo o maior deles o grande cisma entre Oriente e Ocidente (1051), do qual nasceram a maioria das igrejas ortodoxas e fixou-se o catolicismo latino. Embora para o ocidental as igrejas orientais possam ser vistas com o rótulo simplificador de igrejas ortodoxas, elas, na verdade, compõem um grupo complexo de igrejas associadas em ritos (matrizes rituais como o bizantino) e de igrejas autocéfalas que se entendem como autônomas em suas tradições e organizações, como a Igreja Apostólica Armênia. Não parece haver acordo entre os estudiosos nas classificações das igrejas ortodoxas orientais. Nesse rol complexo de denominações podem-se distinguir as agremiações antigas, anteriores ao grande cisma de 1051, aquelas posteriores ao cisma agregadas em torno dos patriarcados (ex., Constantinopla, Alexandria, Rússia) e, ainda, aquelas ligadas à comunhão com o papa que compõem os chamados ritos católicos orientais (ex., ritos maronita e melquita). O Oriente forneceu matrizes culturais que configuraram as diversas igrejas que hoje exibem suas originalidades em territórios do Oriente e do Ocidente (Khatlab, 1997, p. 55).

O autor supracitado oferece um mapeamento das grandes matrizes formadas a partir das localidades/igrejas antigas do Oriente das quais brotam as igrejas/ritos orientais atuais. São os ritos ou igrejas: armênio, bizantino, antioqueno, caldeu e alexandrino. Do rito antioqueno descendem os atuais ritos siríaco/malankar e maronita. Do rito caldeu descendem o caldeu propriamente dito e o malabar e do alexandrino os ritos copta e etíope (1997, p. 22).

Os cristianismos orientais são resíduos preservados do mundo antigo que oferecem um retrato fiel da diversidade cultural da época – língua, indumentárias, músicas, liturgias e símbolos – que teceu cada particularidade. Trata-se da evidência histórica de que não existe apenas um tipo de cristianismo que em nome de uma antiguidade possa reivindicar-se como o único e o legítimo.

Os catolicismos

O mundo católico é normalmente identificado com o catolicismo latino ou romano. Isso retrata, obviamente, a hegemonia desse segmento católico e a nossa condição de ocidentais. O item anterior já mencionou a presença dos ritos orientais católicos, sendo vários deles análogos às igrejas ortodoxas orientais. Portanto, há uma distinção primeira e fundamental a ser feita entre catolicismo latino e catolicismo oriental. A nítida raiz geopolítica e cultural separa os dois segmentos a partir do que se configurou desde os dois impérios romanos, o ocidental com capital em Roma (até a queda do Império em 476) e o oriental com a capital em Constantinopla (até a conquista otomana em 1453). O catolicismo ocidental latino é a configuração herdeira do Império Romano no seu aspecto geopolítico, jurídico, simbólico e hierárquico. A Igreja Católica preservou em seu conjunto não somente as formas organizacionais do antigo império, como também a unidade cultural que o estruturava, quando as invasões bárbaras imiscuíam com suas particularidades culturais o que fora consolidado como geopolítica cristã (Pirenne, 2010). Como já foi dito, o catolicismo ocidental foi sendo constituído na simbiose direta com o Ocidente, de forma que se mostra impossível separar as duas configurações com suas instituições. E quanto mais se recua tempo mais semelhantes e confusas as grandezas se tornam. Nesse sentido, o qualificativo romano atribuído pelos protestantes à Igreja Católica é bastante adequado.

O cristianismo católico latino é um sistema complexo plasmado na longa temporalidade de formação, expansão e consolidação do chamado Ocidente (Nemo, 2005). Nesse habitat foi gerado e foi, ao mesmo tempo, seu gerador. O catolicismo, assim, caracterizou esse longo processo em camadas ou dimensões diversas: a) as matrizes gregas platônicas concluídas pelo sistema agostiniano; b) a organização do Império Romano em dioceses e paróquias e o latim; c) a estrutura centralizada do Império na figura do sumo pontífice, agora na figura do Bispo de Roma; d) a estrutura formal do Direito Romano no Direito Canônico; e) os rituais, estéticas e símbolos do período medieval; f) a tradição curricular das sete artes liberais; g) os padrões artísticos clássicos, medievais e renascentistas das arquiteturas e esculturas; h) as organizações das corporações (*universitates*) em suas instituições de ensino; i) a filosofia aristotélica introduzida pelos árabes e recepcionada pelas universidades nascentes na alta idade média, resultando no regime escolástico.

Após as reformas religiosas do século XVI, o Ocidente dividiu-se em duas grandes frentes cristãs. O catolicismo manteve-se relativamente estável em seu sistema geral, mas cada vez mais desafiado pelas revoluções modernas que rompiam com a consciência hierárquica antiga fundamentada pela cosmologia teológica e estruturada nos estados monárquicos teocráticos (Lafont, 2000, p. 81-95). O embate com a consciência moderna colocou o cristianismo católico diante de uma nova conjuntura que lhe exigia posicionamentos, seja no sentido da afirmação de sua tradição teórica, seja de suas percepções e práticas sociais e políticas. Depois do primeiro embate moderno com as reformas protestantes, os séculos seguintes trouxeram novos desafios advindos das ciências e do Estado democrático que desde a emblemática revolução francesa colocava a Igreja Católica em uma posição cada vez mais marginal na sociedade e na política europeias.

Os séculos XIX e XX foram decisivos tanto no acirramento como no diálogo com os tempos modernos. O XIX foi o tempo do avanço moderno sobre os poderes temporais e a hegemonia cultural da Igreja Católica. A unificação da Itália destituiu os Estados Pontifícios e as ciências modernas colocaram em xeque o regime de verdade escolástico. A Igreja reagiu condenando as revoluções modernas e afirmando sua supremacia como detentora de uma verdade revelada que tinha no Pontífice Romano a garantia da infalibilidade e, por conseguinte, o centro primordial de toda a estrutura eclesial. O magistério do Papa Pio IX e o Concílio Vaticano I selaram essa postura que ainda busca os meios de acomodação nos dias de hoje. Essa decisão gerou um cisma na Igreja, os vete-rocatólicos com católicos alemães, austríacos e suíços contrários ao dogma da infalibilidade papal. Ainda no contexto do Vaticano I, eclodiu no Brasil uma ramificação católica denominada Igreja Católica Brasileira, sob a liderança do bispo católico Carlos Duarte Costa em 1945. O século XX se encarregou de digerir, assimilar e formular teológica e politicamente as revoluções modernas. Em um movimento centrípeto, de fora para dentro e das bases para o alto, os ideais e práticas modernas foram transformando gradativamente a práxis e as ideias católicas. O Concílio Vaticano II foi o ponto de chegada e o ponto de partida desse processo e colocou a consciência católica em diálogo com a Modernidade. E tanto quanto no Vaticano I, o novo consenso provocou uma nova cisão articulada por aqueles que não aceitavam as renovações. Os católicos tradicionalistas compuseram um novo grupo e catalisaram em torno de si, de modo direto e indireto, os que discordaram do *aggiornamento* conciliar.

Os protestantismos

A chamada Reforma Protestante foi, na verdade, uma sucessão de reformas do cristianismo, ocorridas no âmbito dos processos mais amplos de rupturas modernas com a Cristandade medieval. Como todas as reformas, possuem um antes e um depois dos fatos que simbolicamente demarcam as rupturas. Embora Lutero e as 95 teses de 31 de outubro de 1517 simbolizem o ato fundador do protestantismo, a reforma já vinha sendo gestada na teoria e na prática, ou seja, do ponto de vista das ideias e das insatisfações políticas com a hegemonia da Igreja Católica. Já nos séculos XIV e XV os reformadores John Wycliffe (1320-1384), inglês, e o tcheco Jan Hus (1369-1415) lançavam os primeiros ideais do que veio concretizar-se no século XVI. De fato, o que se mostra como um ato isolado de natureza puramente faz parte de uma mudança histórica que vinha sendo concretizada havia alguns séculos, cujo eixo de deslocamento pode ser compreendido como emergência do sujeito moderno. Desde as transformações mercantilistas do século X emerge lenta e gradativamente um novo centro propulsor da vida social que desestrutura a velha ordem medieval centrada nas hierarquias político-religiosas. O sujeito econômico se expande em outras frentes, na medida em que na política cria os novos mecanismos associativos (as *universitates*), na sociedade reconfigura a ordem feudal em torno de uma classe livre, na cultura abre espaço para a produção cultural e na religião produz uma práxis centrada na livre interpretação das Escrituras (*sola scriptura*) e na convicção da salvação centrada na fé (*sola fide*) individual que acolhe a graça (*sola gratia*). Sob o eixo da subjetividade religiosa os reformadores avançam com suas pautas e reconfiguram a velha unidade católica europeia. As reformas protestantes costumam ser distinguidas em três grandes frentes, sendo cada qual marcada pelos perfis e projetos do reformador, mas também pelas condições políticas e culturais dos contextos onde se dão: a luterana (de Martinho Lutero) na Saxônia, a calvinista (João Calvino) na França-Suíça e a anglicana (Henrique VIII) na Inglaterra. A reforma de Lutero é a de caráter mais teológico; catalisa os anseios de reforma da Igreja renascentista tendo como fonte e métodos a leitura das Escrituras. A calvinista tem um caráter teológico herdado de Lutero e uma forte dimensão organizacional. A reforma anglicana é, basicamente, um desmembramento político da Inglaterra em relação à Igreja Católica. O fato é que, desde então, o Ocidente conheceu uma pluralidade de igrejas e de eclesiologias que avançam e aprofundam a própria compreensão do significado da comunidade cristã na história (Haight, 2012, p. 30-41). A reforma luterana adaptou-se às realidades locais compondo fisionomias distintas, preservando, porém, um núcleo teológico tradicional. A reforma calvinista, normalmente denominada, tradição reformada e estruturada nas igrejas chamadas presbiterianas, desmembrou-se em inúmeras igrejas e tendências maios ou menos ortodoxas. A inglesa, manteve um vínculo direto com o Estado e a cultural inglesa naquele território e, desde a independências das colônias da América do Norte, gerou a igreja denominada *Episcopal Church* que carrega marcas mais nítidas do protestantismo reformado. De seio anglicano vieram reformas bem-sucedidas, a Igreja Batista (século XVII) que se apresentou como uma reforma radical e a Igreja Metodista do século XVIII, considerada uma "reforma da reforma".

Martinho Lutero deu o ponta pé inicial que desencadeou um movimento ininterrupto de renovação cristã desde o que consideram suas fontes mais genuínas e, por conseguinte, a possibilidade legítima de constituição de novas igrejas, fundadas não mais na doutrina católica da sucessão apostólica concretizada na hierarquia, mas diretamente nas fontes carismáticas do cristianismo. É a fidelidade às fontes que garante a verdadeira unidade eclesial e justifica, por conseguinte, as diversidades de organização eclesial.

Os cristianismos contemporâneos

O mapeamento preciso das novas igrejas que pontuam o grande território do cristianismo é uma tarefa impossível, tendo em vista a constante criação de novos grupos e tendências pelo mundo afora. O movimento da reforma protestante abriu a possibilidade histórica e teológica de criação legítima de igrejas, em nome da ligação direta do grupo atual com as fontes cristãs, sem o vínculo necessário da sucessão apostólica e, sobretudo, com a sucessão de Pedro. Vale observar que essa ruptura foi sendo construída gradativamente, desde a dispensa do Papado como vínculo necessário de ligação com as origens, a desvinculação da sucessão episcopal do Bispo de Roma e de outros patriarcados, a dispensa da hierarquia episcopal e, por fim, a dispensa de toda organização centralizada como necessária para a transmissão do dom da fé. As muitas igrejas cristãs dos séculos XIX e XX nasceram a partir dessas novas legitimações e compuseram suas organizações, segundo a percepção/ tradição cada fundador, com as formas organizacionais clássicas, as formas puras, episcopal, presbiteral ou congregacional, ou, em muitos casos, por meio de composições das formas.

A pluralidade incontável de igrejas cristãs faz parte do cotidiano do brasileiro, sobretudo dos que residem nas grandes cidades. Seria desnecessário, também impossível, arriscar na apresentação de um elenco dessas agremiações que nascem e renascem a cada dia. O fato é que o cristianismo se multiplica a partir de algumas condições que valem ser citadas: a) a eclesiologia da reforma que vincula a Igreja diretamente às fontes cristãs; b) a centralidade do fiel como sujeito autorizado a interpretar as mesmas fontes e a organizar novas igrejas; c) o contexto moderno da tolerância religiosa que acolhe todas as opções religiosas do ponto de vista legal, político e cultural; d) o avanço das ciências que desafia a consciência religiosa e gera novas hermenêuticas que afirmam a percepção cristã como verdade; e) as contradições econômicas modernas que se agravam nas periferias do mundo e produzem estratégias religiosas como ofertas de solução; f) e as mídias modernas como espaço de comunicação que possibilitam a presença de igrejas eletrônicas que se espalham pelo mundo. No ritmo das produções modernas, individualizadas e variadas, as ofertas religiosas tornam-se cada vez mais numerosas e portadoras das ofertas de soluções espirituais e materiais.

Perante tamanha pluralidade, mesmo com riscos de simplificação do complexo, pode-se pensar em algumas tendências que criam novas igrejas ou agregam denominações já existentes em torno de suas propostas. Os Estados Unidos foram o canteiro principal desses movimentos criativos, desde o final do século XIX. Nesse contexto pode-se observar uma dupla linha de afinidades: a) afinidade entre liberdade teológica (para a criação de novas igrejas, seguindo os fundamentos da eclesiologia reformada) e liberdade política (pluralidade e tolerância religiosa garantida pela República); b) afinidade entre o nacionalismo das colônias livres (destinadas por Deus como terra de seu povo salvo pela graça) e o espírito missionário dos líderes religiosos (destinados a evangelizar o mundo decaído).

Nesse contexto é possível classificar três tendências de grande fôlego construídas no seio do cristianismo estadunidense e que se espalham pelo planeta como igrejas autônomas ou como movimento agregador de membros no interior das igrejas históricas, incluindo a Católica.

Fundamentalismo

O chamado fundamentalismo de origem cristã tem sido utilizado para denominar posturas religiosas de diversos credos (Armstrong, 2001), e até mesmo posturas políticas. A postura afirma haver um fundamento única, estável e exclusivo da verdade e, por conseguinte, nega as diferenças como falsidade a serem rebatidas, evitadas e condenadas.

O fundamentalismo cristão é um movimento moderno que emerge no século XIX e consolida-se no início do século XX nos Estados Unidos como reação aos avanços da Modernidade, sobretudo das ciências modernas que ofereciam resultados discrepantes aos textos bíblicos. As reações têm dois direcionamentos: um interno que rejeita o uso das ciências modernas nos estudos bíblicos e outro externo que, ao negar as ciências, pretende colocar os parâmetros bíblicos como fundamento da sociedade e da cultura. O movimento agregou pastores/teólogos de diversas denominações e lançou uma pauta de dogmas a serem preservados e defendidos perante os riscos de decomposição pela ingerência das ciências modernas: infalibilidade das escrituras, a divindade de Cristo, o nascimento virginal, a remissão dos pecados pela morte de cruz, a ressurreição de Jesus como fato histórico. Dogmas comuns ao cristianismo. O que merece destaque e que, de fato, torna-se cada vez mais sinônimo do movimento diz respeito à infalibilidade das escrituras e, consequentemente, ao enfretamento da teoria da evolução. É dessa postura que nasce o movimento criacionista como antítese ao evolucionismo darwiniano. A bíblia seria uma ciência (teoria criacionista) em oposição às ciências (teoria evolucionista). O movimento produziu um conjunto robusto de textos publicado com o título de *The fundamentals* no ano de 1909 (Torrey, 2009) e consolida-se como hermenêutica adotada por igrejas estadunidenses e das demais partes do mundo, na medida em que missionários fundam as denominações, sobretudo no sul do planeta.

O fundamentalismo tornou-se uma postura usual de interpretação do texto bíblico e, por conseguinte, de interpretação da realidade. A Bíblia entendida como portado de um fundamento seguro e infalível de verdade oferece parâmetros para a compreensão não somente de conteúdos de fé, mas, na mesma proporção de conteúdos de ciência, de história e de política. A hermenêutica fundamentalista pode ser resumida em alguns princípios: a) Exclusividade e objetividade do texto bíblico: oferece um conteúdo objetivo que está acima das regras hermenêuticas; b) Infalibilidade da mensagem contida no texto; c) Atualidade do texto: narrativa sempre atual que suplanta as distinções temporais entre passado e presente; d) Liberdade de interpretação: leitura popularizada na medida em que pode ser praticada por todo leitor; e) Leitura seletiva: praticada em tópicos particulares, uma vez que a verdade está contida em qualquer expressão textual; f) Fundamentação da realidade: texto é portador de uma verdade que fundamenta a realidade.

Essa hermenêutica avançou e disseminou-se nas igrejas cristãs, de modo constitutivo nas igrejas que nasceram nos Estados Unidos durante o século XX, assim como as que foram fundadas no sul do planeta segundo as regras do pentecostalismo.

Milenarismos

A expectativa da segunda vinda de Cristo acompanhou a história do cristianismo e teve seus picos em momentos de crise e nas viradas de século e, particularmente, dos milênios. O historiador Jean

Delumeau descreveu a origem e a evolução dessa hermenêutica no decorrer da história ocidental que teve como base as fontes bíblicas do Antigo Testamento que anunciavam a vitória definitiva de Javé, a regeneração completa de Israel por meio da vinda do Messias. Mas foi o Livro de Daniel (2–12) que provocou maior excitação com os cálculos numéricos referentes à vitória de Deus após os tempos de provação (Delumeau, 1997, p. 20-21). A emergência da expectativa de uma vinda iminente de Jesus alimentou movimentos antigos e medievais, mas foi nos Estados Unidos que encontrou um solo fecundo sobre a ideia de uma nação eleita de Deus. O grande despertar iniciado por Jonathan Edwards em 1740 anunciava a ligação direta do reino de 3 mil anos, em que Deus criaria um novo céu e uma nova terra precisamente nas novas colônias inglesas. O movimento, embora não tenha prosperado, deixou suas raízes na América do Norte, por um lado em uma escatologia secularizada da nação eleita para vigiar o mundo e, por outro, em expressões milenaristas que eclodem no século seguinte com traços mais populares, porém com resultados mais efetivos em termos de agregação de adeptos. O pai desse movimento que tem como base os cálculos do Livro de Daniel foi Willian Miller (1782-1849). Tendo como base o Livro de Daniel, a volta de Jesus, segundo Miller, aconteceria em 1843 e, num segundo cálculo, em 1844 (Bloom, 1997, p. 73-79). Embora ao anúncio fracassado tenha seguido o grande desapontamento, adeptos da ideia da vinda iminente edificaram dois grandes ramos milenaristas, os Adventistas do Sétimo dia e os Testemunhos de Jeová, confissões que se espalharam pelo mundo e contam hoje com um número vultoso de fiéis. Mas, para além desses, a convicção fez parte das teses do movimento fundamentalista e ainda subsiste em diversas confissões cristãs.

Pentecostalismos

A terceira frente cristã produzida no início do século passado é o chamado pentecostalismo. Foi de fato a mais exitosa em termos de adesão e de desdobramentos em novos grupos pelo mundo afora. É impossível nominar as igrejas originadas do movimento desencadeado em 1906 em Los Angeles. Foi da experiência religiosa inédita ocorrida em uma comunidade evangélica dirigida pelo pastor afro-americano William Joseph Seymour, quando uma jovem falou línguas estranhas (glossolalia). A comunidade praticava o avivamento espiritual, tendência originada no País de Galles em 1904 e que defendia uma renovação da vida cristã por meio da efusão do espírito, conforme as narrativas do livro do derramamento do Espírito de Joel (2,28-31). Seymour havia sido formado pelo Pastor Charles Parham adepto do movimento *hollines* que postulava uma renovação cristã a partir da concepção wesleyana santidade. Na teologia do fundador inglês do metodismo, o cristão é justificado por Jesus Cristo e santificado pelo Espírito, de forma que a graça da justificação tem sua confirmação na santificação pelo Espírito, experiência de santa emoção vivenciada pelo fiel que a ela se abre.

O pentecostalismo adota esse nome da narrativa de pentecostes contida no capítulo 2 do Livro dos Atos dos Apóstolos. Assim como em Atos dos Apóstolos, a Igreja deve renascer pela força do Espírito, o que se confirma no recebimento do mesmo Espírito (Batismo no Espírito), nos dons das línguas e das curas. Pode-se dizer que o pentecostalismo é uma síntese cristã construída com elementos convergentes naquele contexto histórico-eclesial: a tradição protestante da livre interpretação potencializada na leitura fundamentalista do texto bíblico, as experiências do avivamento e da santidade que se somam como posturas pneumatológicas centradas na individualidade de cada fiel, a condição social das comunidades afro-americanas situadas nas periferias urbanas do industrialização emergente, sobretudo a partir de Chicago, a tradição de pregação popular que legitima o acesso carismático ao pastoreio religioso e a consciência da missão cristianizadora da nação norte-americana. O propósito pentecostal agregou esses elementos compondo um novo paradigma cristão nos tempos modernos, o que possibilitou, por certo, seu êxito local e, muito logo, sua expansão e reprodução em outros pontos do planeta, de modo emblemático na América Latina.

Os desdobramentos do pentecostalismo foram variados pelo mundo afora e têm sido classificados de diferentes modos pelos estudiosos. O fato é que se consolidou como um jeito próprio de viver e pensar a tradição cristã que configura igrejas autônomas com incontáveis denominações, reconfigura muitas confissões históricas sob sua dinâmica e agrega cristãos em movimentos inseridos dentro de quase todas as igrejas cristãs. No caos do Brasil tem sido utilizados modos distintos de tipificar as variações pentecostais que emergiram desde o século passado, seja como pentecostalismo clássico e neopentecostalismo, seja como ondas que se agregariam três fases distintas: as igrejas clássicas, as igrejas autônomas e as igrejas neopentecostais (Freston, 1994).

O que foi descrito até o momento ratifica afirmação de que a história do cristianismo é, na verdade, a história de muitos cristianismos. Em nome de uma verdade formulada a partir de um modo de interpretar as fontes cristãs, grupos e indivíduos ofereceram caminhos seguros de salvação e angariaram seguidores. A luta pela interpretação correta e legítima da autêntica natureza do cristianismo escreve a sua história concreta. Essa luta contou com estratégias diversas em que se confrontaram as ortodoxias instituídas e projetos reformadores. Os tempos modernos configuraram as condições para o exercício livre dessas recriações, em nome da liberdade religiosa garantida pelo Estado laico democrático.

Doutrinas e práticas fundantes

O corpo doutrinal que define uma tradição resulta de construções elaboradas em um tempo relativamente longo. A experiência por natureza prática, imediata e urgente constitui o primeiro ato que funda um novo grupo religioso, quando o pré-conceitual não se mostra como problema, sendo suficiente como chamado que agrega por sua força de atração, pela emotividade da promessa e pelo potencial libertador da oferta religiosa. Weber associa o movimento que produz o líder carismático à indigência, ao entusiasmo e à esperança (1997, p. 194). A dinâmica crise-promessa-agregação é que permite a um grupo viabilizar-se nessa fase inicial. Tanto quanto outros sistemas de crença, o cristão nasceu de um primeiro anúncio agregador (*querigma*), antes de contar com estratégias conceituais que visavam persuadir pelas ideias, à maneira de uma corrente ou escola filosófica. As interrogações sobre os significados, a coerência e as explicações dos conteúdos cridos ocorrem inevitavelmente, porém em uma segunda fase, quando a tomada de consciência sobre a nova oferta religiosa torna-se inevitável por razões internas (consciência do grupo sobre sua consistência) e externas (cobranças do entorno sobre a coerência das ofertas).

A passagem da fase pré-conceitual para a fase conceitual ocorre inevitavelmente nos sistemas religiosos (Berger, 1985, p. 43-60). É quando as explicações sobre os fundamentos, as formulações sobre os conteúdos ofertados e as sistematizações dos elementos espontâneos e, muitas vezes díspares, tornam-se necessárias e urgentes para a preservação do próprio grupo. Nesse instante tornam-se politicamente importantes os sujeitos capazes de explicar e argumentar (os teólogos), os que se apresentam investidos de legitimidade para definir um consenso básico e os mecanismos definidores do mesmo consenso, caso dos concílios no mundo cristão. A sequência weberiana *carisma-rotina-instituição* agrega de modo tipológico esse movimento histórico real que permite às tradições religiosas sobreviverem em meio aos fatores desagregadores advindos da distância do tempo fundacional, das divergências internas do grupo e das pressões externas de outros poderes religiosos e políticos instituídos.

O que foi construído e edificado pelo cristianismo em termos de doutrina é extenso e complexo. No aspecto vertical, revela as camadas temporais com suas idas e vindas do presente ao passado e vice-versa, de forma a compor um conteúdo estruturado e supostamente acabado. No aspecto horizontal, esconde as negociações diversas com os influxos externos que geram dialéticas múltiplas de negações, paralelismos e somas. A percepção de uma tradição que transmite um conjunto de verdades definidas e, desde sempre elaboradas, não é mais que uma ilusão de fé resultada, na verdade, de edificações posteriores que conseguiram compor um imaginário longitudinal da transmissão segura da verdade existente desde sempre e, por conseguinte, de um conteúdo normativo. Na verdade, a doutrina instituída é composta não somente como um sistema aberto (em permanente revisão hermenêutica), mas também como um processo aberto de construção jamais concluído. Não há passado instituído e fixado que resista à evolução permanente, ainda que a olhos nus isso seja invisível. O sistema doutrinal de todo grupo religioso é a superfície visível de uma longa história e susceptível a mudanças em função de sua própria sobrevivência no presente. Assim as religiões são conservadas e renovadas. Constituem um passado que esconde o presente, uma fixação que oculta o transitório e uma essência que dispensa o histórico.

A função da doutrina

O sistema doutrinal é o resultado histórico da busca de sobrevivência dos movimentos religiosos e é acompanhado de outros mecanismos institucionalizadores como a estrutura organizacional, a fixação de papéis e as normas disciplinares. A doutrina tem as seguintes funções no sistema religioso: a) Preservação: formula de modo fixo aquilo que constitui a oferta original do grupos (carisma, as fontes); b) Identificação: constitui o modo como o grupo vê a si mesmo de modo consciente e formulado e distinto de outros grupos do entorno; c) Unificação: o eixo central que unifica os membros e evita a dispersão; d) Eternização: oferece o núcleo permanente que liga as origens ao presente e instaura o elo da tradição; e) Legitimação: definições que justificam o grupo como fiéis seguidores das fontes; f) Reprodução: o corpo de verdades a serem ensinadas às gerações; g) Controle: apresenta o conjunto de elementos verdadeiros que permite distinguir os ortodoxos dos heterodoxos e expurgar por meio de algum mecanismos esses últimos do grupo.

Todo corpo doutrinal legitima-se como formulação fiel das fontes, ou seja, como fixação exata do carisma fundador, ainda que, de fato, seja uma construção somente possível de ser realizada tardiamente, sendo que nesse processo as próprias fontes sejam também formuladas ou reformuladas. A relação de uma instituição religiosa com seu corpo doutrinal pode ser mais ou menos consciente e mais ou menos fixa, a depender dos sujeitos e das épocas, mais ou menos marcados por posturas de preservação ou de renovação. Como no caso das tradições, vale o princípio de que a doutrina é também sempre construída historicamente (Hobsbawm, 2002, p. 9-23). Nas igrejas cristãs é possível observar uma autêntica ambiguidade em relação à compreensão da doutrina. De um lado prevalece a postura oficial de que a doutrina constitui um corpo imutável, seja na versão do fundamento (e fundamentalismo) bíblico que identifica a verdade infalível no texto bíblico, seja na versão tradicional (e do tradicionalismo) que identifica verdade com o corpo de definições estabelecido pelas autoridades (concílios e sumo pontífice). Contudo, de outro lado a própria história e a teologia se encarrega de expor os processos de formulação da doutrina, sempre contextualizados no tempo e no espaço. Os concílios e os personagens reformadores não tiveram receios de explicitar o caráter relativo do corpo doutrinal como formulação que visa fixar e esclarecer um mistério mais profundo e original. Assim fizeram os concílios e os sínodos das igrejas históricas. João XXIII no Discurso de abertura do Vaticano II distinguia a *verdade* de sua *formulação* e convocava os padres a fazerem o *aggiornamento* reformulando a verdade. A distinção salvava a dinâmica da preservação e da renovação, ambas inerentes ao processo de transmissão da fé cristã, conforme entendia o papa. No mesmo intuito de renovação o Papa Francisco distinguiu de modo inédito a doutrina compreendida como "sistema fechado" ou "sistema aberto". Assim disse no V Encontro da Igreja em Florença em

190

10 de novembro de 2015: "A doutrina cristã não é um sistema fechado incapaz de gerar perguntas, dúvidas, interrogações, mas é viva, sabe inquietar, animar. Tem uma face não rígida, um corpo que se move e se desenvolve, tem a carne macia: a doutrina cristã chama-se Jesus Cristo".

A doutrina cristã é a formulação consciente da compreensão do cristianismo sobre suas origens, sua natureza e sua missão, quando explicar para esclarecer, fundamentar para preservar e fixar para unificar tornaram-se estratégias importantes para o grupo da época. Nesse sentido, seria necessário localizar cada definição doutrinal no tempo e no espaço para indicar sua razão de ser. Dessa percepção emerge, por conseguinte, a interrogação sobre qual doutrina se está falando quando se fala em doutrina cristã. As formulações doutrinais podem ser várias e nem sempre consensuais. A Igreja Católica separou-se entre Igreja ocidental e Igreja oriental por uma suposta divergência doutrinal a respeito do Espírito Santo. A Igreja Luterana divergiu por séculos da tradição católica sobre a doutrina da justificação, até que entraram em acordo em tempos recentes. As descrições iriam longe e escapam, na verdade, do objetivo dessa curta explanação. A história exige que se pense a doutrina de modo mais processual e aberto, embora o corpo instituído como verdade de fé ofereça uma espécie de resultado decantado capaz de formatar uma singularidade adotada por todos, por grande parte ou por uma parte mais restrita como consenso de fé.

Por ora, o que interessa é, de fato, localizar o núcleo doutrinal mais arcaico que constitui o que está sendo definido como cristianismo. O que assim se denominou nos primeiros séculos, só foi possível na medida em que compôs um núcleo que demarcou uma identidade hegemônica e que sobreviveu historicamente. Trata-se da tradição comum dos primeiros séculos que agrega de modo relativamente consensual os diversos grupos cristãos, incluindo o conjunto dos livros sagrados (Novo Testamento) e as definições a respeito da fé em Jesus Cristo como salvador enviado por Deus.

E foi precisamente o corpo doutrinal básico que, por assim dizer, constitui o que se decantou como essência cristã e se instituiu como regra canônica (as fontes escritas e os dogmas fundantes) que possibilitou as próprias divergências dos seguidores de Jesus Cristo no decorrer do tempo e a composição dos galhos de um mesmo tronco. As divergências doutrinais que formaram sistemas distintos no decorrer do tempo foram reinvenções do antigo, reinterpretações diversificadas daquela singularidade, explicitação das pluralidades escondidas sob as camadas fixas do corpo rígido.

O processo de definição da doutrina cristã

Como já foi explicitado, o nucelo central da fé cristã é o resultado de um processo histórico de autoidentificação dos seguidores de Jesus de Nazaré, na medida em que o tempo passa e a mensagem original corre o risco de esquecimento e dispersão. A circularidade hermenêutica entre passado e presente, ou seja, entre o que era considerado verdade fundamental transmitido pela primeira geração das testemunhas oculares e as interrogações advindas da realidade das comunidades, foram compondo gradativamente o consenso básico das verdades cristãs. O que foi sendo compreendido como essencial para a identificação do grupo se fez no esforço de fidelidade aos ensinamentos do Jesus histórico, à pregação dos Apóstolos, às fontes escritas, às formulações feitas pelos primeiros teólogos e às definições consensuais dos primeiros concílios. A cada momento histórico e em cada realidade particular, munidos de conteúdos práticos e teóricos as gerações cristãs avançavam e aprofundavam-se na autocompreensão de suas raízes, formulando-as de maneira mais precisa.

Nesse sentido, será necessário definir as possíveis camadas no processo de formulação doutrinal, sendo que a inevitável inacessibilidade às fontes originais exigia o esforço associado da reflexão (que contava com dados da tradição oral e escrita), da formulação (que se fazia em grego e utilizando-se de conceitos e categorias hebraicas traduzidas e de categorias gregas) e da definição (em nome do consenso grupal). As camadas de construção doutrinal evoluem nas seguintes direções: a) Do antigo para o novo: do universo instituído da tradição judaica já formulado como Lei de Moisés e como conjunto de textos escrito para os novos conteúdos decorrentes do Messias Jesus; b) Do oral ao escrito: da pregação das testemunhas sobre os ensinamentos de Jesus para a fixação escrita dos mesmos ensinamentos; c) Do simples para o complexo: do anúncio urgente e sintético da salvação realizada em Jesus Cristo para as explicitações mais detalhadas de seu ministério (atos e ensinamentos) e, em seguida, sobre sua pessoa desde o nascimento e a infância; d) Do prático para o teórico: das questões fundamentais para a vivência do seguimento de Jesus nas comunidades que aguardam sua vinda iminente e têm que se defender perante as acusações para formulações de cunho mais teórico sobre as questões colocadas sobre a natureza de Jesus como enviado de Deus, Filho de Deus, de natureza divina; e) Do narrativo ao conceitual: o estilo narrativo centrado na pessoa, nos gestos e palavras de Jesus dominou a primeira fase da fixação doutrinal conforme o estilo dos evangelhos, seguida de uma fase cada vez mais conceitual cedendo às exigências metodológicas e lógicas gregas; f) Do pedagógico ao jurídico: do consenso comunitário sobre as verdades a serem vivenciadas pela comunidade na fidelidade a Jesus Cristo a fórmulas obrigatórias a serem acatadas como normas decorrentes das autoridades eclesiais.

As camadas dessa fixação podem ser localizadas, portanto, como fases: 1ª) Composição oral dos conteúdos oferecidos como salvação realizada em Jesus Cristo; 2ª) Fixação escrita de roteiros narrativos sobre os ensinamentos de Jesus, o Cristo, nos textos das epístolas e dos evangelhos; 3ª) Construção de consensos conceituais sobre os significados da salvação realizada em Jesus Cristo por meio de debates e reflexões; 4ª) Definições doutrinais por meio de fórmulas lógicas promulgadas como dogma. A doutrina cristã e, por conseguinte, a própria identidade confessional cristã, foi concluída nessa última fase que tem seu cume no último Concílio da Antiguidade realizado em Niceia no ano 787.

Nessa longa temporalidade foram fixadas as fórmulas de fé que compõe uma tradição comum dos cristianismos católico ocidental e oriental e das igrejas originais da reforma protestante. A questão de fundo ao processo de definição doutrinal era o esforço de dar clareza e coerência aos conteúdos da fé cristã, tendo como fonte a tradição bíblica judaica e cristã, de modo indireto as fontes da filosofia grega e de modo direto as exigências lógicas dessa última.

As fontes bíblicas

Essas eram elaboradas em estilo narrativo e compostas por uma grande variedade de concepções e linguagens que necessitavam de sistematizações e clarificações didáticas. Desde Fílon de Alexandria o judaísmo helenizado afirmava a necessidade de distinguir o sentido literal fixado no texto do sentido escondido por detrás da narrativa, sentido alegórico (Calabi, 2014, p. 35-54). Os cristãos avançam nesse método e entendem que as narrativas da Bíblia hebraica deviam ser entendidas a partir de Jesus Cristo e que os textos do Antigo Testamento tinham seu significado a partir dos textos do Novo Testamento. Figuras, passagens e personagens do Antigo Testamento seriam prefigurações (*typos* = representação, modelo em grego) daquilo que segundo o desígnio de Deus ocorreu a partir de Jesus Cristo. O fato é que os textos bíblicos são submetidos à investigação racional conforme a exigência cultural grega, mas também avançando uma prática já utilizada pelo judaísmo. A doutrina cristã foi sendo elaborada desde seus primórdios narrativos a partir desse pressuposto hermenêutico que conciliava dados de fé e métodos racionais. A própria figura de Jesus Cristo foi pensada, explicada e definida desde os autores do Novo Testamento a partir dessa regra. Era necessário extrair dos textos diversos e divergentes os elementos singulares, os conteúdos essenciais e, a partir desses, oferecer formulações precisas, relações coerentes e discursos didáticos para os fiéis quase nunca letrados.

Os conteúdos cridos são pensados racionalmente. O cristianismo vai racionalizando seus credos contidos na diversidade textual. O que era considerado revelado por Deus vai sendo estruturado pelo método grego.

As fontes gregas

O uso das fontes gregas foi sendo adotado gradativamente e não sem polêmicas. A célebre expressão de Tertuliano, "o que Atenas tem a ver com Jerusalém?" (do século II para o século III) revela essa rejeição ao uso da filosofia grega para compreender o cristianismo. No entanto, hoje os exegetas concluem que o próprio Paulo que afirma não ser necessária a "sabedoria do mundo" para entender os mistérios cristãos, utilizava espontaneamente elementos da filosofia estoica. O cristianismo foi sendo formulado utilizando-se de modo indireto as percepções culturais gregas – conceitos de Deus, de natureza, de Logos universal, de cosmopolitismo e de ser humano – e, de modo direto, os métodos dialético e lógico praticado pela filosofia para pensar a si mesmo: fundamentar, sistematizar e comunicar sua doutrina. Se todas as religiões vivenciam de alguma maneira esse momento racionalizador, o cristianismo pode contar com uma cultura e com um arsenal teórico-metodológico disponível para pensar e formular a si mesmo. Nesse sentido, sua doutrina nasceu tão revelada (verdade oferecida por Deus) quanto pensada (verdade formulada do ponto de vista conceitual e lógico).

A dialética com a cultura grega e com as fontes judaicas

A originalidade das definições emergia de modo dialético com o entorno cultural grego e debatia com concepções que se mostravam contraditórias com aquilo que o cristianismo ia assumindo como consenso de sua identidade. O centro mais original e, ao mesmo tempo, mais problemático para as referidas fontes era a afirmação já explicitada no final do primeiro século de que

Jesus, o Cristo, era o *Logos* de Deus encarnado. Essa heresia para a tradição judaica se adaptava ao mundo grego que sempre contou em sua mitologia com divindades encarnadas. A questão emerge, de fato, como uma dialética de múltiplas dimensões. Da matriz judaica advinha ao mesmo tempo a negação dessa possibilidade, tendo em vista a natureza transcendente e onipotente de Deus e a valorização da carne como matéria criada por Deus. A condição carnal do ser humano não significava decadência, mas, ao contrário, fazia parte da natureza criada por Deus por meio da qual advinha a geração e as relações humanas. Em suma, a carne é boa, porém é criação radicalmente distinta do divino criador. Da matriz grega, o problema se apresentava no sentido precisamente inverso: a carne era decadência sobretudo para o platonismo tardio que se tornara desde Alexandria cada vez mais presente na cultura helênica. A alma era superior ao corpo e a morte era uma libertação dessa condição, já ensinava Platão. O neoplatonismo vai ensinar que é possível se libertar da condição carnal por meio de um retorno progressivo ao Uno através de um método de domínio progressivo da ideia por meio do conhecimento (*gnose*). Ainda no primeiro século, os movimentos gnósticos ofereciam uma leitura desencarnada e desencarnadora do cristianismo. Foi negando essa via (de libertação por meio do conhecimento e das ideias) que o cristianismo afirmou a via da carne (libertação por meio da encarnação de Deus em Jesus de Nazaré e a necessidade do amor ao próximo como caminho concreto de salvação. Os escritos joaninos (evangelho e cartas) afirmam explicitamente essa postura em oposição aos gnósticos. Nesse sentido, há que defina o cristianismo como uma filosofia da carne (Henry, 2014).

Elementos constitutivos da doutrina cristã

O cristianismo é um sistema resultado da hermenêutica judaica na qual estavam postas as doutrinas sobre Deus, sobre a condição humana e sobre as esperanças messiânicas. A figura Jesus de Nazaré, seu movimento que agregou seguidores em torno de um projeto de vida centrado na chegada do Reino de Deus e a comunidade de discípulos que deu continuidade ao projeto se inscrevem nesse universo hermenêutico. Os seguidores de Jesus foram compreendendo o Mestre e a si mesmos dentro do referencial teológico judaico. Entendiam-se como os autênticos herdeiros das promessas de Deus, agora realizadas em Jesus de Nazaré. O mestre que ensinou, foi morto e, segundo afirmam os discípulos, ressuscitou, realizava em seus gestos e palavras e em sua vida as promessas de Deus. Esses crentes e herdeiros da era messiânica se entendem como judeus e não como um novo grupo religioso, o que será configurado um pouco mais tarde. O próprio Paulo afirma essa convicção, conforme o Livro dos Atos dos Apóstolos (21,35; 22,3) e com suas próprias palavras em Fl 3,5. Os cristãos não são mais que os judeus messiânicos que acolhem em Jesus de Nazaré a realização dessa tão esperada promessa.

No entanto, a afirmação da realização messiânica em Jesus desencadeou uma sequência interpretativa que se mostrava cada vez mais original e discrepante para a tradição judaica praticada nas sinagogas, já fora da Palestina romana destruída no ano 70. Foi, de fato, em um confronto bilateral que os judeus cristãos e os judeus tradicionais se distinguiram sempre mais, a ponto de configurarem-se como religiões cada vez mais distintas e irreconciliáveis. As identidades cristã e judaica hoje inequivocamente distintas resultaram de definições gradativas que assim as fizeram. Ambas se consolidaram numa relação de negação mútua que produz o idêntico em meio ao que ia se mostrando confuso. As duas identidades nasceram de uma mesma fonte, onde elementos comuns foram dando lugar ao diverso. A originalidade cristã tardia se impôs como fato, na medida em que o grupo respondia às interrogações sobre Jesus e sobre si mesmas. Os cristãos se construíam em uma nova percepção de tempo (plenitude da obra salvadora de Deus realizada em Jesus Cristo) e de espaço (salvação a ser anunciada a todos até o fim do mundo), com uma nova percepção sobre Deus que adquiria contornos mais nítidos com o passar do tempo e com uma nova maneira de se organizar como grupo, na medida em que saem da comunidade sinagogal e se inserem no espaço social das casas familiares (Meeks, 1992). O grupo se entende como a última manifestação de Deus, manifestação universal e definitiva: novo Israel que nasce dos 12 apóstolos, como messiânicos que receberam o Espírito de Deus e como nova criação de Deus na história. Desse bojo comum e em ebulição cultural, foram edificados os elementos axiais da doutrina cristã.

Visão de Deus

O núcleo central de todo edifício doutrinal cristão é evidentemente Jesus Cristo. A adesão a Jesus de Nazaré como Messias enviado de Deus foi o primeiro passado de uma experiência religiosa que, gradativamente, chegou ao próprio Deus e modificou a representação do divino da tradição judaica. Passo a passo, de interrogação em interrogação e, por conseguinte, de resposta em resposta a figura de Deus foi sendo refeita a partir da experiência cristã. Esquematicamente pode-se entender essa sequência de formação da doutrina cristã: 1º) Jesus de Nazaré é o Messias (resposta às interrogações feitas pelos discípulos a partir da convivência com o Mestre); 2º) Jesus é salvador por meio de sua vida, morte e ressurreição (resposta sobre o significado da vida, morte de cruz e experiência do Jesus vivo); 3º) Jesus é a nova forma de presença de Deus na história manifestada por meio da morte na cruz (resposta sobre a relação entre a cruz e o messianismo); 4º) Jesus é o Cristo, salvador, enviado de Deus e encarnado no seio da virgem Maria (resposta à interrogação sobre a origem da pessoa de Jesus); 5º) Jesus Cristo é filho de Deus, encarnação de Deus (resposta à interrogação sobre a origem divina de Jesus); 6º) Jesus Cristo, Filho de Deus, é Deus encarnado, é de natureza humana e divina e preexistente (resposta à pergunta sobre a natureza divina de Jesus Cristo); 7º) Jesus Cristo é pessoa divina distinta do Pai e do Espírito Santo, Deus é uno em três Pessoas (resposta sobre a natureza de Deus encarnado e da pessoa do Espírito Santo).

Assim edificada durante quatro séculos, a doutrina central cristã afirma alguns aspectos originais que rompem com as ideias clássicas de Deus: a) Em relação à transcendência, afirma a encarnação divina, rompendo com a separação entre Criador e criatura, sagrado e profano; b) Em relação à onipotência, afirma a revelação de Deus na impotência da morte na cruz, rompendo com a imagem do Deus todo poderoso e das teofanias miraculosas; c) Em relação à unicidade divina, afirma a pluralidade de três pessoas divinas, Pai, Filho e Espírito Santo; d) Em relação à onisciência, afirma o desígnio inédito de Deus no evento Jesus, rompendo com as expectativas unânimes do Messias libertador político dos grupos judaicos; f) Em relação à ideia divina, afirma que Deus é amor, rompendo com as vias gnósticas que ofereciam um caminho racional de libertação.

A salvação

A doutrina cristã oferece um caminho de libertação também original, em relação aos dois mundos com os quais os cristãos se encontravam implicados, o judaico e o grego, nos seguintes aspectos: a) como escatologia realizada das promessas messiânicas judaicas; b) como evento realizado em três temporalidades: na encarnação, vida, morte e ressurreição Jesus Cristo, no tempo presente da comunidade cristã e na volta de Jesus para julgar toda a humanidade; c) como universalização que inclui todos os que professam fé em Jesus o Cristo; d) como espiritualização que garante a libertação de todos os pecados e da morte com a promessa de vida eterna; e) como exigência ética de amor radical ao próximo, a todos indistintamente e aos inimigos; f) como tempo provisório que espera a libertação definitiva com a volta triunfal de Jesus; g) como vivência de liberdade que rompe com a introjeção da lei objetiva e com o individualismo gnóstico; i) como relação entre a graça da salvação e a vivência do amor por cada fiel. A salvação é uma realidade presente e uma possibilidade que exige decisão de cada indivíduo em seguir o caminho de Jesus na comunidade cristã que se encontra inserida em qualquer lugar do mundo e até o fim dos tempos. O dom da salvação oferecido por Deus em Jesus Cristo é uma realidade tão divina quanto humana, na medida em que envolve a decisão e crescimento permanente de cada fiel.

A comunidade

Os seguidores de Jesus constituíram um grupo de discípulos que mantiveram o elo entre sua figura histórica e sua presença mística nas comunidades que foram sendo criadas nas cidades do Império Romano. Cada comunidade nascia não somente como uma herdeira direta do grupo original de discípulos, mas também como pertencente a uma grande comunidade fundada na pessoa do Ressuscitado por meio da ação do seu Espírito. A comunidade que renasce dos 12 apóstolos compõe um novo povo de Israel, assim como foram as 12 tribos nas origens do povo. A nova assembleia – *ekklesia* – do povo de Deus oferece um novo modo de vivenciar o messianismo concretizado em Jesus morto/ressuscitado, no pequeno intervalo histórico até sua volta. Trata-se de uma comunidade constituída misteriosamente pela força do Espírito Santo, explica Paulo de Tarso (1Cor 12–15). Os membros do messianismo concretizado formam um corpo místico que presentifica na história o corpo de Cristo vivo, onde cada indivíduo com os dons recebidos do Espírito faz parte de uma coletividade e no interior dela vive como membro ativo livre e responsável. A *ekklesia* é ao mesmo tempo uma sociedade mística e humana, um modo de organizar-se socialmente dentro da conjuntura do Império, socialmente estratificada em patrícios, escravos e livres e entre homens e mulheres, e na herança direta da Sinagoga que distingue judeus e pagãos. A nova organização acolhe como pertencentes a um mesmo grupo de iguais membros de origens social, cultural e religiosa distintas (Gl 3,28). A igualdade socioespiritual nasce da dignidade comum do pertencentes ao mesmo corpo de Cristo do qual são gerados e ao qual se unem: pelo ritual de iniciação do Batismo, pela participação na ceia comum e pela vivência do amor na partilha e no perdão.

A ética do amor

O cristianismo radicaliza a norma do amor ao próximo vigente no judaísmo: Amarás o teu próximo como a ti mesmo (Lv 19,18). Trata-se da versão judaica das regras de ouro das grandes tradições religiosas que estabeleceram um parâmetro universal de convivência centrado na igualdade humana. A narrativa do Sermão da montanha mostra Jesus dizendo que não veio abolir a lei, mas dar a ela pleno cumprimento (Mt 5,17). O próximo constitui o centro da questão, uma vez que na tradição judaica foi entendido como o membro da comunidade com o qual já se tem vínculo e, por essa razão, a justificativa que foi acrescentada em certos grupos: odeie seu inimigo. O cristianismo estende a compreensão de próximo ao próprio inimigo. É preciso amar os inimigos e, nessa postura, o seguidor de Jesus caminha para a perfeição assemelhando-se ao próprio Deus (Mt 5,48). Nesse sentido, o amor não conhece qualquer limite uma vez que chega àquele sujeito que seria a sua própria antítese. Por essa razão, os textos do Novo Testamento acrescentam algo inédito na compreensão do dinamismo do amor quando coloca aquele que está fora da comunidade e considerado eticamente excluído como sujeito capaz de amar: a pecadora que muito ama (Lc 7,47), o samaritano que se faz próximo do que está fora do caminho (Lc 10,25-37), do bom ladrão que tem misericórdia de Jesus na cruz (Lc 23,39-43).

A vivência do amor tem ainda uma segunda dimensão que é a humildade que significa a renúncia ao *status* considerado como um valor na sociedade da época (Theissen, 2009, p. 108-116). O seguidor de Jesus deve renunciar toda posição de superioridade em nome da igualdade radical que faz de cada membro da comunidade um irmão no pleno sentido da igualdade. Quem quiser ser o primeiro deverá ser o último (Mc 10,43-44) e que se exaltar será humilhado e vice-versa (Mc 10,31). A renúncia ao poder se faz numa imitação do próprio Deus que se esvaziou de si mesmo assumindo a condição humana em Jesus (Fl 2, 6-11) e de Jesus que lavou os pés dos discípulos, ação que era realizada pelos escravos e pelas mulheres (Jo 13,14-17).

Os rituais

Os rituais são componentes constitutivos dos sistemas religiosos. Por meio dos símbolos e ações rituais os grupos religiosos acessam suas origens e retiram dessa fonte viva o alimento de sua manutenção no tempo e no espaço e a sua própria identidade. Os rituais cristãos foram construídos no decorrer do tempo como meios de acesso ao mistério revelado e oferecido por Deus através de Jesus Cristo. Assim como em outros campos do sistema religioso que foram sendo edificados – os discursos fundantes, os textos agrados, as normas éticas e os papéis religiosos – os cristãos ressignificaram os gestos rituais praticados no judaísmo a partir da pessoa de Jesus Cristo.

Dois rituais foram constitutivos do novo grupo messiânico: o batismo e a eucaristia. Esses gestos rituais são constituídos numa relação de continuidade-ruptura com o judaísmo-Jesus-seguidores. Ou seja, nesses três contextos religiosos com suas diferentes temporalidades os dois rituais básicos, de iniciação e integração comunitária, foram elevados com seus novos significados. O judaísmo detinha uma grande riqueza ritual institucionalizada no Templo de Jerusalém, como as festas da páscoa e da expiação, sendo o sacrifício a ação básica que vinculava o povo a Deus. O movimento de Jesus, descendente do movimento de João Batista (Jesus é discípulo do Batista) emergia como ruptura com a religião instituída, explica Gerd Theissen (2009, p. 176-178). O batismo do Profeta João Batista oferecia o perdão dos pecados como alternativa aos sacrifícios tradicionais de purificação dos pecados praticados no Templo. O banho ritual nas águas do Jordão inaugurava o tempo novo oferecido por Deus àqueles que aderiam às pregações proféticas do tempo novo, à antecipação escatológica das promessas do Reino de Deus. O novo ritual a que todos deveria submeter-se desconfiava dos rituais estabelecidos e praticados pelos sacerdotes do Templo. Jesus assume em sua vida essa promessa e por meio dela inaugura sua pregação. A comensalidade de Jesus situa-se nessa mesma postura de ruptura: pela comunhão de mesa com os pecadores Jesus se associa a todos os que são destinatários da salvação de Deus que se faz presente em sua ação profética, ao comer com a pecadora (Lc 7,38) e com os cobradores de impostos (Lc 7, 37-39; 19,1-10). A afirmação de Mateus expressa com exatidão o significado profético do gesto de Jesus: "Quero a misericórdia e não o sacrifício" (Mt 9,12).

A partir dos gestos proféticos ressignificadores dos rituais instituídos – rituais tradicionais renovados pelos rituais proféticos – os cristãos vão compondo em um segundo momento novos significados: a partir da pessoa do próprio Jesus morto/ressuscitado, da nova páscoa, compreendida, então, como nova aliança. O batismo será, então, compreendido como inserção na morte/ressurreição de Jesus: morrer para ressuscitar com Ele. A eucaristia será celebrada como antecipação escatológica da própria morte de Cruz quando Jesus entrega a si mesmo. A última ceia antecipa ritualmente o fato salvífico e adquire esse significado pascal como ceia da nova aliança que integra a comunidade no mistério realizado por Deus em Jesus Cristo. Os demais sacramentos que fizeram parte da prática católica e ortodoxa e que, gradativamente, serão definidos como 7 têm seus fundamentos nessa mesma fonte pascal. E nessa referência as festas anuais judaicas da páscoa e de pentecostes foram ressignificadas pelos cristãos.

A partir desse núcleo doutrinal primordial as igrejas cristãs edificaram seus núcleos doutrinais específicos, na medida em que a religião e próprias fontes tiravam delas as consequências. O uso da lógica grega permitia e, em certa medida, exigia refletir sobre as premissas bíblicas e tirar delas as consequências doutrinais e dogmáticas. Assim foram sendo formulados os dogmas, sobretudo no seio da tradição católica (Meunier, 2005).

Assim como em outros sistemas religiosos, o universo doutrinal cristão é o cartão de visita do grupo religioso. Não há religião sem doutrina, como não há nenhuma instituição sem regimentos e regras que, em última instância, definem a si própria. A doutrina básica do que se pode definir como cristianismo no singular oferece a moldura e a imagem fixada mas não fixa do que os seguidores de Jesus estabeleceram como compreensão de suas fontes – de Jesus Cristo e de si mesmos – nos primeiros séculos. Como todo quadro de conteúdos canonizados tem a função de ser parâmetro identificador do grupo, sabendo, entretanto, que escondem as divergências por debaixo da unidade e os processos de construção atrás das ideias definidas e fixadas. A doutrina se apresenta sempre como a catalogação daquilo que sempre foi verdade do grupo, como expressão necessária que não pode sofrer modificação. Contudo, na proporção em que é reproduzida historicamente carrega o dinamismo inevitável das sucessivas releituras e, até mesmo, a possibilidade de modificação, à medida que as percepções éticas e científicas evoluem e se impõem como regra. A tensão entre a necessária fixação e a mudança histórica é inerente a tudo o que se apresenta como verdade a ser adotada como referência canônica em um determinado âmbito cultural, social ou político.

Os epistemólogos contemporâneos já deram as explicações sobre o que ocorre com as teorias científicas, na medida em que o tempo passa e a consciência incorpora novos apelos e interrogações e, por conseguinte, exige novas respostas e formulações. As verdades não nascem prontas e não permanecem intactas. Ao contrário, estão sempre sujeitas a reinterpretações e modificações, em nome do que se impõe aos olhos ou ao intelecto como evidência a ser considerada e ensinada como parâmetro do conhecimento e da vida. Contra essa perspectiva posicionam-se os tradicionalistas por acreditarem em uma verdade eterna e imutável. Contudo, antes de se pensar em uma crença ou mesmo em uma mera teoria, a percepção da história dos sistemas religiosos depara-se de modo inequívoco com suas factuais evoluções. A dinâmica preservação/

renovação compõe a história das doutrinas e explica o que elas trazem subjacentes à suas unidades. No polo oposto da posição tradicionalista estão os relativistas que dispensam as tradições e os cânones. Terminam por negar as objetivações inerentes às sociedades.

Entre as duas posições extremas, o realismo histórico e a consciência social exigem pensar as doutrinas como referência necessária de qualquer grupo e parâmetro que indica seus rumos e não como sistema autorreferencial que subsiste em si mesmo. As doutrinas são compostas como sistemas abertos que vão sendo feitos e refeitos na dinâmica transformadora da história. As tradições, no próprio ato de transmitir suas verdades em cada tempo e espaço, as reformulam precisamente para preservá-las.

Situação atual e perspectivas

As tendências do cristianismo atual já foram descritas acima. A identificação com os orientes médio e próximo já nos primeiros séculos e, desde o segundo século, com a formação e transformação do chamado Ocidente, conferiu ao cristianismo as marcas diversas que hoje desenham as grandes tendências e as inúmeras agremiações, ou igrejas, que no Ocidente vão sendo criadas e recriadas incessantemente. Os destinos dos seguidores de Jesus estão vinculados às dinâmicas históricas onde eles se inserem e buscam os meios que acreditam ser os mais fiéis às orientações do mestre morto e ressuscitado. Sobre esse mistério original – origem permanente dos seguidores – sujeitos/grupos construem a si mesmos em cada tempo e lugar. Se no passado que antecedeu os tempos modernos a unidade administrativa – hierarquia e tradição definida – permitia uma gestão centralizada e, por conseguinte, um controle da unidade interna dos grupos (igrejas), nos tempos modernos que emergiram, se expandiram e se consolidaram como pluralidade de ideais, valores e práticas, o cristianismo foi adquirindo, igualmente, uma pluralidade incontável de expressões. E no mesmo contexto moderno que tornou imoral e criminosa a intolerância religiosa e garantiu, ao mesmo tempo, do ponto de vista legal a liberdade de expressão religiosa, as criações e recriações cristãs foram emergindo como legítimas e como ofertas que concorriam entre si com seus conteúdos mais verdadeiros, evidentemente em oposição aos falsos.

Deste modo, a pluralidade religiosa carrega consigo os conflitos das ofertas que remetem inevitavelmente para o conflito das interpretações e, muitas vezes, para conflitos sociais. E não faltaram as interpretações mais diversas das fontes cristãs, ao menos desde o final do século XIX. Se a reforma protestante havia aberto a possibilidade de novas interpretações que rompiam com as velhas ortodoxias ocidentais e orientais, a ponto de oferecer um novo cânon bíblico, no século XIX as criações se intensificam de modo particular no ambiente estadunidense. Ali, no distante novo mundo, longe dos controles das hierarquias e ortodoxias, o cristianismo reformado foi refeito e gerou novas tradições que se expandiram pelo planeta afora.

Nos tempos modernos da autonomia religiosa e da liberdade de expressão, os territórios cristãos tornaram-se mais nítidos e opostos entre católicos romanos e protestantes, protestantes históricos e novas denominações, cristãos judaizantes e demais grupos, cristãos pentecostais e históricos, milenaristas e conformados. Do quadro plural em expansão permanente é possível retirar os desafios para a convivência entre os diversos grupos, assim como para a inserção na sociedade presente. Os avanços das ciências trouxeram novas visões sobre a natureza, sobre as origens das espécies, sobre as doenças, sobre a cultura humana e sobre o próprio texto bíblico que sustenta as comunidades cristãs. A visão crítica sobre as origens, a diversidade e os desdobramentos históricos do cristianismo não significam somente um conhecimento importante que ajuda a superar ingenuidades e dogmatismos, mas oferece também elementos que ajudam a construir uma convivência dialogante entre as diferenças em um mundo completamente interligado sob todos os aspectos. A história é mestra, diziam os antigos. Por outro lado, como todo sistema crente, o cristianismo oferece valores para os seus seguidores. De dentro da própria origem, da doutrina e da história do cristianismo podem-se, de fato, retirar ensinamentos para os dias de hoje, tanto para os cristãos dentro de cada grupo de pertença e dos grupos cristãos entre si, quanto para a relação mais ampla com a sociedade marcada pela pluralidade e, muitas vezes, pelos conflitos. Os dois tópicos que seguem buscam referências cristãs para duas questões atuais: a pluralidade que recorta todos os aspectos da vida humana e as interpretações que sustentam posturas isoladas dentro da sociedade contemporânea. É verdade que a sociedade moderna construiu referências éticas, políticas e jurídicas que permitem discernir e julgar os comportamentos religiosos; também as ciências humanas podem oferecer elementos críticos para essa mesma tarefa. A reflexão busca, contudo, extrair do próprio cristianismo os elementos que permitam discernir as tendências acima mencionadas.

O desafio da pluralidade

A pluralidade é a marca central e definitiva dos tempos modernos que traz consigo a busca permanente do consenso entre os sujeitos, os grupos e as nações. Não se trata de uma conquista política, social, cultural e religiosa definitiva, mas, ao contrário, de uma possibilidade ambígua de isolamentos, conflitos e guerras que vem exigindo das nações a construção das condições de convivência pacífica e, quiçá, fraterna. A autonomia moderna é conquista e construção. Nos tempos atuais de individualismo exacerbado sobretudo nas práticas de consumo, de isolamento digital com as tecnologias individualizadas, dos grupos (bolhas) sociovirtuais e dos nacionalismos crescentes, a busca de consensos locais, regionais e globais se torna cada vez mais urgente. A Modernidade chegou ao seu ponto mais alto de conquistas tecnológicas, de estruturações globais e de reconhecimento da diversidade e, ao mesmo tempo, de possibilidades de isolamentos e de imposição dos mais fortes sobre os mais fracos. O mundo plural mostra seus limites para a sobrevivência planetária. A autonomia absoluta do capital financeiro nega todas as regras de controle ético e político, colocando em risco a vida do planeta, o individualismo consumista dinamizado pela regra desejo-satisfação = produção-consumo rompe com os padrões éticos da convivência comum, o isolamento (narcísico, nacionalista, nativista) adotado como regra comum de vida gera as fobias que legitimam a distinção, a negação e eliminação dos outros (sempre mais vulneráveis). A busca da convivência comum entre iguais e diferentes permanece como tarefa de todos.

A diversidade e a busca da unidade no cristianismo

A relação entre diversidade e unidade é constitutiva do cristianismo, assim como de todo grupo social que se organiza. Tanto Paulo quanto o autor de atos dos Apóstolos narram as divergências entre as tendências judaizante e liberal, em termos mais técnicos, entre os tradicionais e os carismáticos, nas figuras de Pedro e Paulo. O edifício doutrinal cristão posteriormente construído por meio de dogmas e de ritos criaram a ilusão de uma sequência linear, unitária e harmônica que esconde a diversidade e as divergências que caracterizaram o cristianismo desde as suas origens. Nada de novo para a história e a sociologia das religiões, que explicam a formação das identidades como um jogo de confronto entre as diferenças. Nada de estranho para a fé cristã que ensina que o Espírito Santo conduz os seguidores de Jesus na busca permanente da verdade (Jo 16,13). Esse é o ensinamento central do Livro dos Atos dos Apóstolos. As formações identitárias – todas as organizações políticas e religiosas – não nascem prontas; ao contrário são construídas com matérias-primas das culturas dominantes, com os novos ideais do grupo em formação e com o jogo político entre os sujeitos ativos do grupo. A ideia de que tudo nasce pronto e que nada pode mudar é uma ilusão institucionalmente necessária para manter a estabilidade e a unidade do grupo. O cristianismo não constitui uma exceção a essa regra. No entanto, conta com o apoio da teologia do Espírito Santo (muitas vezes esquecida ao longo da história) e que ensina ser necessário discernir permanentemente o provisório e jamais se fixar no definitivo (Comblin, 1968). Não por acaso, os movimentos de cunho carismático (quase sempre fundamentados em pneumatologias) que eclodiram ao longo da história dentro do cristianismo pretendiam renovar a instituição por demais enrijecida em seus esquemas de preservação. Nesse sentido, o cristianismo se entende em permanente discernimento e renovação e todas as formas de fixação tradicionalista (em um modelo definitivo) lhe deveriam ser estranhas.

A relação entre diversidade e unidade nos ensinam várias lições históricas, políticas e éticas. Do ponto de vista histórico mostra o jogo tenso da unidade e da diversidade que, desde as origens, se impõe como realidade que expressa a inserção dos seguidores de Jesus nas diversas realidades socioculturais. Dessa inserção nascem diferentes expressões cristãs (línguas, ritualidades, estéticas organizações e, até mesmo, compreensões doutrinais). Por essa razão, é preciso falar em cristianismos, antes de cristianismo, no singular. O próprio Novo Testamento testemunha em seus variados textos essa diversidade. Por outro lado, é inegável também a busca de uma unidade fundamental para o que foi sendo gradativamente construído como identidade distinta do judaísmo e, ao mesmo tempo, distinta de outras religiões que estavam espalhadas pelo mundo greco-romano. No item referente à doutrina, foi exposto o essencial dessa identidade. E o próprio cânon – do Antigo e do Novo Testamento – constitui um esforço de regular essa identidade em uma fonte segura e unificada considerada expressão da revelação de Deus. As ramificações cristãs em diferentes tradições/igrejas/doutrinas/ritos são expressões vivas da diversidade inerente ao cristianismo.

No aspecto político a diversidade revela, ao menos duas coisas importantes: a) que a busca da unidade contou não somente com o debate teórico-doutrinal (a distinção entre os fiéis e os infiéis, os ortodoxos e os heterodoxos), mas também com estratégias de construção de consenso (as reuniões colegiadas, mais tarde os concílios); b) que o poder instituído possibilita aos mais fortes se imporem sobre os mais fracos. E, em muitos casos, o pacto dos mais fortes cometeram injustiças com os mais vulneráveis; destacaram os hereges, expurgaram os mesmos e, muitas vezes, os eliminaram do corpo eclesial e da sociedade, por vias simbólicas e pela morte física. A obsessão pela unidade torna-se uma ideologia que separa os verdadeiros dos falsos, os fiéis dos infiéis e, no final, os do bem e os do mal. O resultado é sempre segregador, a separação entre o endogrupo e o exogrupo, donde advém todas as estratégias para a eliminação dos inimigos em nome da verdade (Allport, 1971).

Do ponto de vista ético a diversidade-unidade deve ser encarada não como perigo, mas como oportunidade de crescimento, de autoavaliação e de aprendizado. O cristianismo se universalizou precisamente por assumir as diversidades e nelas se encarnar. É verdade que todas as religiões se constituem nessa relação com a pluralidade numa simbiose criativa (Ferrin, 2018), mas, no caso cristão, as culturas do entorno forneceram elementos essenciais para a sua formação desde os primeiros tempos. O que normalmente gera divisão – entre Oriente e Ocidente, nos primeiros tempos – entre africanos e europeus, entre indígenas e civilizados, entre cultura popular e cultura cristã erudita etc. deveria ser motivo de enriquecimento mútuo e não de divisão e de colonização de um grupo sobre outro. O diálogo constitui a forma única de se comunicar entre as diferenças e o caminho político capaz de construir relações humanas justas. A norma cristã do amor ao próximo é mais que um estado de espírito (que pode ser reduzido à emoção individual), mas uma postura que gera método de relacionamento e pode ser traduzida em construções sociais e políticas.

A relação com a diversidade

Os cristianismos estão inseridos no contexto da pluralidade moderna e pode contribuir com a afirmação do individualismo e dos comunitarismos isolados ou com a construção de uma ática da convivência comum no mundo globalizado. O mundo regido pela lei do amor é a única regra absoluta para os cristãos e deverá buscar os meios de tradução econômica, social e política que contribua com a convivência humana local e global. O teólogo Hans Küng propôs um paradigma ético centrado no diálogo entre as religiões como a única saída possível para as grandes crises da humanidade atual (2003).

A tarefa pensada por Küng para as religiões atuais é interna e externa. Trata-se de um entendimento ecumênico entre as grandes tradições religiosas portadoras de parâmetros éticos milenares e consolidados em seus sistemas doutrinais. Desse acordo ecumênico em torno de um etos mínimo entre as religiões é que poderá advir uma ética mundial comum e planetária. Parte do acordo já estaria construído na chamada regra de ouro que demarca das grandes religiões: a relação valorativa e simétrica entre o *eu* e o *outro*, expressa em diferentes formulações, tais como "não fazer ao outro o que não gostaria que lhe fizesse", "fazer ao outro o que gostaria que lhe fizesse", "amar o próximo como a si mesmo". Sobre essa regra universal milenar as religiões poderiam ser protagonistas de uma ética global capaz de orientar a convivência humana nos tempos de crise moderna.

A práxis de Jesus de Nazaré narrada nos evangelhos é caracterizada sempre pela inclusão das diferenças que aram na época julgadas como amaldiçoadas por Deus e perigosas para a tradição hegemônica. Os leprosos, os endemoniados, os aleijados, as pecadoras públicas, os doentes e pobres são incluídos em seus gestos que curam e reintegram. A partir dos debaixo e dos marginais a ética dos excluídos recoloca a igualdade radical como valor absoluto (Castillo, 2010). Para os cristãos da primeira geração a vida na comunidade – *ekklesia* – incluía a todos sem distinção e formada uma comunidade de pequenos, assim como Deus havia se esvaziado em Jesus. Assim pensou e agiu Paulo na construção de suas comunidades (Arbiol, 2018). Por essa razão, já não havia "mais diferença entre judeu e grego, entre escravo e livre, entre homem e mulher [...]" (Gl 3,28).

A relação com a diversidade é o único caminho possível da convivência humana desde que superou o estágio tribal. A história mostra que todos os retornos aos isolamentos tribais produziram conflitos e guerras e, no final, a imposição do mais forte. A ética cristã chega ao extremo da diferença quando coloca o amor ao inimigo como norma decorrente do amor ao próximo e afirma a presença do próprio Deus nos mais fragilizados (Mt 25). A diversidade inserida nessa norma não é ameaçadora, mas ao contrário, integrada na convivência amorosa dos cristãos entre si e com os mais fragilizados e desconhecidos.

A separação entre cristãos e não cristãos, entre eleitos e estranhos, entre ateus e religiosos, bons e maus que ganha força no mundo atual clama por uma retomada da ética cristã, não como imposição de uma moral única e um regime teocrático, mas como fonte de valores que possa agregar e colocar a humanidade com todas as diferenças em um mesmo rumo de convivência e de sobrevivência. No centro do mistério fundante do cristianismo encontra-se o imperativo ético da igualdade humana, desde a condição e humana assumida por Deus e da colocação da dignidade que supera toda forma de isolamento, indiferença ou dominação de um indivíduo ou grupo sobre o outro.

O desafio hermenêutico

Os diversos cristianismos nascem e se reproduzem ao longo da história a partir de modos distintos de interpretar as fontes cristãs e, ao mesmo tempo, a si mesmas. Na medida em que os seguidores de Jesus recordaram e interpretaram a vida, a pregação e os gestos de Jesus iam compreendendo a si mesmos. Os evangelhos foram escritos nesse vínculo entre Jesus e as comunidades cristãs a partir dos anos 60; são gêneros literários que ensinaram sobre Jesus de Nazaré com a finalidade de ensinar como deveria ser a vida dos cristãos em cada contexto. O cristianismo construiu sua identidade identificando-se com Jesus. A interpretação de Jesus (vida, morte e ressurreição) fez parte das comunidades primitivas e culminou nos textos que se tornaram oficiais. Essa tarefa fica escondida sob os textos e, sobretudo, sob a doutrina concluída bem mais tarde. O desafio de interpretar quem é Jesus foi construindo perguntas e respostas, desde os discípulos diretos que o seguiam, pelos mesmos discípulos depois da morte, por Paulo depois da ressurreição, nas primeiras comunidades (*ekklesia*), nas comunidades tardias, nos primeiros teólogos (Padres da Igreja), nos primeiros concílios. Foi na sequência das perguntas-respostas que Jesus foi sendo compreendido e confessado como profeta, Messias (Cristo), salvador, Filho de Deus e o próprio Deus encarnado.

A tarefa da interpretação da experiência fundante dos cristãos continua, ainda que se afirmem textos, doutrinas e dogmas como oficiais e definitivos. As formulações fixadas não esgotam em si mesmas todos os significados, mas, ao contrário, carregam uma reserva de sentido que possibilita e, ao mesmo tempo, exige novas interpretações em cada tempo e lugar. Nesse sentido, o cristianismo é uma religião hermenêutica por retornar sempre aos textos e doutrinas, munido de instrumentos teóricos, de experiências místicas (do mistério sempre presente) e de interrogações advindas de cada tempo e lugar. A sua história ensina essa verdade, embora no presente esse dado nem sempre seja claro e evidente. As institucionalizações da doutrina, da longa tradição e da organização escondem sob o manto da unidade, da estabilidade e da imutabilidade a circularidade permanente entre a realidade presente, as fontes escritas e, de dentro dessas, as próprias origens do cristianismo. Desde o século XIX, quando as ciências avançaram e ofereceram explicações sobre a natureza e o ser humano, as inseguranças se instalaram dentro do cristianismo e produziram como resultado a autoafirmação das verdades cristãs, como regimes e normas imutáveis e verdadeiras. Em nome de uma consciência que acredita expressar o eterno (a verdade existente desde sempre e para sempre) foram edificadas dentro do cristianismo leituras seguras que garantiam a veracidade inerrante, tanto da parte dos fundamentalismos protestantes quanto dos tradicionalismos católicos.

O fato é que todas as interpretações/formulações são sempre produzidas dentro de condições históricas: teóricas e políticas. Assumir esse fato inevitável é uma tarefa necessária e urgente para todas as expressões cristãs atuais, sob pena de permanecerem vinculadas de forma anacrônica às formulações do passado. Portanto, a interpretação sempre aberta e renovada exige distinguir o fundamento de fundamentalismo, a tradição de tradicionalismo, o dogma do dogmatismo, mas, antes de tudo, tomar consciência da historicidade da fé: a história presente como o lugar do discernimento e da construção de todas as formulações e regras de vida cristã.

Do supra-histórico ao histórico

O contato do cristianismo com outras religiões, de modo particular com as religiões de mistério e com as religiões grega e romana, estabeleceu uma distinção radical entre uma divindade e a humanidade, distinção entendida miticamente (o divino como um ser antropomórfico que habita nos céus) ou/e filosófica (como o ser metafísico que movo todas as coisas). O encontro da tradição judaico-cristã com a filosofia grega fez consolidar essas visões, nas mentalidades populares e acadêmica. Os dois mundos distintos, o sobrenatural e o natural, o metafísico e o físico, o celeste e o terrestre, exigiram algumas posturas que se distanciaram do mistério cristão do Deus encarnado: a) mundo sobrenatural mais perfeito e importante que o mundo histórico da humanidade decadente; b) mundo natural e histórico que funciona como resultado das causas sobrenaturais, a vontade de Deus ou dos santos; c) mundo histórico que caminha para um desfecho final com a volta de Jesus Cristo; d) mundo que necessita de mediadores sagrados (sacerdotes) para conectar o resto dos mortais profanos com a divindade.

Essa mentalidade prevaleceu no imaginário e nas práticas cristãs. Estabeleceu uma supremacia do mundo transcendente sobre o imanente, do mundo definitivo sobre o provisório. A verdade diz respeito a algo fixo e concluído, seja em termos de revelação, seja em termos de verdade. Todas as coisas são expressões de uma verdade única e fixa, no sentido filosófico e no sentido teológico. A metafísica grega ofereceu o conceito de essência que designa a realidade a partir de uma ontologia estável assegurada pela unidade e causalidade de um Ser primeiro. As religiões antigas e em certa medida o próprio judaísmo, ofereceram a visão de verdade concluída na obra da criação (natureza idealizada por Deus e concluída com todos os seres criados por Ele).

A Modernidade superou essa visão filosófica e teológica fixa. Na longa temporalidade afirmou a historicidade de todas as coisas tendo o ser humano autônomo e criativo no seu centro. Na medida em que se foi consolidando nos aspectos sociais, políticos e culturais (e científicos), superou a consciência fixista, mítica e essencialista supra-histórica. Desde antão, no seio do cristianismo, foi se distinguindo essa consciência clássica (mundo antigo e medieval) de uma consciência histórica que se tornava inevitável e exigia nova postura interpretativa, tanto das fontes quanto da doutrina e da própria Igreja. A consciência histórica exigia dos cristãos uma nova maneira de ler e interpretar os textos bíblicos (textos literários produzidos em diferentes épocas históricas e por diferentes autores), uma nova maneira de ler a natureza que se encontrava em evolução e funcionava com suas leis próprias, uma nova maneira de interpretar a história como resultada das decisões humanas livres e ativas, uma nova maneira de entender a Igreja como grupos de seguidores de Jesus e não apenas como hierarquia sacerdotal. O Vaticano II foi o ponto de chegada dessa consciência e recolocou as noções de revelação a partir do texto bíblico, de Igreja e de sociedade. Ali o cristianismo acolheu a história como lugar da ação e dos sinais de Deus, como lugar da legítima autonomia dos sujeitos referenciados por suas culturas e religiões e como lugar da presença da Igreja, mistério presente no tempo, comunhão dos iguais em Jesus Cristo e povo de Deus a caminho.

Nada de novo para a consciência mais original do cristianismo quando se entende, precisamente, como evento da emergência do divino na história: na carne, na sociedade, nas culturas etc. O cristianismo enfrentou a tentação da filosofia e da religião que dispensava a precariedade do tempo em nome da solidez da transcendência. Vale recordar que o cristianismo se distingue de outras grandes tradições religiosas precisamente por se apresentar como uma construção historicamente demarcada no tempo e no espaço, sem se confundir com um *in illo tempore* cosmogônico. É nesse horizonte histórico que se acolhe o que é crido como revelação de Deus e que os seguidores vão compondo sua identidade com o passar do tempo. Por essa razão, o *ethos* cristão se faz na experiência do presente e não na suspensão mítica do tempo que mergulha numa eternidade contínua e nem na ascensão para o mundo das ideias desencarnadas e antitéticas à imanência histórica. O cristianismo constituiu-se como experiência do provisório discernido na perspectiva da fé, vivenciado na prática do amor e orientado no horizonte da esperança. A noção de caminho foi utilizada para definir a vida dos seguidores de Jesus Cristo desde as origens. Na passagem e no provisório vivem a salvação e entendem a si mesmos como discípulos sem pátria definitiva.

Do tradicionalismo à tradição

O tradicionalismo religioso é uma expressão da consciência supra-histórica que nega a historicidade como processo de mudança e como construção e reconstrução permanente dos modelos epistemológicos e valorativos. Para a consciência tradicionalista o tempo presente é precário e eivado de falsidade e riscos. A verdade tem seu lugar no passado, em um tempo mais santo, coerente e estável que pode ser acessado no presente: a) em modelos teóricos e práticos que identificam conteúdo e formulação do que visa preservar e comunicar; b) esses modelos por se identificarem com a verdade são fixos e definitivos; c) são, ao mesmo tempo, transmitidos de modo intacto no decorrer do tempo; d) são normativos na sua integralidade para a vida presente.

O tradicionalismo avança dentro e fora do cristianismo e agrega adeptos que creem na integralidade da realidade (a inseparabilidade do social, do cultural, do político e do religioso), afirmam a ordem hierárquica da realidade, negam os tempos modernos como sinônimo de erro, entendem que a realidade possui um centro e uma causa transcendente, aderem a todos os regimes pautados na conservação e se afinam com os projetos políticos autoritários (Passos, 2020).

O cristianismo é pautado na tradição e não no tradicionalismo. Transmite a cada geração o que afirma ser verdadeiro para os seguidores de Jesus Cristo. Não se trata de uma transmissão de algo eterno e inalterado, mas de uma transmissão que se renova na medida em que é transmitida. A fonte sagrada não se reduz a nenhum modelo fixo, mas, ao contrário, oferece o vigor que renova as formulações – as doutrinas e as interpretações – em uma dialética entre o passado e o presente. As fixações tradicionalistas negam a renovação e identificam a embalagem com o conteúdo, a substância e a formulação. São formas de absolutização de modelos que dispensam o discernimento do tempo presente.

Na verdade, as tradições e instituições religiosas têm como fundamento aquilo que é distinto, anterior e superior a elas, em função do que (ou de quem) se apresentam como representantes e justificam suas existências. Portanto, toda fixação tradicionalista é uma espécie de autossacralização que corre o risco de usurpação de um *status* transcendente que mistifica o humano e absolutiza o relativo. Na exposição apresentada logo acima, o cristianismo é construção histórica no passado e no presente. Essa abordagem pode ter soado como perigosa para determinados espíritos seguros e vigilantes da verdade estável e crentes na continuidade perpétua dos conteúdos definitivos que essas verdades encerram. Como renovação permanente, o cristianismo abre-se para o diálogo com os novos paradigmas com as quais vai se confrontando na sociedade, nas igrejas e nas demais tradições religiosas.

Do fundamentalismo ao fundamento

As fontes cristãs escritas são entendidas como a narrativa da experiência histórica da presença divina na pessoa de Jesus de Nazaré, Deus encarnado para os cristãos. O cristianismo mistura transcendência e imanência em seus fundamentos, ou seja, na origem permanente que o sustenta desde o começo. O retorno a essas origens por meio das fontes escritas é sempre um retorno ao mistério presente que sustenta a fé dos seguidores de Jesus. Desse modo, os testemunhos escritos da experiência fundante não se identificam com a fonte em si mesma, mas a comunica e testemunha para cada geração. Em outros termos, é parâmetro que mede (cânon) o passado a partir do presente e o presente a partir do passado. A cada geração esse retorno conta com novas fórmulas de compreensão, auxiliadas por instrumentos teóricos e metodológicos de leitura. A fé que busca razão (*fides quaerens intellectum*, para os medievais) refaz os modos de compreender os textos bíblicos a cada tempo e lugar. A hermenêutica cristã é sempre renovada; revisa os textos escritos e decodifica eles novos significados. A história do pensamento e da própria doutrina cristã testemunha essa renovação, ainda que muitas vezes ela fique escondida por baixo das fórmulas doutrinais e sobre os dogmas.

Todo texto traz consigo uma reserva de sentido, ensina a hermenêutica. Não existe desse modo a intepretação única e definitiva, mas uma circularidade entre o conteúdo do texto e as leituras distintas feitas no decorrer do tempo e por diversos sujeitos que vai construindo significados novos e até mesmo inéditos. O avanço da história (das condições de vida) e das ciências interferem, positivamente, na leitura do texto e demitiza, portanto, todas as fixações dogmáticas que possam fechar seus significados. O fundamentalismo é, nesse sentido, um propósito e um princípio de leitura que nega tanto a história que passa, a própria formação do cristianismo e a convicção de que a verdade é um dom do Espírito que deve ser buscado sempre, dentro da precariedade da história e em cada contexto histórico. A convicção de que o texto expressa por si mesmo na sua literalidade todo o sentido foi negada desde as origens cristãs. Já antes de Cristo, os judeus de Alexandria afirmavam que o texto bíblico possuía um sentido literal, um sentido alegórico e um sentido moral. E ensinavam, então, que era necessário decodificá-lo para além de sua literalidade para encontrar seu verdadeiro significado. O Apóstolo Paulo e os primeiros escritores cristãos não somente seguiram esse percurso, mas aplicaram esse método, para compreender Jesus e sua obra inserida dentro da tradição judaica (do Pentateuco, dos profetas e dos escritos sapienciais). Se as Escrituras hebraicas foram fundamentais para entender a experiência cristã fundamental (pregação, morte e ressurreição de Jesus), não foram, contudo, um fundamentalismo que impedia a interpretação renovada que fazia, tanto da realidade presente quanto dos textos do passado. Da mesma forma agiram os Padres da Igreja e os concílios na história, assim como Martinho Lutero que refez por completo a compreensão dos textos e do próprio conjunto dos livros, ao propor um novo cânon.

O fundamentalismo afirma que a Bíblia é o único fundamento da verdade e nega interpretações científicas do texto que reconstroem seus significados, e nega, igualmente, os resultados das ciências que evidenciem resultados que divirjam de determinadas interpretações bíblicas, como no caso da teoria darwinista da evolução das espécies. Mas ainda dão um passo além, ao menos em três aspectos: a) quando não distinguem as diferenças temporais (culturais, sociais, políticas e religiosas) que se interpõem entre o texto do passado e o leitor do presente e propõem uma aplicação direta da mensagem do textos às situações presentes; b) quando selecionam passagens e versículos isolados (sem ligações com o conjunto de um livro bíblico) e aplicam à realidade atual como norma absoluta que direcionam a vida moral e política dos fiéis; c) quando assumem passagens do Antigo Testamento, sem o crivo do Novo que é vinculante para a fé dos seguidores de Jesus.

O cristianismo nasce e se renova a partir de um fundamento que vai sendo vivenciado e revisitado a cada geração. Nessa experiência os textos bíblicos ocupam um lugar central. No entanto, jamais constituem uma referência única, isolada e fechada que se aplica imediatamente ao presente. As interpretações exigem sempre estudo crítico e consenso das comunidades de fé.

Da intolerância ao diálogo

Os estudos sobre as religiões são pautados pela objetividade metodológica, embora não sejam neutros. A distância necessária dos estudos de objetos religiosos não exclui objetivos éticos e políticos. Como todo estudo científico, visa contribuir com a compreensão desses objetos, lançar luzes onde há sombras, o que, por decorrência, contribui com a atitude de respeito para com as diferenças que comportam. Sem o conhecimento adequado das identidades culturais e religiosas, essas podem ser negadas como ilegítimas, sobretudo quando se trata de uma tradição minoritária ou muito desconhecida. Vimos como o cristianismo foi rejeitado e perseguido em suas origens por ser minoritário e estranho à religião oficial do Império Romano (Frangiotti, 2006). Essa postura ainda persiste em plena sociedade moderna embora o direito de existir seja conferido a todas as tradições religiosas no contexto das sociedades modernas e para a qual a intolerância religiosa constitui crime. Nos últimos tempos as posturas de rejeição das diferenças em nome de Deus se expandem e se acirram pelo planeta afora. As fobias em relação ao outro diferente e estranho vão sendo naturalizadas na alma de indivíduos e em posturas de grupos e de líderes políticos. As fobias aos negros, aos homossexuais, aos estrangeiros e aos pobres agregam adesões nas redes sociais e em projetos de governo. Deus entra como o fundamento das segregações que afirmam o perigo desses inimigos da sociedade e da fé e a necessidade de odiá-los e eliminá-los.

Conhecimento, tolerância, respeito e relações dialogais são posturas inseparáveis que fundamentam e possibilitam a convivência humana. A intolerância é sempre acompanhada da ignorância. E a intolerância religiosa é alimentada pela ignorância dos sistemas religiosos, ignorância que pode ser sobre si mesmos e sobre os outros. Nesse sentido, o estudo crítico do cristianismo pode contribuir com diálogo interno dessa complexa tradição (ecumenismo), com o diálogo com outras tradições (diálogo inter-religioso) e com o diálogo mais amplo com as diferenças diversas que compõem as sociedades atuais (diálogo social). O conhecimento acolhe as diferenças (mediante a curiosidade), supera os preconceitos e rejeições (mediante a dúvida) e busca as especificidades (com as interrogações). O estudo científico contribui assim com a convivência pacífica e solidária das diferenças religiosas no mundo conectado e, ao mesmo tempo, individualizado.

A intolerância cresce no interior do cristianismo, não obstante os grandes avanços ecumênicos no decorrer do século passado. Trata-se de um fenômeno que, ao mesmo tempo, reproduz e confirma as posturas intolerantes emergentes nas bolhas sociais e nos regimes nacionalistas de ultradireita que vêm emergindo pelo planeta afora. A tendência de retorno a referências do passado, entendidas como garantias de segurança e de solução das crises atuais, mostra-se visível a olho nu. Os isolamentos prometeicos afirmam a identidade nacional como supremacia que desencadeia xenofobia, como identidade religiosa que produz intolerância religiosa e moralismos, como isolamento individual que dispensa o outro como realidade e valor. As narrativas de ódio ao diferente ganham espaço nas redes sociais e em discursos de militantes políticos e lideranças governamentais. Um mundo em retrocessos. O que a humanidade julgava ter conquistado como valor fundamental para a convivência local e global vai perdendo a força e as antíteses intolerantes buscam os meios de serem legitimadas e, até mesmo, legalizadas. Na sua última Encíclica social o Papa Francisco constata essa realidade e afirma ser necessário que cada geração assuma como sua as lutas das gerações anteriores (*Fratelli Tutti*, 11).

As interrogações sobre a função social e política das religiões se tornam urgentes nessa conjuntura. As religiões podem contribuir com os isolamentos ou com o diálogo entre as pessoas e os povos; podem fornecer fundamentos para os dogmatismos e as intolerâncias ou para o pluralismo e o respeito mútuo. A tomada de consciência do princípio da pluralidade inerente à condição humana e aos processos de formação das identidades religiosas é o caminho indispensável para o diálogo e para a paz entre as pessoas, as comunidades religiosas e as nações. A projeção de uma identidade religiosa que nasce pronta e se perpetua de modo intacto no tempo e no espaço sustenta as posturas e projetos fundamentalistas e tradicionalistas. Conhecer os processos de construção histórica das tradições pode ser libertador para esses sistemas fechados e dogmatistas que desembocam na intolerância. A verdade sempre inconclusa e sempre localizada caracteriza os regimes éticos, doutrinais e científicos de ontem e de hoje. Sem donos e projetadas para uma reserva utópica sempre aberta, as verdades buscam os meios de concretização histórica.

Considerações finais

O cristianismo é, na verdade, a expressão singular de uma pluralidade que existiu desde as origens: os cristianismos. As fontes escritas do cristianismo e as próprias comunidades cristãs são construções progressivas feitas no decorrer de uma longa temporalidade. As tradições cristãs, incluindo os sistemas doutrinais, estão em permanente construção. A circularidade entre o passado (as fontes escritas) e o presente (os contextos diversos) reconstrói suas compreensões e a sua autoimagem. Nada linear e nada concluído, como se costuma imaginar e teorizar. Tudo o que é transmitido na história como herança de um passado remoto está condenado à dinâmica do tempo que passa e das compreensões que se modificam. Os fundamentalismos e os tradicionalismos são fixações ilusórias em modelos definitivos e verdadeiros; fixações que podem ser consoladoras por oferecerem segurança às precariedades inevitáveis da vida, porém sempre falsas em suas promessas, já que o tempo não para e o retorno ao passado é impossível para o ser que se encontra inserido no tempo. Todo retorno prometido será sempre mítico, quando a distinção entre passado e presente pode ser superada pela ação ritual.

A essência do cristianismo assume a história provisória como seu lugar, a encarnação em todas as realidades é decorrência de seu credo fundamental na encarnação do Verbo. A fé na presença viva do Cristo em cada comunidade e em cada membro, assim como do divino imanente na vida, na história e nas individualidades (Espírito Santo) confere ao cristianismo uma particularidade que exige discernimento e renovação permanentes. É na imanência humana – na materialidade da carne e na precariedade do tempo – que o cristianismo se formou como sistema de crenças, distinto de suas origens judaicas e de seu ambiente grego. O cristianismo foi se definindo na medida em que negava reduzir-se a um sistema de ideias transcendentes e desencarnadas, à maneira de tendências filosóficas gregas e religiões mistéricas. Em seu mistério fundante se encontra a encarnação e a morte de Deus, escândalos compreensíveis para a filosofia e para as religiões da época, como bem expressou Paulo de Tarso. Acrescenta-se de modo coerente que em sua essência ética o valor fundamental reside no amor radical ao próximo e na acolhida dos mais fracos como presença do próprio Deus. Tanto quanto o divino encarnado, a vida ética reside no amor encarnado: a identificação com a carne que sofre. Na ética e na escatologia cristã é a justiça radical que salva ou condena definitivamente os seguidores de Jesus, jamais uma norma ou uma instituição organizada. É nesse ponto que o diálogo entre as confissões distintas pode encontrar suas metas e estratégias comuns e suas reconstruções criativas.

Nessa perspectiva, o cristianismo não suporta configurações definitivas, abstrações doutrinais e instituições divinizadas, apenas discernimentos que constroem em cada tempo e lugar sua ação e sua própria identidade. A forte institucionalização do cristianismo católico fez com que elementos políticos visíveis, modelos hierárquicos e ordenamentos jurídicos soterrassem o mistério de onde tudo nasce. A figura do Espírito Santo, uma das pessoas divinas da fé cristã, atua como Deus imanente que inspira e conduz a comunidade cristã na busca da verdade por dentro do mundo e no dinamismo contraditório da história. É o mesmo Espírito que constrói a comunidade de fé a partir dos dons de cada sujeito colocados a serviço do bem-comum. A *ekklesia* é um corpo vivo que se identifica com o próprio corpo de Cristo dentro da história, marcada, portanto, pela força criativa e pelas tensões entre as diferenças que buscam sempre a igualdade, sem poderes sagrados que criam assimetrias e dominações.

É na inserção histórica e por meio do discernimento permanente que a *ekklesia* marca presença como peregrina em construção em cada tempo e lugar. Os modelos institucionais específicos – e muitas vezes sectários – assumidos pelas igrejas no decorrer do tempo cristalizaram camadas cada vez mais sedimentadas que esconderam essa compreensão original. As estruturas estáveis e definitivas se sobrepuseram às construções participativas dos membros animados pelo mesmo Espírito criador. A segurança das essências conhecidas como ideias esconderam a historicidade. A unidade tragou as diferenças. A identidade rejeitou as alteridades. A organização institucional ocultou a vivacidade do carisma. O domínio do definitivo dispensou o provisório. Essas posturas que afirmam a supremacia do endógeno sobre o exógeno e das igrejas (eclesiocentrismo) sobre a sociedade, das ideias sobre a realidade concreta, dispensam o mais essencial da vida cristã.

A consciência da historicidade do cristianismo poderá contribuir com a relativização de suas formulações e organizações muitas vezes enrijecidas e, por conseguinte, intolerantes e abrir os diversos grupos e tradições para um diálogo, quando, então, as diferenças deixam de ser campos de luta e se tornam oportunidade de construção comum e quando a ética do amor encarnado permite contribuir com a construção de uma sociedade de iguais.

Referências

ALLPORT, G.W. *La naturaleza del prejuicio*. Buernos Aires: Eueba, 1971.

ARBIOL, C.G. *Paulo na origem do cristianismo*. São Paulo: Paulinas, 2018.

ARMSTRONG, K. *Em nome de Deus – O fundamentalismo no judaísmo, no cristianismo e no islamismo*. São Paulo: Companhia das Letras, 2001.

ASLAN, R. *Zelota – A vida e a época de Jesus de Nazaré*. Rio de Janeiro: Zahar, 2013.

BACHELARD, G. *A formação do espírito científico*. Rio de Janeiro: Contraponto, 1996.

BERGER, P. *O dossel sagrado – Elementos para uma teoria sociológica da religião*. São Paulo: Paulus, 1985.

BERMAN, H.J. *Direito e revolução – A formação da tradição jurídica ocidental*. São Leopoldo: Unisinos, 2006.

BLOOM, H. *La religión en los Estados Unidos – El surgimento dela nación poscristiana*. México: Fondo de Cultura Económica, 1997.

BOURDIEU, P. *A economia das trocas simbólicas*. São Paulo: Perspectiva, 2003.

CALABI, F. *Fílon de Alexandria*. São Paulo: Paulus, 2014.

CASTILLO, J.M. *A ética de Cristo*. São Paulo: Loyola, 2013.

COMBLIN, J. *O provisório e o definitivo*. São Paulo: Herder, 1968.

CUCHE, D. *A noção de cultura nas ciências sociais*. Bauru: Edusc, 1999.

CROSSAN, J.D.; REED, J.L. *Em busca de Jesus: debaixo das pedras, atrás dos textos*. São Paulo: Paulinas, 2007a.

CROSSAN, J.D..; REED, J.L. *Em busca de Paulo: como o apóstolo de Jesus opôs o Reino de Deus ao Império Romano*. São Paulo: Paulinas: 2007b.

DELUMEAU, J. *Mil anos de felicidade: uma história do paraíso*. São Paulo: Companhia das Letras, 1997.

ELIADE, M. *O sagrado e o profano*. São Paulo: Martins Fontes, 1999.

ESTRADA, J.A. *Para compreender como surgiu a Igreja*. São Paulo: Paulinas, 2005.

FERRÍN, E.G. *A angústia de Abraão – As origens culturais do judaísmo, do cristianismo e do islamismo*. São Paulo: Paulus, 2018.

FORTE, B. *Jesus de Nazaré, história de Deus, Deus da história – Ensaio de uma cristologia como história*. São Paulo: Paulinas, 1985.

FRANCISCO. *Encíclica* Fratelli Tutti. São Paulo: Paulinas, 2020.

FRANGIOTTI, R. *Cristãos, judeus e pagãos: acusações, críticas e conflitos no cristianismo antigo*. São Paulo: Ideias e Letras, 2006.

FRESTON, P. Breve história do pentecostalismo brasileiro. *Nem anjos, nem demônios*. Petrópolis: Vozes, 1994.

GADAMER, H.-G. *Verdade e método – Traços fundamentais de uma hermenêutica filosófica*. Petrópolis: Vozes, 2002.

HAIGHT, R. *A comunidade cristã na história: eclesiologia comparada* Vol. 2. São Paulo: Paulinas, 2012.

HENRY, M. *Encarnação: uma filosofia da carne*. São Paulo: É Realizações, 2014.

HOBSBAWM, E.; RANGER, T. *A invenção das tradições*. São Paulo: Paz e Terra, 2002.

KHATLAB, R. *As igrejas orientais católicas e ortodoxas: tradições vivas*. São Paulo: Ave-Maria, 1997.

KLAUCK, H.-J. *O entorno religioso do cristianismo primitivo II: culto aos governantes e imperadores, filosofia, gnose*. São Paulo: Loyola, 2011.

KÜNG, H. *Teologia a caminho: fundamentação para o diálogo ecumênico*. São Paulo: Paulinas, 1999.

KÜNG, H. *Projeto de ética mundial: uma moral ecumênica em vista da sobrevivência humana*. São Paulo: Paulinas, 2003.

LAFONT, G. *História teológica da Igreja Católica: itinerário e formas da teologia*. São Paulo: Paulinas, 2000.

MEEKS, W.A. *Os primeiros cristãos urbanos – O mundo social do Apóstolo Paulo*. São Paulo: Paulinas, 1992.

MEUNIER, B. *O nascimento dos dogmas cristãos*. São Paulo: Loyola, 2005.

NEMO, P. *O que é o Ocidente?* São Paulo: Martins Fontes, 2005.

PAUL, A. *A Bíblia e o Ocidente: da biblioteca de Alexandria à cultura europeia*. Lisboa: Instituto Piaget, 2014.

PARRA, A. *Os ministérios na Igreja dos pobres*. Petrópolis: Vozes, 1991.

PASSOS, J.D. *A força do passado na fraqueza do presente – O tradicionalismo e suas expressões*. São Paulo: Paulinas, 2020.

PESCE, M. *De Jesus ao cristianismo*. São Paulo: Loyola, 2017.

PIRENNE, H. *Maomé e Carlos Magno – O impacto do Islã sobre a civilização europeia*. Rio de Janeiro: Contraponto/PUC-Rio, 2010.

SCARDELAI, D. *Movimentos messiânicos do tempo de Jesus – Jesus e outros messias*. São Paulo: Paulus, 1998.

THEISSEN, G. *A religião dos primeiros cristãos – Uma teoria do cristianismo primitivo*. São Paulo: Paulinas, 2009.

TORREY, R.A. *Os fundamentos*. São Paulo: Hagnos, 2005.

WACH, J. *Sociologia da religião*. São Paulo: Paulinas, 1990.

WENGST, K. Pax romana: *pretensão e realidade*. São Paulo: Paulinas, 1991.

Islam

Francirosy Campos Barbosa
Atilla Kuş

Introdução

> *[...] trata-se, não apenas de uma religião;*
> *o Islão abriga um conjunto de valores*
> *que incidem na vida prática, intelectual,*
> *emocional e espiritual dos muçulmanos [...]*
> (Hanania, 2010, p. 281).

O *Islam*[52] é uma das religiões que mais crescem. São 1.571.198.000[53] muçulmanos em todo o mundo. Sendo a religião considerada como de imigrantes e/ou étnica ou quase étnica (Peres; Mariz, 2003), contribui-se para que se façam leituras diversas sobre seus contextos de origem, e, por conseguinte, se constroem imaginários exóticos sobre pertencimento de árabes com práticas desconhecidas de populações locais. A atribuição do Islam como tendo uma identidade árabe é devido ao fato da obrigatoriedade do conhecimento da língua árabe para leitura do Alcorão e rezas praticadas pelos fiéis, além do fato de que a religião emergiu em contexto árabe, mas cabe apontar que o maior número de muçulmanos na atualidade encontra-se na Ásia,

---

52. Usamos a nomenclatura Islam ao invés de Islã, Islão ou islamismo devido ao fato de que a forma original com que se escreve em árabe é essa. Islam em árabe significa paz. O termo islamismo usamos para referir a grupos religiosos com conotações políticas: Irmandade Muçulmana, p. ex. Para saber mais conferir Barbosa (2021b, p. 109).

53. Segundo Mapping the Global Muslim Population.

seguida do continente Africano e, então, Oriente Médio (Pinto, 2010). A língua árabe, as roupas, o modo de comportamento, tudo é exotizado quando se trata de representar os fiéis da religião. No Brasil, por exemplo, durante muito tempo a comunidade árabe--muçulmana não teve preocupação em se comunicar para fora, o que não é mais possível nos dias de hoje com tanta repercussão internacional a respeito de atentados, guerras e outras motivações que envolvem nomes e grupos de muçulmanos. Mesmo com a exposição diária em telejornais e na mídia impressa, o número de muçulmanos aumentou nas últimas três décadas – sendo que na mesquita do Rio de Janeiro há mais revertidas(os)[54] que nascidas(os) muçulmanas(os), segundo informação da própria mesquita e das diversas pesquisas empreendidas neste campo (Montenegro, 2000; Fonseca; Barros, 2012).

As pesquisas sobre o Islam no Brasil vêm aumentando há algumas décadas e apresenta grupos consolidados de pesquisa como o Neom – Núcleo de Estudos do Oriente Médio, coordenado por Paulo Gabriel Hilu da Rocha Pinto e Gisele Fonseca Chagas com diversos trabalhos sobre o Islam no Brasil e no Oriente Médio. Etnografias que se inserem neste contexto amplo sobre os modos de significar o Islam. O Gracias – Grupo de Antropologia em Contextos Islâmicos, coordenado por Francirosy Campos Barbosa nos seus mais de 10 anos de existência vem se consolidando como um grupo de referência no campo da Psicologia/Antropologia que dialoga com os aspectos da Islam e práticas dos muçulmanos, mas também com forte presença etnográfica nos trabalhos produzidos sobre temáticas que discutem questões de gênero, saúde mental, migração, liberdade, decolonialidade, como, por exemplo, Tomassi (2011); Munõz Forero (2016), Pasqualin (2018; 2022), Paiva (2018; 2022), Lima (2018), Silva (2019), Adi; Barbosa (2021).

---

54. Trata-se de uma categoria nativa que muçulmanos usam para dizer que se converteram ao Islam, no sentido de que retornou à religião. Esse é um dos temas tratados por Barbosa (2017) no livro *Performances islâmicas em São Paulo*.

As pesquisas sobre o Islam se consolidaram após o 11 de Setembro, pois os pressupostos de associação da religião ao terrorismo deveriam ser investigados, do mesmo modo as relações estabelecidas com as mulheres e problemas de toda ordem que envolviam os fiéis e suas práticas religiosas. Muito frequente a atribuição de mulheres em lugar de subjugação, bem como aos homens o lugar de terrorista, radical, muitas vezes, por serem árabes, pelas vestimentas ou pelo uso da barba conforme aponta o *I Relatório de Islamofobia no Brasil*[55] coordenado por Barbosa *et al.* (2022).

Origem e expansão

Falar da origem do Islam tem seus aspectos complexos. Os motivos desta afirmação se baseiam no fato de esta religião se considerar como "A religião", tendência à qual quase todas as religiões universalistas se declinam. Do ponto de vista islâmico, esta autoconsideração como "a religião" se baseia, por um lado, nos versos corânicos onde os profetas anteriores a Muhammad afirmam serem muçulmanos, por outro, no versículo em que se diz o "Islam ser a verdadeira religião perante Deus" (Alcorão 3:19)[56]. Não obstante este capítulo tende a analisar esta religião à luz da Ciência da Religião e da Antropologia é preciso que se faça um levantamento acerca das próprias observações do Islam em relação à ligação do ser humano a Deus e das suas formas de atuação no cotidiano dos fiéis. Em primeiro lugar, pretendemos definir a palavra Islam para que fique mais claro o que tentamos afirmar nas linhas anteriores.

---

55. Disponível em: https://www.middleeasteye.net/news/brazil-women-muslim-convert-afraid-wear-hijab-islamophobia – Acesso em: 18/12/2022. • https://anba.com.br/islamofobia-70-da-violencia-contra-mulher-acontece-na-rua/ – Acesso em: 18/12/2022.

56. Todas as traduções e interpretações do Alcorão foram retiradas de UNAL, A. (2015). *Tradução do* Alcorão Sagrado *com interpretação anotada*. Trad. de Samir el Hayek. Nova Jersey: Tughra Books.

A palavra Islam deriva do verbo *aslama* em árabe, o qual significa submeter-se, entregar-se. Portanto, a tradução direta do Islam, como o substantivo do verbo *aslama*, é submissão. Terminologicamente, esta submissão é a Deus em todos os aspectos da vida de cada indivíduo. Por isso, como abordado por Jamal Elias (2011, p. 17), para os muçulmanos tudo que existe é submisso à Lei Divina, portanto muçulmano; isto é, submetido. Dentre todos os seres existentes, os seres humanos são os únicos que possuem livre arbítrio e por isso podem desobedecer a submissão a esta lei em termos de religiosidade. No entanto, como o estado inconsciente em que se está, todo mundo, mesmo aqueles que se negam a seguir o Islam como religião, são muçulmanos por seguirem uma ordem divina embutida na vida deles (Nasr, 2015, p. 297).

Na concepção de teólogos e estudiosos muçulmanos, o Islam, diferente da abordagem empírica que será base neste trabalho, existiu desde o primeiro ser humano. Por isso, acredita-se que ele não surgiu apenas nos inícios do século VII da Era Comum. Muhammad, neste sentido, é o último profeta enviado para completar a mensagem revelada através dos profetas e mensageiros anteriores a ele[57]. Todos eles se declaram, na perspectiva corânica, como muçulmanos, aqueles que se submetem à vontade e lei de Deus.

Na perspectiva histórica, o surgimento do Islam remonta ao início do século VII, mais precisamente ao ano 610 quando Muhammad, na visão islâmica, recebe as primeiras revelações do Alcorão, que são os cinco primeiros versículos da surata[58] *Al-alaq* (96) que afirmam como segue:

> 1) Lê em nome do teu Senhor, que criou. 2) Criou o ser humano a partir de um coágulo. 3) Lê, que o teu Senhor é o mais generoso. 4) Quem ensinou o ser humano através da pena. 5) Ensinou ao ser humano o que este não sabia.

---

57. Segundo a crença islâmica, não há povo, na face da terra, que não tenha recebido pelo menos um mensageiro.

58. Surata é o nome dado a cada um dos 114 capítulos do Alcorão.

Estes versículos do Alcorão dão o primeiro passo no caminho da formação histórica do Islam. A partir destes versos, Muhammad começa a divulgar a sua mensagem aos seus próximos – sua esposa Khadija, seu primo Ali ibn. Abi Talib, seus amigos mais próximos Abû Bakr e Uçman ibn Afwan e seu filho adotivo Zaid ibn Hariça. Por um período de 3 anos, esta divulgação acontece de forma discreta.

É preciso deixar claro, porém, que a tradição islâmica vê o Alcorão inteiro como uma revelação. Portanto, quando da análise destes dados, acredita-se que houve um contato entre Muhammad e o anjo Gabriel, segundo a tradição islâmica aquele que intermedia a mensagem entre Deus e profetas. Por isso, o primeiro contato de Muhammad com este anjo o espanta, pois nunca antes ele havia vivido este fenômeno. Jomier (1994) analisa este primeiro contato como este estado de medo enquanto Pace (2005, p. 8) nomina este fenômeno como um estado extático.

Após esta breve introdução da seção, acreditamos que convenha fazer uma análise do período pré-islâmico da Arábia e passar pela biografia de Muhammad para que, assim, possamos melhor entender o fenômeno do qual tratamos. Bem como é importante esta análise para melhor compreensão a respeito das seções posteriores sobre bases da jurisprudência – disciplina que estuda as práticas islâmicas e regula o cotidiano de um muçulmano desde os eventos da esfera privada individual até aqueles da esfera social e pública.

A Arábia pré-islâmica

O período pré-islâmico da Arábia é denominado *jahiliyya,* que pode ser literalmente traduzido como obscurantismo ou era da ignorância. No pensamento islâmico, esta denominação não tem uma definição muito clara, não obstante o consenso de que a época aqui tratada claramente seja definida como tal. Sayyid Qutb(1979), em meados do século XX, levantou a tese de que *jahiliyya* não era apenas uma época específica, mas um estado em que o ser humano se encontraria em ignorância no que diz respeito sobre o seu conhecimento em relação a Deus, aos preceitos por Ele ordenados e à rebelião contra ele.

Como apontado, é consensual que *jahiliyya* é o nome dado ao período pré-islâmico na Arábia. Saqqal (1995), em seu livro que aborda a respeito do contexto árabe pré-islâmico, indica que este nome foi dado a esta época apenas com o advento do Islam. Ou seja, não há a tal denominação antes de o Islam aparecer ou começar a ter força e presença marcante neste território.

Este período é marcado por uma diversidade de crenças na Arábia. Por um lado, há, de forma predominante, uma religião politeísta que, segundo os estudiosos muçulmanos, derivou do monoteísmo. Por outro lado, trata-se de uma presença importante de judeus, principalmente no campo econômico. Além disso, constatou-se presença de cristãos e monoteístas, que seriam, de acordo com a tradição islâmica, os seguidores da fé divulgada por Abraão e seu primogênito, Ismael. Estes últimos são chamados de *hanîf* – pl. *ahnâf* – sinalizando que seguiam a forma mais pura da fé de seus antepassados. Para Al-Jarim (1923), a religião dos árabes, antes do politeísmo, era monoteísmo divulgado por Abraão e seu filho Ismael e um dos maiores sinais disso era peregrinação praticada pelos árabes durante o mês de *Dhu'l-hijja*.

Na Arábia pré-islâmica, assim como o é atualmente, a cidade de Meca era um dos maiores centros de atração devido ao seu papel religioso e, consequentemente, econômico. Como supracitado, os habitantes da Arábia e das regiões próximas – Leste Africano e Pérsia – visitavam Caaba (o santuário até hoje situado em Meca) para praticar a peregrinação e, enquanto isso, participar das feiras comerciais que ocorriam nos arredores da cidade. Devido ao fato de Meca ter um clima árido e incompatível para agricultura e criação de gado, a única fonte de proventos era comércio e expedições comerciais para o norte (*Shâm*, Síria) e para o sul (Iêmen) da Península Arábica. Além dos períodos de viagens para praticar o comércio, os árabes de Meca eram organizadores de férias e cuidadores de peregrinos durante o mês de Dhu'l-hijja.

Este mês era um dos quatro meses sagrados[59] – *haram* – em que não poderia haver nenhum conflito e guerra. Apesar de ter havido uma forte tradição de vinganças de sangue entre as tribos, nestes quatro meses chamados *haram*, até os arqui-inimigos conviviam sem conflito por respeito a estes meses sagrados. Isto deriva do fato de que o conflito e a guerra poderiam causar a abstinência da peregrinação e, consequentemente, das feiras que eram fonte de rendas econômicas.

De certa forma, os sistemas religioso e financeiro eram interligados e interdependentes. De um lado, a religião, através de peregrinação, favorecia as feiras e fontes de riqueza, por outro, as feiras favoreciam a continuidade do sistema religioso e a manutenção da Caaba, o principal Templo que atraía desde os árabes politeístas até os judeus e cristãos.

Além da antiga religião árabe, os judeus e cristãos eram financeira e politicamente importantes para a Península Arábica do período pré-islâmico. Principalmente os judeus que habitavam a cidade de Yathrib – mais tarde renomeada Medina – e as fortalezas de *Khaybar* situadas a 180km de Yathrib; isto é, nas rotas de comércio para os atuais territórios chamados de Síria e Líbano – à época, *Shâm*. Os judeus tinham forte presença e influência na economia e nas alianças políticas devido à venda de armas que estava sob custódia deles. Em Yathrib, por exemplo, que presenciava um conflito social entre as duas principais tribos da cidade por mais de um século antes do advento do Islam, o resultado da guerra entre estas duas tribos geralmente era determinada logo no início dependendo da aliança delas com as tribos judaicas. Os judeus da cidade de Yathrib, provavelmente de toda a região chamada Hejaz, que incluía Meca também, eram imigrantes que fugiram depois da destruição do segundo Templo pelos romanos no ano 70 da Era Comum (Kelpetin, 2017).

---

59. Os outros três meses eram Muharram, Rajab e Dhu'qui'da; respectivamente, primeiro, sétimo e décimo primeiro meses.

Constata-se também uma presença cristã na Arábia pré-islâmica. Os árabes cristãos eram chamados de *nassara*, em referência ao nome do lugar onde Jesus havia nascido, Nazaré. Entre os árabes eram mais comuns as igrejas Nestoriana, Arianista e Melquita, sendo esta última a única em comunhão com a Igreja oficial do Império Romano oriental. A tribo Ghassan, localizada ao norte da Península, era a única que tinha toda sua população cristã melquita. Os outros cristãos, nestorianos e arianistas, viviam em regiões mais remotas devido à perseguição do Império Romano Oriental contra eles. Constatam-se muitos eremitas e monges destes dois grupos, alguns dos quais influenciaram a vida de Muhammad. Talvez por ser a Igreja Nestoriana aquela que atribui total deidade a Jesus é que o Alcorão tem um discurso rígido em relação a esta atribuição (Albaydawî, 2011).

No que diz respeito ao contexto político do período em análise, este registra uma instabilidade. Embora os árabes do sul do Iêmen tenham formado reinos e impérios durante a história, os do Norte e do centro não compartilhavam de tal estratégia com os seus conterrâneos sulistas. A maior unidade política era a tribo – *qabila* – subdividida em clãs – *shu'ub*. Tanto tribo quanto o clã eram formados com base em relação sanguínea. Ou seja, trata-se de uma família grande denominada, *a priori*, a partir do nome do antepassado que formou-a. A região do Iêmen, de modo geral, era um espaço cobiçado entre as duas potências da época, o Império Romano Oriental e o Império Sassânida. É importante salientar que enquanto os sassânidas exerciam suas interferências diretamente, os romanos o faziam através de seu aliado localizado à costa leste da África, o Reino da Abissínia que abrangia os territórios que hoje são Etiópia e Eritreia.

Segundo Watt (1956), os árabes desta época tinham uma percepção negativa em relação aos reinos e impérios, com base em pouco conhecimento que tinham sobre estas formas políticas de união a partir dos impérios Sassânida e Romano Oriental e do Reino de Abissínia. Por isso, de modo geral, havia no máximo alianças formadas por ocasião de conflitos em três formatos diferentes, a saber: confederação (*halif*), vizinhança (*jar*) e aliança (*mawla*). Em todos estes casos era suficiente que o membro de uma tribo se juntasse ao membro de outra. Existia também a irmanação entre integrantes de diferentes tribos (*muakhat*), o que fazia com que, independentemente da relação sanguínea, uma pessoa fosse considerada da tribo do seu irmanado. Desta forma, algum prejuízo sofrido por algum dos irmanados era considerado prejuízo à tribo inteira. Os irmanados poderiam chegar a ser herdeiros um do outro, uma prática abolida depois do advento do Islam. Porém, como veremos posteriormente, Muhammad e seus súditos declararam uma irmanação entre si depois da *hijra* para dar fim ao problema social causado pela imigração de Meca a então Yathrib.

É importante salientar que, de forma alguma, estas alianças e confederações superavam a principal unidade político-social, que era a tribo. Independentemente destas alianças, a tribo permanecia como a união superior a qualquer outra. Por esta razão é que quando alguém matava uma pessoa membro de uma tribo, a vingança de sangue ocorria entre as tribos e não somente entre as famílias dos envolvidos.

O surgimento do Islam e seu desenvolvimento histórico

Os estudiosos muçulmanos, como já indicado anteriormente, estendem o surgimento do Islam para os períodos mais remotos. Pode-se dizer que não há uma data bem definida de quando o Islam surgiu ao levar em consideração o pensamento teológico islâmico. Por isso, a abordaremos sobre o surgimento do Islam a partir da perspectiva histórica. Talvez seja oportuno em primeiro lugar fazer uma análise da vida de Muhammad, o personagem imprescindível que marca o início do Islam em termos históricos.

Para comprovar o elo do Islam com "a fé abraâmica", estudiosos de *Sira* (biografia do profeta) começam os seus escritos com a cena do abandono de Abraão no antigo Vale de Bekka. Esta é a ocasião em que Abraão deixa a sua ex-escrava por ele desposada, a Hagar, e o seu primogênito Ismael. Enquanto a tradição bíblica relata que isto ocorreu no Parã, região no sul do atual Estado de Israel, a tradição islâmica insiste que este acontecimento foi no Vale de Bekka, onde a cidade de Meca foi construída, partindo do nome das montanhas que rodeiam este lugar que também são chamadas de Parã – em árabe *Faran*. O estudioso da sira Ibn Kathir (2017), além de fazer esta ligação a partir desta perspectiva, traz também uma árvore genealógica de Muhammad que o liga a Ismael, filho de Abraão. O autor referido começa, aliás, o seu longo estudo chamado *El-bidaya wa al-nihaya* – em tradução livre, "O início e o fim" – com a história de profetas anteriores a Muhammad e somente no segundo volume deste estudo chega ao ano do nascimento de Muhammad.

O nascimento de Muhammad, num consenso majoritário entre os estudiosos, ocorreu em 571 da Era Comum. Há também relatos sobre este nascimento ter ocorrido em 570. A divergência em torno da data, principalmente em termos do calendário gregoriano, é devido ao fato de, antes do advento do Islam, os árabes não terem o costume de adotar um calendário. Na maioria das vezes, quando necessário, os acontecimentos marcantes eram tomados por marco para se referir a algo. Por isso, Muhammad nasceu, segundo a tradição árabe daquela época, no Ano do Elefante. O motivo desta denominação é o ataque do governador de Iêmen, Abraha al-Ashram, à Caaba e sua derrota, em termos da tradição islâmica, milagrosa.

Abraão era vigário do rei abissínio nas terras iemenitas. Ambicioso para atrair os mesmos fluxos comerciais à região por ele governada, construiu uma igreja – *Kullais* ou *Kalîs* – para que servisse de centro de peregrinação. Porém, devido ao fato de os árabes politeístas terem uma estima imensurável pela Caaba, as expectativas dele não foram atendidas e, não bastasse isso, para zombar desta tentativa dele, um árabe desrespeitou o Templo e defecou dentro do espaço. Esse ato causou fúria nele e o levou a preparar um exército acompanhado de elefantes para atacar a cidade de Meca e destruir a Caaba. Segundo a tradição islâmica, quando Abraão se aproximou da cidade, confiscou os bens de algumas pessoas, dentre eles, os camelos de Abd al-Muttalib, o avô de Muhammad e chefe do grupo que dirigia a cidade de Meca. A única demanda de Abraão era que o povo de Meca não o enfrentasse quando ele se dirigir à Caaba para destruí-la. A cidade foi evacuada e Abd al-Muttalib teve uma audiência com Abraão em que ele apenas solicitou a devolução de seu rebanho de camelo deixando a segurança do santuário sob a ameaça de iminente ataque ao seu dono, a *Allah*.

A surata 105 do Alcorão, intitulada *al-Fil* (na tradução livre, Elefante), trata deste acontecimento:

> Já reparaste como o teu Senhor lidou com os donos do elefante? Será que ele não desbaratou o seu plano maligno? Ele enviou sobre eles bandos de pássaros de Ababîl, que lhes atiravam pedras de barro cozido. E assim, Ele deixou-os como um campo de grãos devorado e devastado (Alcorão 105:1-5).

Por causa deste acontecimento, o ano do nascimento de Muhammad foi batizado como o Ano do Elefante – em árabe, ám al-fil. Esta forma de nomeação dos anos derivava do fato de não ter havido um marco inicial do calendário seguido pelos árabes. Somente no califado de Umar ibn. Al-Khattab, em 639, houve sistematização do calendário tendo-se a imigração de Muhammad de Meca a Medina como marco inicial. Isto é, antes disso, não havia um marco inicial do calendário nos períodos anteriores. Por isso, os árabes costumavam ter vários marcos de referência para calcular os anos. Este é o motivo também de não se saber exatamente se Muhammad nasceu em 570 ou 571 da Era Comum apesar de a maioria de estudiosos da *sira* chegarem ao consenso de que é em 571.

Muhammad nasceu dentro da Família Hashim, um dos braços da Tribo Coraish e o clã responsável pela recepção dos peregrinos e pelos cuidados da Caaba e das divindades dentro dela existentes. Ele nasceu depois que o pai dele já tinha falecido durante uma viagem comercial a Damasco. Como costume da época, ele foi dado a uma ama de leite para que, em primeiro lugar, crescesse longe do clima *cosmopolita*, por assim dizer, de Meca, onde pessoas de toda a península circulavam e carregavam doenças virais que afetavam fortemente as crianças. Assim como, o clima árido de Meca não era compatível com os cuidados de uma criança recém-nascida. Em segundo lugar, as amas de leite eram de tribos *badawî* – isto é, beduínas, aquelas tribos que habitavam áreas rurais – que, devido ao distanciamento de regiões cosmopolitas como Meca, não carregavam influências linguísticas destes espaços urbanos, portanto, preservavam ao máximo possível a *pureza da língua*.

Apesar de Albert Hourani (2006) afirmar que não há muitos dados sobre Muhammad no que diz respeito à vida dele antes da pregação dele a partir de 40 anos de idade, a sira traz muitos detalhes da vida dele desde a infância até a sua morte. Muhammad cresceu dentro da tribo Banu Sa'd e ficou com a família de leite até os 45 anos. Depois de seu retorno a sua mãe morreu e ele passou a ter cuidados do avô, Abd al-Muttalib, que o teve sob custódia por cerca de 2 anos. A partir de 8 anos, depois da morte de Abd al-Muttalib, o seu tio, Abu Talib, cuidou dele até a idade adulta. Como veremos posteriormente, os estudiosos da sira, trazem à tona o relato de que este tio cuidou de Muhammad e preveniu qualquer ataque contra na época que ele começou a pregar a sua mensagem.

Ainda nesta época de infância, tanto sob custódia de avô quanto sob a do tio, Muhammad teve encontros com vários líderes religiosos, principalmente judeus e cristãos. Um dos mais citados eventos da sua vida é o encontro dele com o monge cristão Sergius[60] – possivelmente nestoriano – que avisou o tio Abu Talib de que este sobrinho era o profeta esperado pelos judeus e cristãos.

---

60. Sergius era popularmente chamado de Bahira (aquele que tem conhecimento profundo) e vivia uma vida estritamente monástica.

Para o monge, o sinal mais claro disso era uma espécie de *selo* – *khatm al-nubuwwa* – nas costas de Muhammad.

Aos 25 anos de idade, Muhammad se casou com Khadija bint Khuwailid, que era a mulher mais rica de Meca e sua empregadora. Curiosamente, segundo os estudiosos da sira, a proposta de casamento partiu de Khadija, o que à época não era comum. Isso, segundo Pace (2005), foi uma oportunidade para Muhammad ter "momentos para si mesmo" e meditar. Ele se afastava da cidade e meditava numa gruta chamada Hira, hoje comumente visitada pelas pessoas que vão à peregrinação em Meca. Segundo Haylamaz (2008), este afastamento dele era por causa do incômodo que ele sentia da desigualdade e injustiça que ocorriam na sociedade mequense da época e seria isto, ainda para o referido autor, "uma orientação divina para que o futuro profeta se preparasse à sua missão".

Ainda por causa de tais incômodos que sentia, junto a um grupo de jovens, ele havia participado do Coletivo de Virtuosos – em árabe *Khilf al-Fudul* – que pretendia combater a desigualdade e injustiça proeminentes na sociedade árabe da época (Hamîdullah, 1998).

Próximo aos 40 anos de idade, os retiros de Muhammad se tornaram mais frequentes e longos. Isto aconteceu até quando, aos seus 40 anos, em 610, ele voltou do seu local de retiro, a gruta de Hira, espantado e assustado, pedindo que a esposa o cobrisse. Mais tarde questionado pela esposa, Muhammad revela a ela que lhe ocorreu algo sobrenatural. Por isso. Os dois foram à visita do primo de Khadija, Waraqa ibn. Nawfal, possivelmente um dos raros cristãos em Meca e alguém que tinha amplo conhecimento sobre as escrituras bíblicas. Waraqa, neste momento, lhe informou que seria ele o último profeta esperado pelo Povo do Livro (a forma como os judeus e os cristãos eram chamados na Arábia) e que aquilo que ocorreu era uma revelação de Deus por meio do Anjo Gabriel – em árabe, Jibril.

Muhammad era iletrado. Possivelmente um dos motivos de seu susto e espanto foi alguém lhe ordenar que "lesse". Os relatos são no sentido de que nesta primeira ocasião aconteceu a revelação dos primeiros cinco versos da surata 96:

> 1) Lê em nome do teu Senhor, que criou. 2) Criou o ser humano a partir de um coágulo. 3) Lê, que o teu Senhor é o mais generoso. 4) Quem ensinou o ser humano através da pena. 5) Ensinou ao ser humano o que este não sabia.

A partir desta orientação de Waraqa, Muhammad começa a fazer o trabalho de divulgação desta mensagem até a sua morte em 632. Waraqa havia informado a Muhammad mais uma coisa que iria ocorrer no futuro: a sua expulsão de Meca. Isso para quem sempre foi querido e amado pelo povo de sua cidade e chamado de al-Amin – o confiado, confiável – deve parecer no mínimo absurdo. O seu conforto perante uma notificação dessa foi a esposa, Khadija, que também se tornou sua primeira seguidora em termos da nova religião que ele pregaria e que mais tarde se formaria como o Islam.

Depois desta primeira revelação, há um período de interregno que ocorreu por três anos. Nesse período, Muhammad, enquanto não recebeu nenhuma outra mensagem ou revelação divina, começou a passar por momentos de melancolia e tristeza. Ele temia ter causado a ira de Deus ao se manifestar perante o anjo que não sabia ler quando ocorreu o seu primeiro contato em Hira. Enquanto isso, ele divulgava discretamente a sua mensagem. Os seus primeiros seguidores eram diversificados, contrariando os padrões da época (Kus, 2022). Havia a Khadija, que era mulher, mas também Abu Bakr – um dos homens mais ricos da cidade –, Zayd ibn. Hariça – ex-escravo emancipado e adotado por Muhammad como filho – e Ali ibn. Abî Talib – primo e futuro genro de Muhammad.

Depois de três anos, Muhammad, após receber mais uma revelação, começou a divulgar a sua mensagem de forma aberta o que, apesar de ter chamado atenção na cidade, em primeiro momento, não causou nenhuma reação, senão a reação de seu próprio tio Abu Lahab.

Não muito longe, a divulgação desta nova religião começou a ter reações quando ela começou afirmar a falsidade das divindades que os árabes adoravam. Isto, além do seu aspecto religioso, continha ameaças ao sistema econômico[61] também. Por esta razão é que Pace (2005) denomina Muhammad como um "economicista antieconomicista". No que diz respeito à nomeação dada pelo autor referenciado, em primeiro lugar vemos o lado antieconomicista de Muhammad. Ele, de certa forma, desconstrói toda a conceituação societal que tinha, no seu fundo, um sistema de castas *a la árabe*.

Durante treze anos Muhammad tentou ganhar o máximo de seguidores que pudesse em Meca. Porém, isto não foi tão viável vista a reação conflituosa que houve. Em primeiro lugar, a repressão atingiu os mais fracos e pobres de seus seguidores e se estendeu, por fim, até ele tendo o planejamento de seu assassinato antes de sua partida em setembro de 622. Face a estas vivências, Muhammad orientou os seus seguidores, em 615, a viajarem para Abissínia cerca de cinco anos após o seu primeiro contato com o ocorrido sobrenatural. Aqui eles teriam recepção e refúgio do Rei Najashi, que era um cristão copta. Um ano depois, mais um grupo viajou a esta terra. Concomitantemente, Muhammad buscava um lugar seguro onde pudesse mandar os seus seguidores, e talvez ele mesmo pudesse ir. Por isso sempre em épocas de peregrinação e feiras comerciais andava de tendas em tendas tentando convidar as pessoas à religião que ele estava pregando e, desta forma, encontrar um lugar de refúgio.

Em 622, Muhammad emigrou para a cidade de Yathrib, que atualmente é Medina. Aqui observa-se a construção do novo sistema econômico em detrimento daquele que foi de certa forma desconstruído. Ressalte-se que Muhammad não descartou todos os elementos da antiga tradição árabe. Alguns deles, como o ca-

---

61. Entendemos por economia o seu sentido usado por Weber como um sistema social, e não apenas financeiro.

lendário, por exemplo, permanecem até hoje, claro passando por um processo de adequação aos princípios islâmicos. Também é a partir desta época que analisamos, na vida de Muhammad, o que Weber chama de *rotinização do carisma*.

Se até a imigração a Medina – *hijra* em árabe – Muhammad conseguia reunir as pessoas ao seu redor com um carisma, que, segundo Weber (1999), é "um dom físico ou espiritual que não é acessível a qualquer um", a partir da sua presença em Medina ele reúne-as por seu dom carismático e pelo sistema burocrático que lá estabeleceu. Medina serviu de uma cidade-Estado islâmica ideal para os muçulmanos. A partir deste espaço foram elaboradas regras de conduta social, questões práticas da religião e o novo sistema econômico que o Islam propõe a seus seguidores.

É nesta etapa que, também, presencia-se o início da distinção entre o Povo do Livro; isto é, os judeus e os cristãos. No início da era corânica – é, de 610 a 622 – Alcorão deu exemplo do Povo do Livro e acentuou os pontos em comum entre os muçulmanos e os seus antecessores abraâmicos, principalmente no que diz respeito às questões de fé em Deus Único, na ressurreição e na vida pós- -morte que são pontos imprescindíveis da fé islâmica como veremos posteriormente neste texto. Já nesta nova fase, o livro sagrado dos muçulmanos, assim como o discurso do próprio profeta, começa a distinguir os pontos entre os povos muçulmano, judeu e cristão começando por afirmações a respeito a Abraão de que ele "não era nem judeu nem cristão uma vez que a Torá e o Evangelho vieram nas épocas posteriores a ele" (Alcorão 3:65).

Medina foi, inicialmente, um espaço em que os muçulma- nos eram minoria e cujo povo estava em busca de alguma saída pacífica do conflito centenário que ocorria entre as duas princi- pais tribos da cidade: al-Aws e al-Khazraj. Os estudiosos da sira alegam, inclusive, que Muhammad foi convidado a esta cidade para intermediar na solução deste conflito. Uma guerra ocorri- da há cerca de cinco anos antecedentes à vinda de Muhammad havia dilacerado a sociedade e causado a morte de vários líderes tribais, o que levou a uma fácil ascensão de Muhammad ao poder na cidade (Hamîdullah, 2003). O papel dado a ele neste espaço foi o de um juiz para a intermediação do sistema estabelecido por meio da Constituição de Medina que o pôs como a última instância para solução de questões que não pudessem ser avençadas internamente pelos chefes tribais.

Segundo Lecker (2004), o documento foi elaborado em duas etapas, sendo a primeira etapa uma solução para o conflito entre os árabes e para a crise migratória que surgiu quando os muçulmanos que haviam deixado seus lares em Meca e ficado sem assistência em Medina. Para esta primeira etapa, a data definida é de 622. Ou seja, Muhammad começou a fundar a cidade-Estado de Medina logo em seguida de sua chegada à cidade, e desta maneira acabou por mudar o nome da cidade de Yathrib para Medina. A abordagem de Lecker vai em consonância com o que também diz Ibn. Hisham (2006) a respeito de uma carta elaborada entre os imigrantes mequenses – *al-muhajirûn* – e os medinenses acolhedores – *al-ansâr*. Nesta carta, Muhammad propõe uma irmanação – *ukhuwwa* ou *muakhat* – entre os *muhajirun* e *al-ansâr* assim como entre todos que compunham a sociedade medinense, *a priori* entre seguidores de Muhammad e seus congêneres árabes. Embora a maioria de estudiosos da sira afirmem que a Constituição de Medina foi elaborada em uma única vez, Kus (2022) relata que o documento teve a sua versão final dois anos depois desta irmanação quando os judeus da cidade também foram integrados a ele e, dessa forma, criou-se uma identidade medinense formada a partir da perspectiva *umma* baseada em *conterraneidade* sem distinção de pertença religiosa, racial e tribal. Damos maior ênfase a este documento nesta etapa, pois ele foi uma das bases para os acordos de *dhimma* – aqueles sob proteção do Estado Islâmico – nos períodos posteriores.

Para Watt (1956), este documento é "uma das primeiras características de um Estado Islâmico". Portanto, a sociedade formulada partir da Constituição de Medina é um ideal islâmico societal.

A Constituição de Medina

Em termos empíricos, pode-se dizer que a Constituição de Medina é o passo mais concreto da institucionalização do Islam, uma vez que ela é elaborada num contexto em que a mensagem "pan-monoteísta" do Islam no Alcorão começa a demarcar diferenças entre os seguidores de Muhammad e os outros grupos monoteístas (judeus e cristãos) que compunham a sociedade árabe do século VII da Era Comum. O período que precede a Constituição de Medina é, como se pode constatar na primeira seção deste capítulo, marcado por uma abordagem mais branda do Alcorão em relação aos judeus e cristãos.

A Constituição de Medina data de 622 da Era Comum, quando Muhammad chegou à atual cidade de Medina. O primeiro passo de elaboração deste documento foi a irmandade declarada entre muçulmanos migrantes de Meca e os de Medina. Desta forma, um dos conceitos-base de uma sociedade ideal islâmica foi abordado: a solidariedade, justiça e caridade. Já o segundo passo do documento inclui, além de muçulmanos, os judeus como integrantes da sociedade medinense. Em termos políticos, era óbvia a inclusão de judeus na Constituição, pois formavam uma população de 4.500 pessoas – em torno de 45% da sociedade medinense da época – enquanto os muçulmanos no início deste período eram apenas em torno de 1.500 pessoas. Os demais integrantes da sociedade eram árabes politeístas e havia também uma minoria cristã que quase nunca é citada em textos, tampouco na Constituição de Medina.

A pergunta base desta seção não é, porém, como foi a elaboração da Constituição de Medina e quem colaborou com isso. Deve-se questionar, neste sentido, em que medida este documento é institucionalizante para uma religião naquela época recém-nascida.

A Constituição de Medina começa a ser elaborada logo em seguida da imigração – *hijra* ou *hégira* – de Muhammad e seus discípulos para Medina. Esta migração é um ponto de virada para a história islâmica, pois marca, em primeiro lugar, o início de uma nova era para a divulgação do Islam na Península Arábica do século VII. Em segundo lugar, esta migração é importante, pois neste período as revelações corânicas tratam mais das questões sociais, econômicas e políticas. Esta divisão de abordagens é retratada nos estudos do Alcorão sob a nomenclatura divisória de *suratas mequenses* e *suratas medinenses*; isto é, aqueles capítulos do Alcorão que foram revelados nos treze primeiros anos da pregação do Islam em Meca e outros que foram revelados nos últimos dez anos da vida de Muhammad em Medina. Em Meca, as suratas começam a tratar mais das questões primárias como os fundamentos da fé e algumas práticas fundantes, assim como a propagação do monoteísmo e igualdade. Já em Medina, ainda que com o devido endosso aos assuntos abordados em Meca, é dada maior ênfase aos assuntos relevantes à vida social, códigos de conduta, estabelecimento de "leis" e princípios islâmicos de governança, economia etc.

Devemos frisar, neste ponto, que a questão de leis é ambígua quando se trata da relação do Islam com governamento, pois ao mesmo tempo que se trata de uma religião que prega experiência e prática individual e livre, procura-se também que os princípios islâmicos sejam seguidos independentemente do papel social e político que esteja sendo exercido por um muçulmano ou uma muçulmana.

A chamada "lei de *Sharia*" é uma falácia tradutória quando analisamos de forma profunda as formulações dadas ao conceito de *sharia* no âmbito corânico. Porém, este equívoco tradutório não é apenas um erro dos autores orientalistas, mas também de próprios muçulmanos e governos que fizeram o uso da religião para legitimação de suas políticas no passado e, em alguns casos, na atualidade. Detalhes a respeito deste assunto serão explorados na próxima seção, porém, a Constituição de Medina já abrirá caminhos para um entendimento sobre a regência governamental pelo próprio Profeta Muhammad como um modelo ideal e governador muçulmano.

A Constituição de Medina é um documento que consiste em 64 artigos conforme a versão relatada por Ibn Isaaque (cf. Kus,

2022, p. 147ss.). O documento foi elaborado em duas etapas, como indicado anteriormente. Em 622 da Era Comum, o documento serviu de uma solução para uma crise migratória em decorrência da falta de atendimento àqueles que haviam migrado de Meca e que não tinham onde se hospedar até se estabelecerem financeiramente. Porém, ao mesmo tempo que isso, o documento foi base para o estabelecimento da cidade-Estado de Medina unindo e apaziguando as duas tribos da cidade que estavam em guerra há mais de um século: al-Khazraj e al-Aws.

Segundo Rohe (2015, p. 25), com isso se inicia o período do estabelecimento da chamada *lei islâmica*, uma vez que "Muhammad havia sido convidado pelas duas tribos supracitadas para assumir a liderança da comunidade recém-estabelecida e, portanto, era necessário um ordenamento jurídico-social" (grifo nosso). Como indicado anteriormente, a abordagem corânica também para a tratar de questões sociais a fim de facilitar o entendimento sobre questões tanto individuais quanto coletivas que os muçulmanos pudessem vir a enfrentar. É necessário, neste momento, recordar que as orientações corânicas sobre o ordenamento social de modo geral interessaram apenas aos muçulmanos, que no início da carreira política de Muhammad eram minoria.

No que diz respeito à comunidade medinense, a base do ordenamento social-jurídico foi a Constituição de Medina. Como se pode ver no corpo do documento, em nenhuma passagem do texto se faz alusão a alguma lei religiosa. Em alguns artigos da Constituição existem direcionamentos para Muhammad – citado como *o mensageiro de Deus* – como a última instância para solucionar questões que não possam ser resolvidas nas instâncias ou conselhos tribais. Portanto, subentende-se que se cria uma confederação a partir da Constituição de Medina, em que Muhammad coordena a interlocução entre as tribos e os clãs.

Nas palavras de Pace (2005, p. 69), a sociedade medinense do século VII liderada pelo Profeta Muhammad é "a sociedade ideal islâmica". Por isso é uma das primeiras manifestações institucionais do Islam no espectro histórico. A partir desta institucionalização, começa a ser percebido o ideal islâmico de uma comunidade que supera todo e qualquer pertencimento se unindo apenas no ideal comum que é a identidade religiosa. Isso, por muitos dos estudiosos islâmicos e orientalistas, foi designado como a *umma*, embora na Constituição de Medina este conceito tenha uma abrangência maior significando uma sociedade por toda como uma unidade política (cf. Kus, 2022).

Além da unificação política da sociedade medinense do século VII, a Constituição de Medina, na medida em que é abordada pelos muçulmanos, é uma base para a formação do que seria chamado de uma *teologia islâmica das religiões*. Detalhes sobre isto serão explorados posteriormente na seção em que abordaremos a relação do Islam com as outras religiões. Porém, aqui apenas faremos breves referências ao espectro constitucional de Medina no que diz respeito à inclusão de judeus no documento em questão.

Segundo Lecker (2004), os judeus teriam sido incluídos na Constituição de Medina dois anos depois da primeira etapa; isto é, em 624 da EC. O período indicado por Lecker coincide à era pós-Batalha de al-Badr[62] ocorrida em março de 624, dois anos depois da chegada de Muhammad a Medina. Esta batalha é a primeira travada entre as forças de Medina e Meca em busca da recuperação dos bens materiais dos muçulmanos que fugiram de Meca e se refugiaram em Medina. Acabada com a vitória decisiva dos muçulmanos, a Batalha de al-Badr foi um marco para a consolidação político-militar do novo modelo econômico proposto por Muhammad[63]. Lecker afirma que os judeus da cidade de Medina, depois de verem a força político-militar formada por Muhammad e seus seguidores ter sido consolidada, aderiram à Constituição a fim de assegurar os seus terrenos e assentamentos, assim como o estatuto que até então tinham na cidade.

---

62. Em árabe *Ghazwat al-Badr*.

63. Para detalhes sobre a abordagem de Weber sobre o conceito de economia, cf. Weber, 1999; Pace, 2005.

Já os estudiosos muçulmanos como Muhammad Hamîdullah (2003) e Ibn. Hisham (2006), entre vários outros, aderem à ideia de que a Constituição de Medina foi redigida em uma única vez logo após a chegada de Muhammad para a cidade e desta forma os judeus foram signatários do documento desde o início.

A Constituição de Medina, antes de religioso, é um documento político. O princípio deste documento é formar uma unidade política para garantir a segurança e liberdade dos integrantes da cidade de Medina em todas as esferas da vida. O período que precede a este documento é politicamente turbulento para as tribos Al-Aws e Al-Khazraj que por mais de um século estiveram em guerras e vinganças de sangue e isso causou uma instabilidade econômica e social na antiga cidade de Yathrib, que agora é Medina. Por isso tanto os judeus – que compunham 45% da população da cidade – quanto os árabes queriam dar um fim a este conflito e Muhammad – uma pessoa externa que não pertencia a nenhum dos lados envolvidos no conflito – era oportuno para o cargo de "chefe de estado" para intermediar entre os integrantes da confederação.

Porém, por ser um documento que faz parte da prática do profeta do Islam (Al-Qadirî, 2018) – isto é, a *Sunnah* –, a Constituição de Medina serviu de base jurídico-religiosa para as futuras relações dos muçulmanos com os não muçulmanos, especificamente com o Povo do Livro – isso é, os judeus e os cristãos (Demirci, 2012).

Doutrinas e práticas fundantes

> *A virtude não consiste só em que orientais vossos rostos em direção ao levante ou o poente, mas a virtude está em que orientais vossos rostos em direção ao levante ou o poente, mas a virtude está em crer em Deus, no Dia do Juízo Final, nos Anjos, no Livro e nos Profetas [...]* (Alcorão 2:177).

Tipologia e classificação tradicional das Ciências Islâmicas

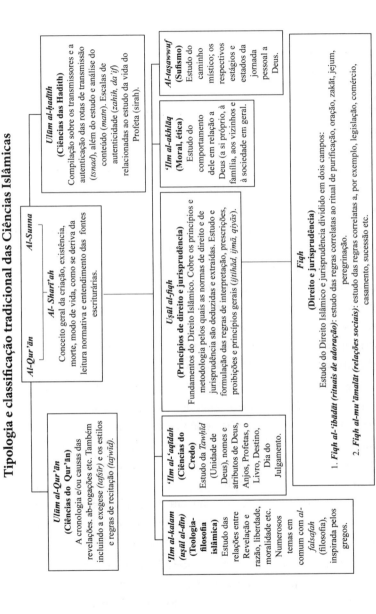

Gráfico apresentado no livro de Tariq Ramadan. Traduzido para o português por Carlos Eduardo Carreira.

251

Abrimos este segundo item com um gráfico que sistematiza o conhecimento sobre as Ciências Islâmicas, a fim de que o leitor possa compreender a dimensão que é o campo teológico islâmico. Como se torna inviável falar de todos os temas, privilegiamos alguns recortes que vamos apresentar a seguir.

A *Sharia* é composta de duas fontes: o Alcorão e a *Sunnah*. O Alcorão, livro sagrado do Islam, estabelece um marco de referência básico e princípios imutáveis em relação ao credo (*aqida*) e ao culto/práticas rituais (*ibadat)*, com tradição profética (*hadith*). Essas esferas de normas que regem as relações entre as pessoas (*mu'amalat*) estão sujeitas a flexibilidade, pois são fruto da interpretação da jurisprudência (normas), abrangendo várias escolas de saber.

Desta forma percebemos que a *Sharia* não é estática, nem esgotável. A *Sunnah* é o sistema de regras, normas e tradição profética baseado na vivência do Profeta Muhammad; isto é, tudo o que ele fazia, tudo o que ensinou. Hassan (1997) diz que a *Sunnah* algumas vezes explica o Alcorão, completa, ilustra os ensinamentos. O autor complementa ensinando que as ciências da *Sunnah*, especialmente a autenticação das palavras do profeta, representam algumas das ciências históricas mais exatas.

Uma terceira fonte considerada pelos sunitas é *Ijma'a*: trata-se de um *método interpretativo*, que deve levar ao consenso entre as partes. Com base na *Sharia*, os sábios discutem até chegar a um consenso. De acordo com a natureza da identificação, o *Ijma'a* apresenta cinco pontos que devem ser levados em consideração: a) um grupo de *ulemás* conhecedores do Alcorão e da *Sunnah*; b) a interpretação da questão que suscitou o problema; c) o acordo entre os *ulemás*; d) *Ijma'a* responde a problemas do Direito Islâmico; e) *Ijma'a* pode responder sobre questão religiosa.

Al-fiqh é o estudo que foi considerado a base de entendimento da prática islâmica e do ordenamento social com referência aos princípios islâmicos. Em uma tradução livre, o conceito de *al-fiqh* pode ser traduzido como o entendimento profundo da religião. Porém, terminologicamente, pode ser traduzido como *jurisprudência,* apesar de este último termo se delimitar muito ao campo jurídico.

Historicamente, a jurisprudência islâmica tem suas bases nas práticas e ensinamentos do Profeta Muhammad, ou seja, a *Sunnah*. Os estudiosos categorizam a história da jurisprudência em três etapas, a saber:

- Período do Profeta Muhammad – *Sunnah*;

- Período dos companheiros do profeta – os *sahabas*;

- Período daqueles que foram discípulos de companheiros do profeta – *al-tabiun* – e os discípulos dos discípulos – *tabi' al-tabiin*.

O período do profeta é fortemente caracterizado pelas determinações do Profeta Muhammad em formato de explicação dos versos corânicos – *tafsir*, exegese prática e verbal – e em formato de ensinamentos a respeito de determinados assuntos não constatados no Alcorão, mas que precisam ser apreendidos intelectualmente pelos seus seguidores, de forma a facilitar a vida daqueles que praticam a religião. Desta maneira, estabelecem-se as duas fontes primárias de estudos islâmicos citadas anteriormente: o Alcorão (a revelação) – *al-kitäb* – e a prática e ditos do profeta – *al-Sunnah*.

Já a partir do período dos discípulos do profeta – *sahabas* – e também com a expansão do Islam para uma área geograficamente vasta, os muçulmanos começam a estabelecer mais duas fontes que ajudam no entendimento da religião e no estabelecimento da jurisprudência: *ijma* (o consenso entre os estudiosos) e *qiyas* (analogia, comparação) que são dois recursos interdependentes. Isso simboliza também a formação de corpo de especialistas da religião que se dedicam apenas ao estudo da religião e desdobramento de "mistérios" por trás das abordagens dela sobre determinados assuntos, assim como a interpretação de questões secundárias[64]

---

64. Aquelas que não envolvem os fundamentos da religião: a fé e as práticas fundantes anteriormente abordadas.

para facilitar o cotidiano das pessoas que seguem a religião. Por esta razão é que, como se pode ver na próxima seção, houve subdivisões no campo da jurisprudência sunita como as quatro escolas jurisprudenciais sunita: Hanafi, Maliki, Shafi e Hanbali e uma xiita: Jafari. As escolas apresentam metodologias diferentes e levam o nome dos seus mentores (Barbosa, 2021, p. 100).

Com esta formação de corpo de especialistas, podemos afirmar que começam a aparecer, no âmbito islâmico, a classe de *virtuosos religiosos*, como afirma Weber, embora no Islam haja uma dinâmica "leigo-religiosa" diferente da concepção que se tem na sociologia ocidental da religião. Em se tratar de uma manifestação institucional, é imprescindível pensarmos na presença de pessoas que, diferente da maioria do povo, desempenham maior dedicação ao estudo da religião e, portanto, têm um conhecimento mais profundo dela. Como consequência disso, influenciam a opinião pública em relação à prática religiosa e vida espiritual, bem como sobre os aspectos da vida contemporaneamente avaliados como *seculares* ou *liberais*, a saber: o campo da economia financeira, relações familiares e ordenamento social e político.

É preciso, contudo, pontuar que no Islam não há uma classe clerical. Todo muçulmano é suscetível e se encontra no dever de conhecer a religião da maneira mais profunda possível para que, em caso de necessidades, possa liderar as orações coletivas e explicar questões ligadas à religião, mesmo que de forma básica. Neste sentido, o caso das comunidades islâmicas no Brasil serve de exemplo, pois a primeira pessoa oficialmente ordenada como *sheikh*[65] a chegar ao país foi o Dr. Abdallah Abdelshakur. Antes dele, relata o Prof. Samir El Hayek[66], Mohamad Tawaf foi a pessoa que orientou as pessoas em relação à religião por ser a pessoa que,

---

65. Com este título nos referimos àqueles que possuem conhecimento intelectual da religião.

66. Dado revelado pelo Prof. Samir El Hayek, tradutor da maioria dos livros e conteúdos relacionados ao Islam, durante uma conversa.

naquele momento, tinha mais conhecimento do Islam em termos da boa leitura do Alcorão, jurisprudência etc.

A *Sharia* apresenta cinco objetivos ou o que se conhece por *Maqasad Sharia* – que correspondem à preservação e proteção: *da vida, do intelecto, da religião, da propriedade, da família.* Quando se refere à preservação da vida: significa que todo muçulmano deve cuidar da sua saúde, procurar a cura quando está doente e buscar meios de permanecer saudável, além de não matar, a não ser que seja em legítima defesa. É obrigação do muçulmano cuidar da sua higiene e alimentação, manter atitudes saudáveis e ser respeitável com o meio ambiente. Muhammad relata: "Para cada doença, Deus criou a cura", mas nem todas as curas são conhecidas, o que podemos considerar que seja estímulo à pesquisa, à ciência, como muitos muçulmanos gostam de elucidar em relação a esses valores no Islam. O intelecto é algo que define o ser humano, é por meio dele que se distingue o certo e o errado, o bem e o mal. A busca do conhecimento no Islam é um dever de todo muçulmano, seja homem ou seja mulher. Conhecer "a revelação da tradição de Deus e Sua criação" faz parte do conhecimento científico islâmico. Para os muçulmanos, só é possível cumprir os deveres religiosos mediante a vida e o intelecto. A religião: liberdade religiosa é algo muito importante no Islam. Sendo a liberdade religiosa um direito básico do ser humano, para muçulmanos ou não muçulmanos: "Não há imposição na religião" Alcorão (2:256). O direito à propriedade privada se for adquirida por meios lícitos é um dos objetivos da Sharia, e também estão previstos os pagamentos de impostos e taxas de acordo com a realidade de cada povo e pessoa muçulmana. O zakat, por exemplo, é um dos tributos importantes de que falaremos adiante. A preservação da família é outro objetivo da Sharia: o casamento é a forma legítima de estabelecer uma família de gerar filhos. Quando o casal não pode gerar filhos, é viável procurar inseminação assistida, caso seja realizada dentro de preceitos religiosos. A adoção tal qual conhecemos no Ocidente não é aprovada no Islam – isto é, a criança adotada, quando tiver idade para compreender, deverá saber qual é a sua origem; ela também não leva o sobrenome dos pais adotivos. Outro aspecto importante na família diz respeito ao sustento, que é dever do homem; a contribuição da esposa é voluntária. Todos os direitos dos homens as mulheres têm, como: trabalhar, estudar, herança etc., com algumas especificidades, a depender da escola de jurisprudência. O último objetivo da Sharia é a proteção à propriedade. Para refletirmos sobre propriedade seria necessário um espaço maior, pois esta corresponde ao constructo entre Igreja e Estado, essa separação conhecida no meio cristão. No Islam, o interesse sempre será ser governado pela "Lei Islâmica". No Islam há conhecimento, erudição religiosa, mas não há hierarquia ou um clero institucionalizado. O conhecimento é aberto a todos e nenhuma pessoa deve ser santificada por isso. A função pública deve ser exercida por pessoas com competência. O Islam promove a consciência islâmica, a preservação social e econômica.

Conforme relatado por Barbosa (2017), o texto corânico apresenta 114 suratas (suras) e 6.342 versículos, entre 77.930 palavras e 323.670 letras na língua árabe. Sua revelação se deu em Meca e Medina. Durante os cinco primeiros anos, a revelação ocorreu em Meca, período considerado como de iniciação da fé; durante os oito ou nove anos seguintes, fase marcada pela violência de pessoas contra a religião (vale frisar que os versículos revelados em Meca dizem respeito às pessoas em geral, e os de Medina são dirigidos aos crentes), a revelação continuou em Medina; depois da Hégira (saída de Meca para Medina), o profeta passou a receber as revelações em Medina, por dez anos. A surata mais longa é *Al-Baqarah* (A vaca), a primeira a ser revelada após a Hégira. Das suratas, a mais recitada, sem dúvida, é *Lei-Fatiha* (Abertura).

Após o destaque dado aos objetivos gerais da Sharia, apresentamos dois pilares importantes na cosmologia islâmica: *a crença e a prática*.

A crença no Islam

O Anjo Gabriel questiona o profeta sobre os fundamentos do Islam que são os pilares da fé e da prática, tendo esse fiel a sinceridade com a fé e com as obrigações religiosas. É necessário acreditar em Deus, em seus mensageiros, seus livros sagrados, nos anjos, no dia do julgamento e no destino. A crença correta no Islam estabelecido no Alcorão e na *Sunnah* Profética se define por: crer em Deus; crer nos seus anjos; nos livros sagrados; nos seus mensageiros; no dia do Juízo Final; no destino, sendo ele positivo ou negativo.

A crença em Deus único

No Islam Deus/Allah é a única divindade, e não se deve associar nada a Ele. Allah é Clemente e Misericordiador. Faz parte da fé islâmica crer em Deus único. Deus criou gênios e homens para serem seus adoradores. No Alcorão há várias passagens que dizem: "Então adora a Deus com sincera devoção..."; "E Deus determinou que não adorasse senão a Ele". Importante destacar que a única coisa que tira um muçulmano da religião é quando ele associa algo a Deus. Isso porque Deus determina adoração apenas a Ele.

A crença nos anjos

Os muçulmanos acreditam que Deus criou os anjos para sua adoração e obediência. São muitos os anjos: aqueles que sustentam o trono de Deus, outros que guardam o paraíso e o inferno, os que registram todas as ações dos servos etc. – "Os anjos foram criados da luz, os gênios da labareda do fogo e Adão, como foi descrito" (Muslim).

Alguns anjos foram citados nominalmente por Deus e pelo Profeta Muhammad: Jibril (Gabriel); Mikail (Miguel), Málik (que guarda o inferno), Israfil (que sopra a trombeta).

A crença nos livros sagrados

Crer em todos os livros que Deus revelou aos seus mensageiros faz parte do Islam. Os muçulmanos acreditam na Torá, nos Salmos, nos Evangelho e no Alcorão. Este comprova todos os outros e foi o último a ser revelado.

A crença nos mensageiros

A crença nos mensageiros enviados por Deus é fundamental para os muçulmanos, todos aqueles que foram citados nos livros sagrados: Noé, Salomão, Davi, Abraão, Moisés, Jesus e outros, que a paz de Deus esteja com todos eles, é o que vão dizer os muçulmanos após citá-los. O profeta e mensageiro de Deus – Muhammad Bin Abdullah SAAS é o último dos enviados por Deus. O Profeta Jesus, poucas pessoas sabem, mas ele é muito respeitado na crença islâmica, é considerado o messias que retornará nos últimos tempos. Ele nasceu de forma milagrosa, sem pai. Maria, mãe de Jesus, é a única mulher citada no Alcorão (cf. suratas 3 e 19).

A crença no dia do juízo final

Os muçulmanos creem em tudo que foi designado por Deus e pelo seu mensageiro. Após a morte, há o questionamento no túmulo. Crer no paraíso e no inferno e no questionamento que Deus fará.

A crença no destino

Deus sabia do que aconteceria com seus servos, quais seriam suas atitudes, seu tempo de vida. "Para que saibam que Deus é Onipotente [...]". Deus escreveu tudo que predestinou, "E anotamos em um livro lúcido". O que Ele quer que aconteça, acontecerá, "Sua ordem, quando quer algo, é tão somente dizer-lhe: Seja!" Por fim, não existe outro criador [...] não há divindade além dele.

Os pilares da prática no Islam

- *Shahada* – O Islam se fundamenta em cinco pilares da prática, e o primeiro deles é a declaração de fé (Shahada), que consiste em dizer que Não há Deus senão Deus e o Profeta Muhammad é seu mensageiro.

- *Salat* – Realizar cinco orações diárias obrigatórias.

- *Zakat* – A palavra significa "purificação" e se refere a contribuição anual. O muçulmano deve realizar uma contribuição equivalente a 2,5% do seu rendimento anualmente para ser dada aos pobres. O Profeta Muhammad disse: "Como os órgãos do corpo: se um sofre, os outros se apressam a auxiliá-lo".

- *Jejum (sawn)* – O jejum é realizado no mês do Ramadan, nono mês do calendário lunar, que dura 29 ou 30 dias, e é realizado da alvorada ao pôr do sol.

- *Hajj* – Peregrinação até Meca, que deve ser realizada uma vez na vida por pessoas que tenham condições físicas e econômicas para tal.

A respeito dos cinco pilares da prática, é possível dizer que são como alicerces mínimos do fiel, são formas de adoração a Deus, mas não a única. O fiel pode realizar mais orações, fazer mais doações em outros momentos, fora o Ramadan. Também é recomendado o jejum, do mesmo modo, o fiel pode ir a Meca quantas vezes for possível. Quando se reverter ao Islam (retornar à religião, tendo-se em vista que todo ser humano nasce entregue a Deus), o fiel pode fazê-lo na presença de qualquer muçulmano. É recomendável que após esse ato, tome banho e vista uma roupa limpa como forma de demonstrar que está iniciando uma vida nova. Todos seus pecados anteriores são apagados, do mesmo modo quando uma pessoa realizar o Hajj e este for aceito por Deus, terá todos os seus pecados apagados.

Em todas as orações, o muçulmano repete a surata Al-Fatiha (Abertura); por isso, é recomendável que seja a primeira a ser gravada pelos muçulmanos. A oração é marcada por movimentos e palavras que expressam a devoção, o arrependimento e o louvor a Deus, deve ser realizada em um tapete, em lugar limpo. Os muçulmanos, antes de iniciarem a oração, devem fazer ablução, que consiste em lavar a boca, rosto, braços até os cotovelos e pés. Considera-se que o fato de repetir a oração cinco vezes ao dia como uma forma de bem-estar do muçulmano, sua conexão estreita com o sagrado. A contribuição anual zakat é obrigação do crente em pagar, e um direito do pobre em receber. Essa contribuição pode ser dada às Instituições Islâmicas ou ser entregue à pessoa beneficiada diretamente. Sobre o período do jejum é importante saber que durante o dia os casais não podem manter relações sexuais. Pessoas adoentadas (que tomam medicação regular) e mulheres menstruadas não devem fazer jejum, sendo possível às mulheres (principalmente) pagar os dias de jejum não realizados por causa da menstruação. O período de jejum também é aquele em que os muçulmanos estão mais concentrados na devoção a Deus, evitando entrar em discussões. O jejum requer também uma economia de ações que não agradem a Deus. Quando se pensa na peregrinação à Caaba, faz-se a ligação profunda com Abraão, que obedeceu a Deus inúmeras vezes. Uma delas foi deixar sua mulher Hagar e seu filho Ismael em lugar que hoje conhecemos como Meca, e de onde fez brotar água para saciar a fome e a sede de Ismael (Zamzam). Tomar essa água durante o Hajj faz parte de algo esperando pelo fiel (Barbosa, 2021).

Sobre essas práticas, vale consultar o trabalho de Barbosa (2017), do mesmo modo que descreve as festas importantes no Islam: Eid Fitr (festa do desjejum) e Eid Adhha (festa do sacrifício)[67].

---

67. Cf. documentários *Allahu Akbar* e *Sacrifício*. Lisa/USP, 2006; 2007.

Ética islâmica e outros aspectos importantes na cosmologia islâmica

> *A virtude não consiste só em que orientais vossos rostos até o Leste ou Oeste. A verdadeira virtude é a de quem crê em Allah, no Dia do Juízo Final, nos anjos, no Livro e nos Profetas; de quem distribui seus bens em caridade por amor a Allah, entre parentes órfãos, necessitados, viajantes, mendigos e em resgate de cativos (escravos). Aqueles que observam a oração, pagam o zakat, cumprem os compromissos contraídos, são pacientes na miséria e na adversidade, ou durante os combates, esses são os verazes, e esses são os tementes a Allah* (Alcorão 2:177).

Tariq Ramadan (2016) pergunta em um dos seus textos sobre o que está no cerne do Islam, são "bons" e "maus", "certos" e "errados" a serem determinados e por quem? Deve ser feita referência às fontes escriturárias (o Alcorão e as Tradições Proféticas) como uma questão de prioridade; qual é o papel da razão? Qual é a natureza da relação entre princípios e valores éticos (*akhlaq*) e normas legais (*ahkam*)? Quais são as conexões com outros sistemas religiosos e filosóficos e tradições? Tais são as perguntas que deveriam passar através dos círculos amplamente diversificados do pensamento muçulmano através da história, completando – mais uma vez – uma multiplicidade de respostas, muitas vezes contraditórias, entre os pensadores e entre as diferentes ciências islâmicas (lei, filosofia, sufismo).

A ética islâmica *Akhlaq* (caráter e conduta) *e Adab* (boas maneiras) são a conduta islâmica, as ações positivas feitas pelos muçulmanos, o que se chama de ciência da virtude (Ilm al-Akhlaq), no século XI, por exemplo, já se falava em ética médica ou adab al-tabib, isso pressupõe dizer que o Islam desde o seu advento já considerava a ética como fator importante na sua base de conhecimento e prática. Para se formar esse campo do conhecimento da ética islâmica é necessário considerar: 1) o da lei e a jurisprudência (*fiqh*); 2) a filosofia (ilm'al Kalam/falsafah); 3) misticismo (tasawwuf). Os três campos, juntos, separadamente ou em oposição uns aos outros, deveriam produzir uma ampla gama de teorias morais, bem como os diversos sistemas éticos que estão no cerne da tradição muçulmana.

Como escreveu Barbosa (2021b, p. 114) em um hadith, o profeta Muhammad informa que ele veio para aperfeiçoar o *akhlaq*; isto é, o caráter e a conduta dos muçulmanos. As relações com indivíduos e com a sociedade não são pautadas somente por atos legais/jurídicos, mas pelo espírito da Sharia, a autora prossegue dizendo que além de se esforçar no *akhlaq*, o muçulmano deve agir de acordo com *adab* (boas maneiras).

Destacamos no item anterior os *pilares da fé e da prática,* a fim de possibilitar não um enrijecimento dos conceitos islâmicos, mas de trazer uma base comum, que muitas vezes se transformam em regras marcadas pelo *halal e haram* (lícito e ilícito). São poucas coisas realmente ilícitas na religião, como consumir carne de porco, bebida alcoólica, praticar adultério (sexo fora do casamento) etc. Como escreve o Prof. Tariq Ramadan (2002), é importante sair desse círculo culpabilizador e infernal e entrar na profundidade dos conceitos estabelecidos na religião: não se exclui o "pecador", e sim o pecado.

Apesar das regras de comportamentos esperados no Islam, sabemos que o muçulmano tem o livre-arbítrio, que seria a liberdade de escolher, parte da autonomia com a qual o Criador dotou suas criaturas. O ser humano deve ser responsável pelos seus atos. Um bom exemplo é o uso do lenço islâmico, obrigação alcorânica; no entanto, cabe ao livre-arbítrio da mulher usá-lo ou não, pois não se pode obrigá-la a fazê-lo sem a sua vontade, muito menos existem penalizações para o não uso do mesmo.

Outra prática islâmica recorrente é ler e/ou recitar o Alcorão. O califa Abu Bakr foi o primeiro a compilar o livro sagrado, facilitando dessa forma o acesso dos muçulmanos. Os companheiros do profeta o memorizavam e, desta forma, conseguiram guardar as suratas do livro. Como já destacamos, a tradição do profeta, os *hadiths*, são fontes do comportamento, das falas de Muhammad, obedecendo a uma cadeia de transmissão (*snad*) que indica se é um *hadith* forte ou não (em relação a sua veracidade), dependendo de quem o transmitiu: se era contemporâneo do Profeta Muhammad ou não. A tradição do profeta e o Alcorão são fontes de discussão e debate de literalistas, tradicionalistas, místicos e reformistas. O Tariq Ramadan vai reforçar a importância do monoteísmo e, portanto, da Tawhid (Unicidade de Deus). Ramadan discorre sobre a ideia de *Fitrah*: desde o nascimento, o homem tem uma predisposição à elevação ao Transcendente. "Volta o teu rosto para a religião monoteísta. É a obra de Deus, sob cuja qualidade inata Deus criou a humanidade. A criação feita por Deus é imutável. Esta é a verdadeira religião; porém, a maioria dos humanos o ignora" (30:30). Para o autor, a concepção islâmica do ser humano é muito positiva e serena. A *Shahada* reconcilia o Homem a sua Fitrah (natureza). A *shahada* é a consciência da *Fitrah* (Ramadan, 2016, p. 92).

Há algumas passagens do Alcorão e *hadiths* do Profeta Muhammad que podem elucidar o que se espera de muçulmanos, o modo como devem moldar o seu comportamento, e por conseguinte sua ética (grifo nosso):

> E os servos do Clemente são aqueles que andam pacificamente pela terra e, quando os ignorantes lhes falam, dizem: Paz! (25:63).

> [...] E modera o teu andar e baixa a tua voz, porque o mais desagradável dos sons é o zurro dos asnos (31:19).

> [...] Sabei que Allah aprecia os benfeitores [...] (3:133-136).

> Allah ordena a justiça, a prática do bem [...] (16:90).

> Ó crentes, que nenhum povo zombe de outro (49:11).

Os ditos do Profeta Muhammad também são formas de moldar o caráter do muçulmano.

> Nenhum de vós chegará a ser um verdadeiro crente, até que deseje para o seu próximo (irmão) o que deseja para si mesmo (relatado por Al Bukhari e Musslim).

> O forte não é aquele que vence na luta. O forte é aquele que se controla quando se irrita (relatado por Al Bukhari e Musslim).

> Os melhores entre vós são aqueles que se portam com suas esposas. E entre vós, eu sou o melhor (relatado por Attirmizhi).

> Deus não tem interesse em vossos aspectos e aparências, mas sim em vossos corações e vossos atos (relatado por Musslim).

Neste sentido, podemos definir que o comportamento dos muçulmanos/as está pautado pelas fontes escriturárias e contando com seu livre-arbítrio, na forma de condução das regras estabelecidas.

Ramificações: Sunismo, Xiismo e a mística Sufi

> *No Islã a* umma *é concebida justamente como uma comunidade de crentes, que deve esforçar-se para reproduzir o modelo ideal de sociedade que realmente Muhammad indicou em Medina: uma* societas *perfecta, porque ela pode contar com a Palavra revelada transmitida através de um corpo de normas religiosas e sociais, e tutelada em sua integridade pela autoridade terrena do delegado de Muhammad o Califa* (Pace, 2005, p. 168).

A presença marcante do Profeta Muhammad na *ummah* faz com que o seu carisma profético fique institucionalizado no califado, como nos alerta Pace (2005). Quando se tem a discussão sobre a sucessão do profeta, após sua morte, o sucessor não é um guia espiritual em sua essência, pois isso era característica do profeta, no entanto, havia a necessidade de um califa que manteria a memória religiosa da comunidade (Pace, 2005, p. 169). Neste caso, "os da Tradição e da comunidade" (*ahl al-sunnah wa al jama'a*) indicaram Abu Bakr al-Siddiq, enquanto a família do profeta desejava que fosse seu sobrinho-genro Ali.

Consubstanciando essa divisão, o livro escrito pelo antropólogo Paulo Gabriel Hilu da Rocha Pinto (2010) traz as duas divisões sectárias do Islam, conhecidas como sunismo e xiismo, que acontece gradativamente após a morte do Profeta Muhammad, como vimos acima. A separação desses grupos aconteceu por meio de um processo que gerou doutrinas, rituais e instituições que formataram as duas tradições.

Além desses dois grupos, Pinto (2010) chama atenção para a constituição do sufismo, que são correntes místicas do Islam (suni ou xia), organizadas através de um conjunto de doutrinas, rituais e formas de filiação coletiva que caracterizam uma determinada tradição esotérica ou "via" mística. O esoterismo sufi era muito comum no Islam antes do século XIX, que permitiu, com isso, que a religião rompesse com as fronteiras dos impérios muçulmanos. O autor narra que os sufis, ao acompanharem rotas comerciais, islamizaram populações na Ásia Central, sul da Índia, China, África Subsaariana, Java, Sumatra e sul da Tailândia. Desta forma, com a expansão, ocorreram mudanças rituais e doutrinárias causadas pela adaptação do sufismo às tradições culturais de cada lugar.

Sunismo

Ser sunita é seguir a *Sunnah* profética. Estes são 90% da população muçulmana. A preferência para sucessão profética foi o amigo, braço direito do profeta: Abu Bakr al-Siddiq (o verídico), que ficou dois anos como califa e propôs a Umar ibn al-Khattab para sucedê-lo que ficaria dez anos até ser assassinado. Uma característica conhecida de Umar, quando se converteu ao Islam, é que anunciava abertamente o Islam. Depois de sua conversão, o

Islam foi sendo divulgado. Umar era conhecido como califa justo, deixando seu lugar para Uthman ibn Affan, que ficou doze anos no califado, lembrado como muito generoso. O profeta dizia: "Quem comprar o poço de Roma terá o paraíso e ele (Uthman) foi e comprou o poço", e em outro momento o profeta havia dito: "Eu me contento com Uthman, que Allah se contente com ele". Uma outra característica era a vergonha. Ali bin Talib, primo e genro do Profeta Muhammad, é reconhecido por sua força: enfrentava os grandes incrédulos. Na Batalha Khaibaro, o profeta havia dito: "Eu darei a bandeira para uma pessoa que ama o seu profeta e Deus, e Deus e o profeta o amam". A bandeira foi dada a Ali. De acordo com Ahmed (2003), para os sunitas, a missão do profeta se consubstancia pela *Sunnah* como modelo a ser seguido, contrariando, como veremos, a concepção xiita de ter outros líderes (imãs) que podem interpretar as fontes.

Califado

O conceito de califa é um dos mais complexos na história islâmica, devido à falta de definição dos poderes ou atribuições de quem exerce este papel. Uma coisa, no entanto, é certa: o califa, uma vez bem-estabelecida a sociedade islâmica e fundada em um estatuto de Estado, dá continuidade ao trabalho que foi desempenhado pelo profeta. Califa, em seu sentido estrito e literal, é aquele que sucede o profeta depois que o segundo vem a falecer. Neste sentido, depois da Constituição de Medina, o califado talvez seja a forma mais que concreta da institucionalização política e social do Islam. Para melhor entendimento, faremos uma abordagem mais minuciosa a respeito desse conceito, que é muito utilizado por grupos do chamado *Islam político* – vertente a qual nos referimos como *islamismo* estritamente – e pelos grupos fundamentalistas.

A palavra "califa", em uma livre tradução, significa "sucessor", derivada do verbo *khalafa*, em árabe, "suceder a alguém". Este termo é utilizado primeiramente no Alcorão na surata 2, versículo

30, em que Deus afirma, direcionando-se aos anjos, que "criará um legatário na terra".

A função de *legatário* na terra é dada ao ser humano para administrar e desenvolver a terra de acordo com a vontade de Deus, a fim de não corromper a ordem e o equilíbrio estabelecidos no universo por Ele (Yazir, 2012, p. 258). Segundo Yazir (2012), na sequência da citação anterior, o papel de califa dado ao ser humano lhe atribui algumas especificidades que só se encontram em Deus; isto é, Deus dá ao ser humano, de forma limitada e condicional, alguns dos poderes que Ele tem. Essa é a razão pela qual o ser humano, na visão islâmica, é visto como uma espécie superior a todas as outras no universo. Neste sentido, enquanto *legatário de Deus*, o ser humano tem todo resto da criação a seu serviço.

Segundo uma linha de pensamento islâmico, a citação do ser humano como *khalifa* na terra é em relação aos *djinns* (Al-Tabari, 1996, p. 163). Segundo essa linha, antes dos seres humanos, os *djinns* habitavam a terra, e devido à corrupção e ao desequilíbrio que nela causaram, foram castigados. Essa interpretação se baseia na afirmação espantosa dos anjos que se relata logo em seguida ao anúncio da criação do *khalifa*, no versículo 30 da surata 2 (*al-Baqara*): "(Lembre-se) de quando o Senhor disse aos anjos: 'Vou instituir um vice-gerente na terra'. Os anjos perguntaram: 'Irás instituir quem irá causar transtornos e corrupção sobre a terra e derramar sangue, enquanto nós celebramos teus louvores, glorificando-te?'"

O termo *khalifa* começou mais fortemente a ser empregado depois da morte do Profeta Muhammad, em 632 da Era Comum. Esse termo, no entanto, não passou a ser utilizado espontaneamente e concomitantemente à morte dele. O seu uso se baseou nos questionamentos de "quem irá suceder o Mensageiro de Deus?"

O primeiro califa que sucedeu o Profeta Muhammad foi Abu Bakr, seu amigo de longa data e companheiro de viagem durante a Hégira de Meca a Medina, bem como sogro. Abu Bakr foi califa, o governador do Estado de Medina entre 632-634 da Era Comum. O período de seu governo é lembrado pelos combates que ocorreram sob o título de *ridda*, que literalmente significa "apostasia". Porém, o princípio destas batalhas travadas entre as forças do Estado de Medina e os seus adversários não foi devido ao fato de algumas pessoas abandonarem a religião depois da morte do profeta, mas sim, por haver rebelião de algumas tribos contra o Estado, se negando a pagar o *zakat*, que à época era entregue aos agentes e entidades estatais. Essas tribos declararam que fariam as orações diárias, mas não pagariam o *zakat* (Kurucan, 2022)

Na crença islâmica, Muhammad é o último dos 124 mil[68] profetas, razão pela qual se acredita que não haverá mais nenhum profeta depois dele. Por isso, outro fato que marca o período do governo de Abu Bakr é a autodeclaração de algumas pessoas como profetas. Estes são considerados, pelos estudiosos islâmicos, como *falsos profetas*. Entre eles, se destacaram Maslama, da Tribo Banî Hanafî, Tulaiha ben Khuwailid, Aswad al-Ansî e uma mulher chamada Sajah (Lecker, 2012). Relata-se que Tulaiha e Aswad haviam se declarado profetas ainda quando Muhammad estava em vida e tiveram até companheiros discípulos dele como seus seguidores.

Por outro lado, Abu Bakr foi o califa que ordenou a junção dos textos do Alcorão que até então estavam todos em papéis e outros materiais de escrita de forma dispersa. Para isso, foram responsáveis as mesmas pessoas que o Profeta Muhammad havia designado como "os escribas da revelação"[69]. Essa reunião de todos os textos do Alcorão aconteceu pela primeira vez e, mais tarde, na era de Uthman ben Affan; essa única cópia do Alcorão foi transformada em mais sete, para serem enviadas para as principais províncias do Estado, como Damasco, Bagdá, Cairo etc.

É importante lembrar que a questão do califado foi o principal ponto de divergência entre xiitas e sunitas. Embora não tenha

---

68. Em outros relatos, afirma-se que houve 224 mil profetas enviados à humanidade.

69. Tradução de *katib al-wahy*, em árabe.

havido tais denominações na era do profeta do Islam e dos quatro primeiros califas, havia um grupo de apoiadores/aliados/partidários de Ali ben Abu Talib, genro e sobrinho do profeta, bem como um dos primeiros muçulmanos, que acreditava que ele devia ter sido o sucessor/califa. Esta é a razão pela qual os estudiosos – principalmente xiitas – costumam denominar esses acontecimentos como *fitna*, ou seja, corrupção, desordem e discórdia (Pace, 2005).

A eleição de Abu Bakr para o califado ocorreu de uma forma imprevista. Isto é, não se planejava logo depois da morte do profeta decidir quem iria sucedê-lo, tampouco se haveria alguma sucessão e de que forma isso deveria acontecer. Assim como o Profeta Muhammad não havia indicado ninguém como seu possível sucessor. Porém, pouco depois do falecimento do profeta, Abu Bakr e a Umar ibn al-Khattab foram avisados de uma assembleia entre os muçulmanos de Meca e Medina para discutir a sucessão. A intenção principal deste grupo que estava reunido para debater sobre a sucessão era colocar S'ad bem Ubadah (um dos primeiros muçulmanos de Medina) como o califa. Contudo com a intervenção de Abu Bakr e Umar – que estavam envolvidos no funeral do profeta quando receberam a notícia –, o debate tomou outro rumo e Abu Bakr foi eleito como o califa.

Depois de um debate em torno de quem seria o sucessor do profeta, os integrantes desta reunião decidiram declarar apoio e subordinação (*bay'ah*) Abû Bakr. Este processo foi um dos pontos iniciais da sistematização do califado. Ou seja, em tese, a forma como os futuros califas deveriam ser escolhidos. Porém, é importante salientar que esta regra não foi tão fortemente seguida.

A regra principal da eleição de califas, foi definida como *ahl al-halli wa al-aqd*. Isto é, numa livre tradução, o povo da solução e da convenção. O uso semântico deste conceito se refere aos estudiosos, religiosos e autoridades que regem uma região islâmica. Este conceito surgiu a partir do século IV da era islâmica, que coincide aproximadamente aos meados do século IX da Era Comum. Foram utilizados também conceitos como *ulu al-amr* (autoridades), *ahl al-ikhtiyar* (aqueles que são eleitos), *ahl al--ra'y* (aqueles que elegem) e assim por diante (Al-Tariqi, 2005, p. 21). Embora esta regra designe um conselho que discuta e eleja os sucessores do profeta, não foi tão seguida quanto na era dos quatro primeiros califas. Isso fica explícito quando comparamos a ascensão de Umar ben al-Khatab com a de Yazid ben Muawiya ben Abû Sufyan – conhecido também como Yazid I.

Depois de dois anos governando o Estado Islâmico de Medina, Abû Bakr teve sua saúde enfraquecida e estava em leito de morte. Quando perguntado o que fazer em relação ao sucessor dele, Abû Bakr indicou o nome de Umar ben al-Khatab, porém a ascensão de Umar ao califado ocorreu apenas com o reconhecimento e subordinação do povo. A regra principal foi que o povo todo da cidade de Medina comparecesse à mesquita e apertasse a mão do novo califa para expressar a lealdade a ele. Os primeiros a fazer isso foram aqueles que exerceram o papel de conselheiros de Abû Bakr, os quais também viriam a ser chamados de *ahl al-halli wa al-aqd*. Ao contrário deste processo, Muawiya ben Abû Sufyan, fundador do Império Omíada, ao morrer transferiu suas atribuições de califa ao filho, Yazid I. Desta forma, estabeleceu-se a regra de sucessão familiar.

A instituição de califado esteve ativa até 1924. Até esta data, o califado foi uma questão de rivalidades entre diferentes grupos muçulmanos. Ao mesmo tempo que havia o califado dos sultões abássidas, por exemplo, houve também o califado de Granada na Península Ibérica. Por outro lado, governos com motivação xiita também cobiçavam o cargo, razão pela qual havia intervenções de um país no outro.

O califado da dinastia Omíada durou entre 661-750. Em 750, a partir de uma revolução vinda tanto de sunitas reunidos ao redor dos descendentes de Abbas ben Abd al-Mutalib – tio paterno do Profeta Muhammad – e grupos xiitas, a Dinastia Omíada foi derrotada e, no lugar dela, a dinastia Abássida assumiu o cargo fundando o Império Abássida que durou de 750 a 1258. Apesar de o império ter acabado em 1258, o califa foi oriundo desta dinastia até 1517 sob tutela de vários governos. Em 1517 o sultão otomano Selim I invadiu a cidade de Cairo, a última sede do califado, e assumiu o cargo como o primeiro califa otomano. De 1517 a 1924, este cargo permaneceu sob a tutela da dinastia Otomana e, em 1924, foi dissolvido por razões políticas e governamentais da então recém-fundada República da Turquia.

Xiismo

Conforme explicitam Al-Odhmah e Al-Tabatabaí (2008), *xiismo* significa seguimento, continuidade e partidarismo, e são xiitas aqueles que admitem que a sucessão (califado) depois do Profeta, Muhammad é transmitida aos seus descendentes, provenientes dos Ahlul Bait, que seria a linhagem de Fátima "Azzahrá" filha do profeta e casada com Ali Ben Abi Taleb, sobrinho e genro do profeta. Ali foi o primeiro imam do xiismo. Para os xiitas (partidários de Ali), o Ghadir Khom foi quando o profeta anunciou publicamente que Ali seria seu sucessor como líder/governante dos muçulmanos.

Destacamos o califado de Ali Ben Abi Taleb, com início no 35 Hégira e que durou quatro anos e nove meses. Marca profundamente o Islam, como divisor de águas a Batalha do Camelo. Segundo eruditos xiitas, essa batalha teve início no segundo califado, quando o dinheiro do Tesouro do Islam era partilhado de maneira suspeita. A historiografia xiita é marcada por perseguição.

Yazid mandou matar o Imam Hussein Ben Ali, neto do Profeta Muhammad. Os xiitas divergem dos sunitas em dois pontos: em relação aos califados e à afluência religiosa. No final do primeiro século da Hégira fundaram a cidade de Qom, no Irã, e instalaram-se, desta forma evitavam as perseguições que sofriam.

A maior parte da comunidade xiita está no Irã, no sul do Iraque e no Sul da Ásia. Os xiitas gostam de reproduzir um dito do Profeta SAAS, que dizia: "Eu sou a cidade do conhecimento e

Ali é o seu portão de acesso", por isso, acreditam que o profeta o escolheu como sucessor. A tradição xiita tem como base Ali, sua esposa e filha do profeta, Fátima, e seus filhos Hassan e Hussein, que viraram mártires para essa narrativa. A cisão de fato entre sunitas e xiitas se deu em Karbala. Depois do assassinato de Ali e Hassan, Hussein seguiu com seu exército e sua família ao encontro do exército de Yazid, no entanto, o exército deste era muito maior. Após sua morte, Hussein foi decapitado (Ahmed, 2003). A decapitação de Hussein contribuiu para a visão do mundo dos xiitas; nesse sentido vê-se a disponibilidade para o martírio desse grupo e a sua defesa para que o sucessor seja da família do profeta, sendo escolhido sempre pelo líder da comunidade. Destacamos a importância da compreensão do que a pesquisadora Patrícia Prado (2018) chamou de *pedagogia do martírio* como parte da cosmologia religiosa xiita. Em sua tese de doutorado, Prado (2018) buscou analisar como as narrativas sobre a morte de Imam Hussein no deserto de Karbala no ano 680 d.C. constituem-se em um tipo de pedagogia entre os xiitas, fazendo do martírio parte de sua identidade religiosa. Ela argumenta que o ensino e aprendizagem da narrativa sobre o martírio de Imam Hussein fazem parte dessa pedagogia. Seu trabalho concentrou-se a partir das entrevistas realizadas na cidade de Foz do Iguaçu, no Brasil, e no Líbano, na cidade de Beirute e na Aldeia de Mhabib.

Outros dados da prática religiosa xiita é que podem juntar as cinco orações em três. Para os xiitas, os imãs (líder) têm inspiração divina, líder de caráter político e religioso, sem pecado e infalível. Um imã pode interpretar o Alcorão por conta das suas qualidades.

A categoria mais elevada são os ayatollah, sendo os ayatollah al-uzma os mais importantes, título dado a Ayatollah Khomeini, por isso, também é atribuído o termo de Faqih. Segundo Ahmed (2003), o imã Khomeini teve importância na cena histórica do Islam por ter declarado não existir diferenças entre sunitas e xiitas. Uma das diferenças se destaca pelos xiitas considerarem os imãs, e os sunitas, o califado. O autor argumenta que o califa não substitui a liderança espiritual do profeta, pois tem uma liderança política e militar, diferentemente do que se vê entre os xiitas, em que o imã exerce uma liderança política e religiosa, de inspiração divina, sem pecado e infalível, sendo que a ascendência vem diretamente do profeta e de Ali. Na concepção xiita, o imã é um líder político e guia religioso, mas na concepção sunita, imã é quem lidera a oração. No sunismo, a autoridade religiosa é concedida pela *ijma* (consenso), ou opinião coletiva, consenso de ulemás, eruditos religiosos.

Podemos citar algumas diferenças entre sunitas e xiitas. O sucesso e poder islâmico eram sinais de orientação e recompensa divina. Para os xiitas, essa fase inicial marca sua luta e sacrifício, considerando o martírio de Ali e Hussein como modelo de resistência. Outra diferença apontada por Ahmed (2003) diz respeito às sepulturas dos santos: para os sunitas não há intermediários entre o fiel e Deus, e por isso as peregrinações e rituais às sepulturas de santos (*walya* – amigos de Deus) não são considerados algo a ser feito, no entanto, para os xiitas, a intercessão é parte fundamental. Ali e outros muçulmanos são exemplos de pessoas muçulmanas inspiradoras.

O que se entende de ramo principal do xiismo são os Doze Imãs (*Ithna Ashari*); o último, que é o décimo segundo, não morreu, reforçando a lealdade a Ali, segundo o qual esse imã vai voltar como *Mahdi* (o messias). Por isso, que até esse volte, a comunidade precisa ser guiada. Para os sunitas, o Profeta Jesus (Issa) retornará nos últimos tempos, pois ele não foi crucificado, e sim arrebatado de corpo e alma ao céu e voltará nos últimos dias.

Sufismo

A palavra sufi provém do árabe *souf*, que significa lã. Isso porque os sufis usavam roupas de lã, um tipo de vestimenta que na época era reconhecida como simples, demonstrando desapego material e espiritualidade. Como explicita Gisele Guilhon Camargo, a ponte que pode ligar o exoterismo (Shariah) ao esoterismo (*haqiqat*) chama-se sufismo (Camargo, 2010, p. 212). Foi atribuída ao sufismo a ideia de mística, por reforçar o contato direto com o divino por intermédio de práticas como *dhikr, sama* etc. Hourani (2003) destaca que viajantes muçulmanos, por saberem que existiam problemas no caminho, seguiam sempre a orientação de um mestre da vida espiritual (*murshid, Sheikh*). No final do século X e no século XI, os que seguiam o mesmo mestre passaram a se identificar com uma única família espiritual que seguia o mesmo caminho (*tariqa*) (Hourani, 2003, p. 166), desta forma, *ordens*, também conhecidas como *confrarias/irmandades,* foram sendo formadas. Essas ordens levam os nomes dos seus fundadores, como *Qadiriyya,* referente a um santo de Bagdá, Abd al Qadir al Jilani (1077/8-1166), mas que só no século XV terá projeção. Nascido no norte em Jilan (hoje conhecido como sendo parte do Irã) é, sem dúvida, um dos principais santos sufis conhecidos, e sua sepultura se encontra no Iraque, um ponto de peregrinação. Há vários manuscritos dos seus sermões, nestes, sempre expõe que a doutrina de Deus não é uma abstração, mas uma presença perceptiva pelos olhos do coração, como no *hadith* do Profeta Muhammad que dizia que *o homem deveria agir como se estivesse na presença de Deus, pois mesmo que ele não o veja, Deus sempre nos vê. A*s ordens sufis sempre propõem o desapego das coisas do mundo e do ego. Em outras palavras, é preciso ter controle do desejo.

Ordens como *Naqshbandiyya,* na Ásia Central, se destacaram entre outras. Essas ordens que foram surgindo eram diferentes entre si. A *tariqa* busca a experiência de conhecimento direto de Deus. Sempre há um processo de iniciação, um juramento ao *sheikh,* uma prece secreta chamada de (*wird* ou *hizb*). Seu nome deriva do sufi Baha al'din Muhammad Naqshband. A *tariqa* teve um papel importante na antiga URSS como resistência ao comunismo vigente, a expansão dessa confraria chegou em povos orientais, como Malásia, Indonésia, Java e Sumatra, mas sua expansão anterior foi significativa na Índia, Paquistão, Turquia,

Síria, Egito. No entanto, talvez, o que haja de mais conhecido no Ocidente seja Rumi e os dervixes, muito comuns nas lembranças turcas. Jalal ad-Din Rumi, fundador da ordem *Mevleviya* dos "dervixes rodopiantes/giradores", teve seus poemas traduzidos para diversas línguas, inclusive para o português. Quem vai a Kônia, onde veio a falecer e está seu túmulo, ouve histórias fascinantes desse místico, que atravessou séculos nas mentes e nos corações de muçulmanos buscadores (usando uma terminologia dos sufis, ser sempre buscador, estar no caminho).

Vale mencionar a prática do *dhikr* – repetição do nome de Allah. *"Ó vós que credes! Invocai Deus abundantemente"* (33:41). A invocação (*dhikr*) ou recordação de Deus é uma forma de adoçar a língua e o coração quando o nome de Allah é repetido. Essa repetição é comum aos muçulmanos, mas sabemos que é muito intensificada entre os sufis. Exemplo dessas invocações comuns aos muçulmanos: *SubhanAllah* (Glória a Deus!); *Alhamdulillah* (Louvado seja Deus!; Graças a Deus!); *La ilaha ill-Allah* (Não há Deus senão Deus), que faz parte da Shahada (testemunho da fé); *Allahu Akbar* (Deus é Maior!); *AstaghfirAllah* (Peço perdão a Deus), outra invocação importante, realizada na sexta-feira, principalmente, é *Allahumma salli wa sallim ala sayyidina Muhammad* (Ó Deus abençoe e envie paz sobre nosso mestre, Muhammad).

Um dos sinais da presença dos sufis são as peregrinações a túmulos de "amigos de Deus", ou santos, como muitas vezes traduz-se. Há muitos santuários espalhados em países islâmicos, como o de Mawlay Idris, conhecido como fundador da cidade de Fez, no Marrocos, entre outros tantos que existem no país.

O aniversário do profeta (*mawlid*), algo que divide o mundo islâmico, tornou-se popular, e essa prática parece ter começado nos séculos XIII e XIV, na época dos fatimidas, no Cairo. No Brasil, é comum ver a comunidade dividida em relação à comemoração, pois alguns consideram *bidah* (invenção), outros dizem que não é celebração, e sim um momento de lembrar a história e importância do profeta.

Manifestações institucionais no Brasil

Vimos anteriormente que a Constituição de Medina foi um marco importante não só no período que o profeta estava vivo, mas também após a sua morte quando os califas Abu Bakr, Umar Ibn Al Khattab, Uthman Ibn Affan[70] e Ali ibn Abi Talib tiveram que atuar. Podemos considerar que a prática deles reverbera de alguma maneira na sociedade islâmica, apesar de divergências entre os grupos. Outro ponto a ser destacado é que a realidade de países não islâmicos, como o Brasil, difere e muito da realidade onde a religião é maioria.

Este tópico trata sobre ações coletivas de determinados grupos e instituições islâmicas. A comunidade islâmica tem uma missão muito além da ampliação do seu próprio grupo. Quando nos referimos às instituições ou organizações religiosas estamos nos referindo às entidades que propiciam aos crentes/fiéis a prática do culto e da fé. As instituições têm um papel importante por dialogarem com a comunidade interna e externa e, dessa forma, a finalidade de se comunicarem com a comunidade mais ampla, como forma de manifestação e apresentação de suas práticas e formas de atuação.

Uma coisa não é possível definir: quantos são os muçulmanos no Brasil? Podemos dizer que a sociedade é formada por árabes, chegados ao Brasil em três levas diferentes, e de muçulmanos negros que foram escravizados (Malês) que até pouco tempo não eram levados em consideração como sendo parte da formação do Islam no Brasil. O censo de 2022 indicou 8 mil muçulmanos, em 2010 passou a 35 mil, e as instituições indicam entre 1 milhão e 1,5 milhão em diálogo informal com o Prof. Paulo Gabriel Hilu da R. Pinto sempre aferimos em torno de 145 mil a 200 mil contando com os migrantes/refugiados recentes. Esse número decorre das observações de salas de oração e mesquitas que co-

---

70. Sobre os primeiros califas cf.: AS-SUYUTI, Y. *Los primeros Califas del Islam*. Granada: Madrasa, 2006.

nhecemos no Brasil. O único trabalho quantitativo que conhecemos dedicado ao estudo dos muçulmanos no Brasil foi publicado pelos geógrafos suíços Waniez e Brustlein (2001), a partir dos dados do Censo de 1991, nesse trabalho os pesquisadores apontaram que em 2000 havia 200 mil muçulmanos.

No Brasil, o Islam, por ser uma religião minoritária em comparação a outras denominações, não apresenta uma forte presença no espaço público, e as formas de desafios com a secularização e o próprio pluralismo religioso islâmico (Barbosa, 2021) acabaram por se configurar diferentemente de religiões dominantes. O espaço público tornou-se amplo em disputas de grupos religiosos, que nem sempre dialogam entre si, embora busquem à sua maneira formas coerentes de diálogo (Montero, 2009). Toda mesquita, por exemplo, tem em si uma sociedade beneficente.

Em termos teológicos no Alcorão fica claro o mandamento de Deus: "Que entre vós exista uma Comunidade (*Ummah*), recomendando o bem, exigindo a justiça e eliminando o mal. Esta é a que será bem-aventurada" (3:104). A comunidade é responsável por corrigir o que está errado, injusto. O ensinamento profético: "Quem vir algum mal, deve tratar de corrigi-lo pela ação; se não puder, terá que tentar pela palavra; se não puder, que cresçam os seus sentimentos de desaprovação e condenação, e este é o grau mínimo da fé". Há várias passagens no Alcorão que vão indicar o comportamento exemplar da comunidade islâmica: 4:135; 21:92; 23:52.

Os movimentos que surgem a partir de uma gênese carismática tendem a dois caminhos: institucionalização ou desaparecimento. Em termos de Weber (1999, p. 323), uma entidade ou um grupo emergente em torno de um líder carismático deve, no decorrer do tempo, *rotinizar* o carisma do primeiro líder nos termos de instituições burocráticas para que, assim, possa ser dada uma continuidade àquilo que foi fruto de uma *revelação* ou manifestação carismática. Ao contrário disso, este movimento ou grupo deve desaparecer por não se colocar de forma racional.

No âmbito islâmico, isso acontece de diferentes modos, a saber: a formação da cidade-Estado de Medina a partir da Constituição de Medina, o califado e a formulação de estudos islâmicos, principalmente da jurisprudência, que deu rumo às assim chamadas sociedades islâmicas ou, como preferimos, "sociedades majoritariamente islâmicas". No que diz respeito aos estudos islâmicos, consideramos suficiente o que foi abordado na seção anterior sob o título de "ciências islâmicas". Porém, para uma visão de institucionalidade do Islam, iremos abordar brevemente a jurisprudência islâmica como uma *estrutura jurídico-social* em termos teóricos.

No Brasil, temos algumas Instituições dedicadas à difusão do Islam na América Latina e Caribe, como Cdial (Centro de difusão do Islam na América Latina), Wamy (Assembleia Mundial da Juventude Islâmica) e a Fambras (Federação das Associações Muçulmanas no Brasil). Essas são as mais importantes. A primeira e a última com forte papel na certificação *halal,* tanto da carne, frango como de outros produtos. A Wamy tem uma preocupação mais voltada com a *dawa* (divulgação do Islam), principalmente para jovens e suas famílias, mas tem se diversificado nos últimos tempos, agregando muçulmanos brasileiros (revertidos) nesse trabalho. A presença dessas instituições é forte em redes sociais, tanto Instagram como Facebook e, com pouca atuação, no Twitter. É comum também que cada mesquita tenha sua associação.

A associação ao wahhabismo da comunidade islâmica de São Bernardo do Campo sempre esteve presente em análises como a de Oliveira (2006), isso pelo fato de os Sheikhs dessa comunidade em 2006 terem estudado na Arábia Saudita, um dos países que mais forma Sheikhs, muitos advindos pela Universidade de Medina, muito da crítica na época era o desinteresse pelos revertidos, o que hoje não se configura, pois a Wamy vem trabalhando na atualidade fortemente com grupos de brasileiros e brasileiras, tendo em seu quadro atual revertidos que fazem dawa (divulgação da religião). Uma das comunidades que cresceu com a presença dessa Instituição é a comunidade islâmica de Itabaianinha que fica no interior de Sergipe (Silva, 2022).

Quando falamos de uma institucionalização do Islam, afirmamos que é uma institucionalização no sentido de fronteiras de uma religião, seu credo, práticas e conhecimento raciocinado por meio de esforço intelectual dos estudiosos que, em termos weberianos, podem ser enquadrados como *virtuosos religiosos*; isto é, aqueles que formam uma *elite* religiosa (Weber, 1982, p. 182). Por esta razão apresentada, a institucionalização no Islam diverge, por exemplo, da manifestação institucional da Igreja Católica, em que os *virtuosos religiosos* se submetem à ordem hierárquica cujo topo é o papa, tido como sucessor de Pedro e vigário de Cristo. As seções a seguir farão uma abordagem mais detalhada sobre esta forma de institucionalização. No Islam, temos os *sheiks*, que não deixam a sua vida profissional, muitas vezes, são médicos e *sheiks*, comerciantes e *sheiks*, e só uma parcela deles exerce exclusivamente essa função, em geral, em países islâmicos, eles assumem funções específicas, ao contrário no Brasil, onde, por serem poucos, acabam acumulando múltiplas funções e encargos. Como afirma Barbosa (2017) o *sheikh* é o "receptáculo" e o transmissor da palavra de Deus. Ele é o estudioso do Alcorão e da *Sunnah*. Embora não exista uma "hierarquia" tal qual conhecemos em outras religiões, que aprende a religião, aprende inclusive a prestar atenção nos *sheiks* e no seu comportamento que deve em tese representar os ensinamentos do profeta.

Em seu livro, resultado de sua tese de doutorado, Barbosa (2017) narra a constituição de sociedades islâmicas no Brasil, dando enfoque às de São Paulo e São Bernardo do Campo; no entanto, outra grande comunidade é a de Foz de Iguaçu, mas é possível acessar comunidades islâmicas de norte a sul do país. Além das citadas, destacamos as comunidades do Rio de Janeiro, Brasília, Belo Horizonte, João Pessoa, Belém, Curitiba, Cuiabá. Em São Paulo, por exemplo, temos em torno de 10 mesquitas; as principais são Mesquita Brasil, a primeira fundada na década de

1960, mas com sua formação inicial em 1929, com muçulmanos palestinos que se reuniam para rezar. Em 1946, a pedra da fundação da mesquita foi inaugurada, mas foi entregue à sociedade completa tempos depois. Na década de 1980, a construção de outras mesquitas se fez mais presentes, mesmo que alguns projetos datem da década de 1970. São elas: mesquita da Misericórdia (Mesquita de Santo Amaro) e a mesquita Abu Bakr Assadic (São Bernardo do Campo). A mesquita do Pari, fundada em 2002, tinha anteriormente uma mussala (espaço de oração) na Rua Maria Marcolina. A mesquita do Brás (conhecida também como mesquita xiita), teve sua fundação na década de 1960. Mais recentemente, duas mesquitas divergem do controle árabe convencional, e são de gestão de africanos e brasileiros.

Nos últimos anos, novas mesquitas, grupos saíram do eixo árabe, a Bilal Al Ghabash (Centro, São Paulo), Summayyah Bint Khayyar (Embu das Artes), Mesquita Virgem Maria (Centro São Paulo), CEP-FISM - Centro de Estudos, Pesquisas e Formação sobre Islam e as Sociedades Muçulmanas (Centro, Rio de Janeiro).

Em 15 de maio de 2008, na sede da Sociedade Beneficente Muçulmana de Maringá, foi criado o Instituto Latino-Americano de Estudos Islâmicos (Ilaei), a fim de suprir a ausência de instituições acadêmicas de ensino religioso no Brasil e na América Latina. O Instituto vem formando, pela sua plataforma online, pessoas no conhecimento da religião islâmica e na língua árabe. Muitas dessas pessoas trabalham hoje na divulgação do Islam no Brasil e na América Latina.

Atualidade, relação com outras religiões e perspectiva de futuro

Neste tópico sobre o Islam, nosso propósito é discorrer sobre a atualidade. Após 11/9 de 2001, o Islam passou a ser uma fonte midiática das mais importantes, infelizmente sempre da forma mais perversa, o que resultou em informações equivocadas sobre a fé islâmica e seus seguidores. No entanto, foi neste período que mais pesquisadores passaram a se interessar pela temática, passando existir em alguns Congressos como os da RAM (Reunião de Antropologia do Mercosul), RBA (Reunião Brasileira de Antropologia), APA (Associação Portuguesa de Antropologia) e Grupos de Trabalhos com a temática sobre Islam, muitos destes coordenados pela autora do capítulo. O primeiro deles aconteceu na RAM, Reunião de Antropologia do Mercosul, em 2007, em parceria com a antropológa Silvia Montenegro (Conicet/Rosário/Argentina), outra grande especialista da área e que tem grupo consolidado no Conicet – Argentina. Do mesmo modo, os professores Paulo Gabriel Hilu da Rocha Pinto e Gisele Fonseca Chagas, coordenadores do Neom, na Universidade Federal Fluminense.

Classificar os muçulmanos em moderados e fundamentalistas é uma forma simplista e equivocada do ponto de vista científico, assim como se referir à diversidade do Islam como o "Mundo Muçulmano" e colocar todos dentro de um único eixo interpretativo. Isto é inconcebível antropologicamente, pois cria categorias fechadas para denominar o que é variado, sem considerar a diversidade de discursos no espaço público. Não é possível discorrer sobre as questões políticas/religiosas que envolvem a Síria, por exemplo, da mesma forma e com o mesmo instrumental de análise que discorremos sobre a Arábia Saudita, Turquia etc. Há especificidades históricas que devem ser levadas em conta se quisermos realmente refletir sobre esses universos díspares que estão nos revelando. A pluralidade de sociedades islâmicas está pautada e deve ser levada em consideração.

Só para dar um exemplo dessa diversidade, Ramadan (2016, p. 59) expõe que sunitas e xiitas têm cinco grandes tendências: 1) literalistas, que leem as fontes sem considerar as perspectivas históricas e oferecem pouco lugar à razão; 2) tradicionalistas, que vão considerar os estudiosos antigos; 3) reformistas, que devem considerar a razão para compreensão dos textos, da

Ijtihad e das Ciências; 4) racionalistas, que afirmam que a razão deve se impor sobre a autoridade dos textos e desenvolver um pensamento secularista; e 5) místicos, que fazem uma leitura pela inteligência do coração e se dedicam à purificação e liberdade do ser. Completo dizendo que é possível encontrar interseções entre essas tradições, como tradicionalistas/místicos – enfim, são inúmeras as variáveis desse campo.

Agora, imaginem essas tendências misturadas com governos democráticos e não democráticos, monarquias etc., em países colonizados pela Inglaterra, França, Espanha: façam uma retrospectiva do que foi o Movimento de Nahad do século XIX, ocorrido no Egito e o que de lá para cá vem se estabelecendo como Islam Político. O Movimento de Nahad, além de retomar a autonomia política, também foi uma forma de retornar às fontes do Islam (Alcorão, *Sunnah*). Deu impulso à constituição da Irmandade Muçulmana em 1928, que reivindica o Islam com uma identidade religiosa e política, algo que aparece na gênese dessa religião, mas que vai se "perdendo" ou "silenciando" em alguns momentos. Guardadas as devidas proporções históricas e contextuais, a Revolução Iraniana de 1979 e o próprio desempenho religioso de Said Nursi na Turquia fortalecem-se como movimentos contrários à colonização ou ocidentalização que apague o Islam do cotidiano dos muçulmanos.

Importante destacar que o que chamamos de Islam político associamos ao termo *islamismo,* deixando Islam (Islã, Islão) para nos referir à religião propriamente dita. O islamismo aqui carrega com força os adjetivos políticos que foram sendo acrescentados em sua história. O olhar do Ocidente para sociedades islâmicas árabes e não árabes como sendo violentas não carregam em si o discernimento de olhar historicamente os efeitos dos colonizadores e das violações que vários povos muçulmanos enfrentaram durante séculos. O colonialismo, os modelos de política estrategista de ocupação de mentes e valores não islâmicos estão arraigados ainda em alguns povos, o sentimento de diminuição em relação aos colonizadores. Neste sentido, fica fácil que o estopim do extremismo ganhe força e ocupe um espaço nesta arena. Grupos como Boko Haram (Nigéria) e Daesh (Iraque, Síria) são exemplos perversos desses modelos extremos que usam a religião como uma constituição do mal, praticam sua própria interpretação das fontes escriturárias e usam o Islam como escudo para violência engendrada, seja contra não muçulmanos e/ou muçulmanos. Contabiliza-se que mais de 80% dos mortos pelo Daesh são muçulmanos, de modo que podemos caracterizar que é contra a maioria dos muçulmanos que eles lutam.

Algumas perguntas talvez sejam importantes para pensar o contexto atual: a Europa está preparada para receber a Turquia em seus quadros como um país desenvolvido? O Ocidente, de modo geral, quer dialogar com países islâmicos? Podemos trabalhar na linha que muitos têm medo, o crescimento do Islam – sim podemos, mas onde está este medo? Por que ele existe? O Ocidente tem medo de quê? Nossa hipótese é de que sociedades islâmicas ainda não aprenderam a responder mais claramente a este efeito nocivo de grupos extremistas.

Concordamos assim com a ideia de Tariq Ramadan, expressada em seu livro *Western Muslims and the future of Islam*, quando define que os muçulmanos no Ocidente têm uma enorme responsabilidade, que é o compromisso de construção do seu próprio futuro, tendo as mulheres um papel fundamental nessa construção. Ramadan dirá: *"Permanecer muçulmano no Ocidente é um teste de fé, de consciência e de inteligência"*, e eu complementaria que se tornar muçulmano no Ocidente é um teste de fé, de consciência e de inteligência, sobretudo, de resistência, principalmente quando se trata de mulheres. No Brasil, a cada 10 convertidos, sete são mulheres: são elas que mobilizam a religião, embora estejam longe de ocuparem espaços em instituições.

A Primavera Árabe trouxe o balançar das árvores, mas penso que será com os muçulmanos e com a mudança de perspectiva destes que as coisas de fato vão se modificar. Tendo a concordar com Tariq Ramadan: enquanto os literalistas (*salafis-wahhabis*) fizerem escola pelo mundo, mais difícil será o diálogo político/ religioso. A realidade de povos muçulmanos não pode estar pautada entre *haram/halal* porque até essas categorias sofrem uma diversidade de interpretações. Há de fato poucas coisas *haram* (proibidas) no Islam: o resto são ideações de tendências e formas de ler as fontes. Pressupomos um bom momento/movimento de equilíbrio e de reflexão no que significa viver em uma sociedade com maioria islâmica e uma sociedade onde se é minoria.

No contexto brasileiro não dá para viver como se estivessem em um país muçulmano, porque simplesmente não se está. Não é possível construir uma bolha islâmica em território brasileiro sem que isto se torne demasiadamente nocivo ao próprio grupo. É preciso vivenciar a religiosidade, e ter direito de vivenciá-la sem imposição em outros contextos. Seja no Brasil ou em qualquer outro país não islâmico, é fundamental aprender a conviver com não muçulmanos, sem abrir mão dos valores éticos e religiosos, mesmo porque no Alcorão está claro: "Não há imposição na religião"[71]; deve-se, portanto, considerar que viver no Brasil é viver em constante contato com a diversidade religiosa. O *adab* (comportamento islâmico) e a ética Islâmica devem ser retomados para vivência pacífica e produtiva em comunidades não islâmicas, buscar formas alternativas de divulgação do Islam que não sejam próximas a outras religiões que mais parecem divulgação de panfletos e discursos fáceis, mas sim procurar realizar ações efetivas de ajuda a sociedades menos favorecidas. A comunidade islâmica no Brasil sunita e xiita tem um desafio de aprender a dialogar entre si, o que não significa abrir mão de suas tradições, mas precisam construir projetos, discursos menos dissonantes e mais propositivos do ponto de vista político, inclusive. Divergências externas vêm tomando corpo e isso precisa ser limitado para que se possa construir uma forma de articular novas demandas no campo religioso e político do Islam no Brasil.

---

71. Surata 2:256.

Torna-se imperativo concluir que o Islam vivenciado, seja na Europa, na América Latina ou em outros contextos, deverá ter como base sempre o diálogo e a empatia com a diversidade apresentada, dentro ou fora da comunidade. Os ensinamentos do Profeta Muhammad SAAS devem ser exemplos para que a comunidade islâmica possa se desvencilhar do termo "terrorista" que marca seu cotidiano, para mostrar o quanto são propositivos e conciliadores em ações sociais, políticas e religiosas.

No entanto, tendo em vista a diversidade de implicações em relação às sociedades islâmicas, é necessário abordar alguns temas importantes para o Islam que carregam em si uma distorção construída pelo Ocidente e que, guardando-se as devidas proporções, se atrelam a estereótipos e "verdades" construídos em sociedades não islâmicas e islâmicas. Neste capítulo, como deixamos entrever desde o início, nossa preocupação é trazer a forma de pensamento islâmico, a fim de uma aproximação de outras formas de religiosidade. Tendo em vista que a primeira autora tem 25 anos de pesquisa em campo islâmico completados em 2023, vale-se, portanto, do diálogo profícuo com seus interlocutores de pesquisa. Mais do que dizer como são os muçulmanos, interessa-nos dizer como eles dizem que são. Por isso, a perspectiva é abordar os temas conforme dialogados em campo e apresentados pela *ummah* islâmica.

Consideramos importante abordar alguns dos temas que geram desconforto à comunidade islâmica quando não são devidamente pautados. Temas que acabam distorcendo a realidade islâmica: O conceito de Jihad; Profeta Jesus; O estatuto das mulheres muçulmanas no Islam; Vestimenta islâmica feminina; Diálogo inter-religioso; Islamofobia.

O conceito de Jihad

Jihad significa, em árabe, *esforço, dedicação na realização de alguma atividade.* No entanto, esse conceito se desdobra em dois quando se trata de pensá-lo à luz da religião: a) *jihad* do *nafs* (ego), o esforço que todo muçulmano tem de controlar: seus impulsos, suas vontades; b) *jihad* como defesa, luta pela causa de Allah. O primeiro significado é o mais importante. Como já esclarecemos neste capítulo, os muçulmanos creem nos livros sagrados anteriores ao Alcorão. Por isso, atribuir ao conceito de *Jihad* como "guerra santa" deturpa o seu significado mais profundo: "E não discutas com o Povo do Livro (judeus e cristãos), a não ser em termos corretos e generosos. Diz: nós cremos na Revelação que nos foi dada, e na Revelação que vos foi dada: o nosso Deus e o vosso são Um só: a Ele é que nos submetemos" (16:125). Infelizmente, *jihad* tem sido destacado pela mídia ocidental como ato terrorista, ou que gera violência quando se associa ao termo "guerra santa", termo utilizado na época das Cruzadas. O Islam não invalida o uso da força quando for para defesa do crente e isso for inevitável: e quando dois "grupos de crentes combaterem entre si, reconciliem-os, então. Se grupo provocar outro, combatei o provocador, até que se cumpram os desígnios de Allah" (49:9). Como premissa, muçulmanos não lutam contra cristãos e judeus, pois estes são considerados herdeiros da tradição abraâmica. Quando esse preceito não é cumprido, não diz respeito à religião, e sim ao modo como os homens se perdem na própria forma de atuação em sociedade.

O conceito de *jihad*, ao longo da história foi associado à guerra e combate físico devido às guerras supostamente feitas em nome das religiões. Principalmente no período que envolveu as Cruzadas e o colonialismo europeu, o Jihad foi uma premissa de resistência contra as forças ocupacionais e colonialistas. Como indicado anteriormente, um dos propósitos da religião – *maqasid sharia* – é a segurança da propriedade e da vida. Portanto, nos períodos que envolveram os direitos mais básicos de muçulmanos, *jihad* foi interpretado como combate físico em defesa de própria vida, liberdade e propriedade.

Por outro lado, há, na atualidade, leituras pós-colonialistas do jihad que dão continuidade às interpretações precedentes. Por isso líderes políticos e religiosos com pretensões de poder fazem uso de conceitos religiosos para justificar suas ações e suas permanências no poder (Eren, 2016). Neste sentido, uma das principais ideias são as teorias conspiratórias para provocar sentimentos nacionalistas e religiosos.

Jesus, filho de Mariam

Jesus é um dos profetas e mensageiros respeitados pelos muçulmanos, Ele é o Messias que retornará no final dos tempos. O Alcorão revela o nascimento de Jesus da seguinte maneira: "E conta, ó Muhammad no livro, a história de Maria, quando se separou de sua família e se retirou num lugar para o Leste. Logo mandamos um anjo, que lhe apareceu [...] (surata de Mariam, versículo 16). Para os muçulmanos, Jesus não foi crucificado, e sim arrebatado de corpo e alma, e retornará nos últimos tempos. Importante destacar que o Alcorão rejeita a ideia de expiação dos pecados por meios de outras pessoas, sacrifícios etc. Adão foi perdoado, não há pecado original no Islam. Deus levou Jesus para junto dele em honra e glória (Abdalati, [s.d.]). O Profeta Jesus (Issa) é citado em 13 suratas (capítulos do Alcorão), e ao todo aparece em 25 versículos. Importante considerar que no Islam não há "Salvador", porque, "[...] e nenhum pecador arcará com culpa alheia" (Alcorão 35:18).

O modo como Jesus, filho de Maria era visto está descrito no versículo abaixo:

> Ó Povo do Livro! Não exagereis em vossa religião e não digais de Deus senão a verdade. O Messias, Jesus, filho de Maria, foi tão-somente um mensageiro de Deus e Seu Verbo, com o qual Ele agraciou Maria por intermédio do seu Espírito. Crede, pois, em Deus e em Seus mensageiros. Não digais: "Trindade!" Abstende-vos disso, que será melhor para vós; Sabei que Deus é Uno. Glorificado seja! Longe está a hipótese de ter tido um filho. A Ele pertence tudo quanto há nos céus e na terra, e Deus é mais do que suficiente Guardião (Alcorão 4:171).

O fato é que cristãos e muçulmanos compartilham o amor a Jesus, no entanto, compreendem de forma diferente o papel desse profeta. Coincidem na narrativa que foi dado à luz por Maria, que era totalmente casta, conferir, por exemplo, surata 3 do Alcorão para conhecer a história da família de Maria. Em todos os momentos Maria foi protegida por Deus, não houve presença de um homem ou familiar que ajudasse no momento do parto, por ter sido completamente devota a Deus, ela foi a primeira mulher a entrar no paraíso. Jesus teria dito: "[Eu vim] para confirmar-vos a Torá, que vos chegou antes de mim, e para liberar-vos algo que vos está vedado. Eu vim com um sinal do vosso Senhor. Temei a Deus, pois e obedecei-me. Sabei que Deus é meu Senhor e vosso. Adorai-O, pois. Essa é a senda reta" (Alcorão 3:50-51). Portanto, qualquer associado de Jesus a salvador, ou filho de Deus é incorreto para os muçulmanos.

O estatuto da mulher muçulmana

A ideia sempre atribuída à mulher muçulmana é de oprimida, ignorante pelo Ocidente, essa imagem advém fortemente do que Omran (2021, p. 45-46) relata como sendo uma imagem orientalista que apresenta mulheres árabes como oprimidas, cobertas pelo *hijab*, incultas, iletradas ou como autora discorre com a imagem dessas mulheres erotizadas, lascivas e sedutoras. Omran vai insistir no protagonismo de mulheres na literatura e no cinema, isso demonstra que não é de hoje que mulheres ocupam seus lugares de atuação. Embora nem toda relação patriarcal tenha sido rompida nesses contextos, isso não significa que as mulheres não busquem formas de inserção de suas lutas e conquistas.

Em termos gerais, podemos dizer que os direitos e responsabilidades atribuídos às mulheres são iguais aos homens no seu valor intrínseco no Islam. No entanto, por serem mulheres e homens diferentes, alguns aspectos são notoriamente distintos. A mulher não é uma cópia do homem e vice-versa. Quando se fala, por exemplo, do erro cometido por Adão e Eva, não se atribui apenas a Eva o erro, mas aos dois (2:35-36; 7:19). As mulheres, assim como homens, têm direitos e deveres no Islam. Em relação aos seus direitos que são desconhecidos pela sociedade, principalmente ocidental são: direito a escolher seu marido, ao divórcio, direito ao dote, ao prazer sexual, ao conhecimento, direito à herança. Desses aspectos todos, vale falar sobre o *dote (mahr)*; ao escolher o seu marido, é preciso ter a consciência de que a mulher é independente. No Alcorão, temos: "E daí o dote às mulheres como oferta espontânea" (4:4), o dote como *sadaqa* é um sinal de lealdade e seriedade do homem (Mutahhari, 1981). O dote é pago à mulher e não à sua família. "Ó crentes, não vos é lícito herdar mulheres contra a sua vontade" (4:19). A responsabilidade de sustento da casa é sempre do homem. O que no ocidental percebe-se a divisão de despesas, no Islam isso só é possível se for um acordo entre o casal, e não poderia ser uma imposição às mulheres. Isso não impede que mulheres trabalhem e estudem. Mas implica dizer que se o trabalho for remunerado o dinheiro é dela, assim como sua herança, o marido não pode dispor do seu dinheiro sem a sua autorização.

A surata *Al Nisa,* "A Mulher", a número 4 do Alcorão com 76 versos, revelada em Medina traz os direitos e deveres das mulheres. Sempre recomendamos que o Alcorão seja lido com um especialista, pois a tradução dos termos do árabe para língua portuguesa nem sempre dá conta da profundidade dos termos. Quando nos referimos às mulheres é sempre bom recordar de Aisha, uma das esposas do profeta após a morte da Khadija com quem foi casado durante 25 anos. Aisha transmitiu mais de 2.000 *hadiths*, ela era reconhecida como médica, professora, e após a morte do profeta passa a ensinar aos muçulmanos na porta da sua casa. O Islam não proíbe mulheres de estudar e atuar em suas profissões, além de terem participação efetiva na administração de uma mesquita. Todo esse debate vem atrelado ao desconhecimento de homens e a uma forma patriarcal e misógina que ainda se encontra em países islâmicos e não islâmicos. A luta por equidade de gênero é algo presente em todas as sociedades e nas comunidades muçulmanas não seria diferente.

Vestimenta islâmica feminina

A modéstia do comportamento é para homens e mulheres no Islam. A modéstia não é só física, intelectual e sentimental, ela compõe a moral islâmica que busca modelar o caráter e a conduta islâmica. Todo esse pressuposto está presente no Alcorão e pela Sunnah do profeta. Quando se trata de vestuário islâmico no Alcorão, é claro que tanto homem quanto a mulher devem ser modestos (cf. surata 24, versículos 30-31). Aos homens, por exemplo, é proibido o uso da seda e ouro para compor sua vestimenta e adereços. O profeta (que a paz e as bênçãos de Allah estejam com ele) disse: "Estes dois elementos são ilícitos para os homens de minha comunidade e lícitos para suas mulheres" (Ibn Majah, 3595; Abu Dawud, 4057).

A vestimenta religiosa usada por mulheres muçulmanas é sempre objeto de debates acalorados na imprensa, trazendo sempre um viés opressor ao corpo de mulheres. Talvez valesse a pena discorrer sobre isso acompanhado de algo que já discutimos neste texto, que é o livre-arbítrio, apesar da recomendação do uso do véu ser corânica. Isso implica que é uma obrigação religiosa. É interpretado que cabe à mulher com sua relação com Deus, mas alguns sábios são taxativos em dizer que o não cumprimento significa que a mulher está pecando. No entanto, a pesquisadora Barbosa vem observando com bastante cuidado essa questão há muito tempo (cf. Barbosa-Ferreira, 2013; Barbosa, 2020), pois a temática é permeada de sentidos que ultrapassam o religioso, muitas vezes são mobilizadas razões políticas de construção da diferença em situações ameaçadoras, como já vimos acontecer na França após 1989, e também é algo que pode ser visto como reflexo de revolta como o ocorrido no Irã em 2022. O que precisamos saber é que o uso e o não uso vai depender do contexto no qual estão inseridas essas mulheres.

Após a Revolução Iraniana de 1979 ficou nítido o retorno do véu, principalmente no Ocidente. É perceptível que a migração muçulmana para o Brasil acabou por retirar o lenço das mulheres. Na década de 1980, isso começa aos poucos a mudar a configuração, e a cada década, o número de mulheres que passam a usar o lenço é maior. Quando iniciou suas pesquisas em 1988, a primeira autora registrou vários relatos de jovens muçulmanas que passaram a usar o lenço no Brasil à revelia de suas famílias. Após mais de vinte anos, é perceptível a mudança, tanto nas muçulmanas de nascimento quanto nas revertidas.

Hijab vem do verbo *hajaba*, "aquilo que separa", entendido como cortina, pois pode separar uma pessoa de outra como sinal de modéstia, simplicidade, respeito e devoção quando se refere a Deus. Ele deve cobrir o corpo da cabeça aos pés, *hijab* não é apenas o lenço na cabeça, mas toda a vestimenta usada pela mulher muçulmana, que não pode ser transparente e nem colada ao corpo. Devem ficar de fora o rosto, as mãos e os pés. Podemos dizer que o *hijab* faz parte de uma conduta, uma barreira que a mulher coloca entre ela e outros homens. Tendo como significado a devoção a Deus, demonstrando sua obediência à ordem divina. O uso, mesmo sendo obrigatório segundo o texto corânico, não pode ser feito forçosamente. A família não deve obrigar a sua filha usar sem sua vontade e entendimento.

> Ó profeta! Diz a tuas filhas e às mulheres dos crentes que (quando saírem) se cubram com suas *jalabib*, isto é mais conveniente para que se distingam das demais mulheres e não sejam molestadas, porque Deus é Indulgente e Misericordioso (Alcorão, surata 33, versículo 59).

> E se pedirem às mulheres do profeta qualquer objeto, peçam-no através de uma cortina. E isso será mais puro para os vossos corações e para os dele(s) (Alcorão, surata 33, versículo 53).

Na noite de núpcias do Profeta Muhammad com Zenaib, como os convidados demoravam a deixar sua casa, este proferiu o versículo 53 da surata 33, enviado por Deus: "E se pedirem às mulheres do profeta qualquer objeto, peçam-no através de uma cortina. E isso será mais puro para os vossos corações e para os dele(s)". A palavra *hijab* usada nos versículos apresenta três dimensões: a primeira é visual, ocultar algo da visão. A origem do verbo árabe *hajaba* é a mesma que a do verbo *to hide*. A segunda dimensão é espacial, para separar, marcar a diferença, definir a entrada, o acesso. A terceira dimensão refere-se à ética, à moral, diz respeito ao campo do proibido e completa sua análise, dizendo que o véu determina uma fronteira de proteção. Podemos pensar o véu como fronteira simbólica que separa o que deve e o que não deve ser visto (Mernissi, 2003).

O Niqab é uma vestimenta que deixa só olhos de fora, e foi usada pelas esposas do Profeta Muhammad, talvez, por isso, ainda é muito usada em países do Golfo, Arábia Saudita. Essa vestimenta e a burqa são proibidas na França, podendo a mulher receber uma multa de 150 euros. A burqa é uma vestimenta tradicional do Afeganistão e Paquistão e foi produzida por mulheres dessa fronteira que queria sair sem serem identificadas. Essa vestimenta de cobrir o rosto completamente não é islâmica no sentido da prescrição, mas foi uma adaptação e hoje passou a ser uma forma de coagir mulheres no Afeganistão. Quando se trata de vestimenta de mulheres muçulmanas é necessário tomar o cuidado de se avaliarem os contextos e as práticas religiosas. A ideia como acentuou Lila Abu-Lughod (2002a) não é de "salvar mulheres muçulmanas", mas sim, considerar o que elas querem. É comum feministas ocidentais atribuírem apenas à roupa como objeto de "libertação". Nem sempre, como Barbosa[72] repetiu em algumas entrevistas, a roupa é o problema. A situação do Taliban no Afeganistão em 2021 retomou essa questão fortemente, fazendo com que Barbosa escrevesse: "Feminismo ocidental

---

72. Cf. em: https://www.bbc.com/portuguese/internacional-58325595 – Acesso em 18/12/2020.

não pode ditar regras para mulheres muçulmanas"[73]. Naquele período era recente para dizer algo sobre essa tal "anistia" dos taliban em relação às mulheres, mas era possível considerar essa proposição, dar escuta, no entanto, após esse tempo podemos dizer que são sim, as mulheres que mais têm sofrido. Há reflexões importantes produzidas por Barbosa, Paiva e Pasqualin (2022) no capítulo intitulado "A caminho de Kandahar: Talibã, Sharia e a falácia da salvação de mulheres muçulmanas"[74], que devem ser consideradas pelo leitor pouco familiarizado com as temáticas que envolvam mulheres, Islam e Taliban.

Diálogo inter-religioso

O diálogo inter-religioso é um conceito que se sistematiza mais ainda depois da Modernidade. Neste período em que pessoas de diferentes nações e religiões começam a se mobilizar entre os diferentes territórios mais do que nunca, as fronteiras geográficas das religiões também perdem o sentido. Nos períodos precedentes à Modernidade, era possível localizar as religiões geograficamente. A Igreja Católica teve o domínio da Europa e, mais tarde, das terras por ela colonizadas enquanto o Mundo Islâmico se restringia no território que se estendia do leste europeu até a Índia, concebendo também o Norte da África e uma parte deste último continente.

Com a Reforma Protestante, em 1517, as fronteiras da religião na Europa começaram a ficar nas relativas e uma certa convivência foi necessária, apesar de ter sido brutal e violenta no início. A Europa, porém, não era estranha à convivência das diferentes concepções religiosas. O Emirado Omíada de Granada foi um centro de convivência entre muçulmanos, cristãos católicos e judeus até a retomada desses territórios por espanhóis na

---

73. Cf. em: https://jornalistaslivres.org/feminismo-ocidental-nao-pode-ditar-regras-pra-mulheres-muculmanas/

74. WEBSTER, C.M.C. *et al. Comportamento humano em diferentes vertentes: estudos contemporâneos.* São Carlos: Pedro & João, 2022, p. 387-414.

campanha que foi chamada de *reconquista*. Contudo, a Reforma Protestante foi marco para definição de novas fronteiras religiosas até que a imigração (forçada ou não) para as Américas destacou uma diversidade religiosa.

É com esta última experiência que o *diálogo inter-religioso* começa a ser discutido de forma mais sistematizada e o seu primeiro passo institucional se dá a partir do Parlamento Mundial das Religiões em Chicago, nos Estados Unidos, em 1893. Este evento recebeu cerca de cinco mil delegados de diferentes religiões, inclusive alguns católicos que participaram informalmente e sem nenhuma convocação oficial da Igreja Católica, que se recusou a participar deste evento. Desta forma, e a partir da instauração da secularização, o diálogo entre os diferentes grupos religiosos foi necessário devido à pluralidade religiosa que possibilitou isso. O princípio do diálogo inter-religioso é a colaboração de líderes e grupos religiosos para combater os problemas que a humanidade vêm enfrentando ao longo destes séculos. Hoje em dia, por exemplo, um dos destaques que os eventos de diálogo inter-religioso têm, é o meio ambiente e combate à destruição da ecologia. Já nos períodos anteriores, os destaques foram diferentes como: combate à Aids, a convivência harmoniosa entre diferentes grupos religiosos etc.

Um dos temas mais caros ao campo da religião quando se fala de diálogo inter-religioso é a chamada *teologia das religiões*. Embora este termo tenha surgido no campo cristão – mais precisamente católico –, é possível ver seus paralelos e similares em outras religiões também. É importante, porém, ressaltar que não há no Islam e em várias outras religiões uma organização hierárquica, tal como existe no catolicismo. Portanto, os debates estabelecidos em torno de vários temas da Modernidade possuem uma vastíssima diversidade, desde os mais conservadores que negam a possibilidade do diálogo até os mais "progressistas" que são abertos ao diálogo e à colaboração entre instituições religiosas.

A teologia das religiões, embora quase inexistente no campo islâmico, nos ajuda a entender o posicionamento destes diversos grupos e suas concepções do diálogo inter-religoso. Para isso, há, comumente, três conceitos que estabelecem este campo e que nós denominaremos como *posições inter-religiosas do Islam*, ao invés da "teologia das religiões". Os conceitos que culminarão a nossa reflexão sobre o diálogo dos muçulmanos com pessoas de outras religiões são: *exclusivismo, inclusivismo e pluralismo*. Os três conceitos são elaborados a partir da reflexão dos teólogos cristãos sobre as outras religiões que não são cristãs, ou as igrejas que não são as respectivas destes estudiosos.

A posição exclusivista é aquela que considera a superioridade de uma dada religião sobre as outras. Em termos teológicos, é a relegação da salvação apenas a uma religião negando a validade ou o caráter salvífico de outras. Neste sentido, dentro da Igreja da Católica, o lema principal para definir este posicionamento foi "fora da Igreja não há salvação". No que diz respeito ao Islam, pode-se dizer que a proposta de que só se salva quem acreditar única e exclusivamente em Deus pode ser salvo é uma expressão do exclusivismo. A religião islâmica, neste sentido, dispõe de um papel que é apenas dela, bem como acontece em outras religiões que tendem a se definir como únicos meios para salvação, iluminação ou libertação de sofrimento.

Já a atitude inclusivista tem uma proposta um pouco mais branda em relação à supracitada. Neste posicionamento, a dada religião continua com a pretensão de superioridade com a ressalva de que em outras religiões também há valores idênticos para salvação. No campo islâmico, podemos dizer com muita clareza que esta é a posição mais forte, pois acredita-se que tudo que existe neste universo é uma forma da revelação de Deus, e por isso muçulmano; isto é, aquilo que se submete a Deus. Por outro lado, existem práticas do Profeta Muhammad que confirmam esta nossa abordagem. A principal atitude dele a respeito disso é a permissão que ele dá aos monges cristãos para rezarem dentro da Mesquita al-Nabi durante uma visita no ano 8 da *hijra* – aproximadamente o ano 629 ou 630 – quando ele recebia delegados de várias tribos com a finalidade de divulgar o Islam para estas outras tribos.

Na posição pluralista, as pretensões de superioridade são extintas. A religião não se considera superior às outras em relação a seu valor salvífico. Esta é uma posição que, na maioria das vezes, causa revoltas nos setores mais conservadores e tradicionalistas das comunidades religiosas, pois entende-se de pluralismo uma certa tendência de relativismo. Porém, quando analisamos isso no espectro islâmico, constatamos abordagens do Islam sobre as outras tradições de forma respeitosa. Principalmente no âmbito social, o tratamento recomendado aos muçulmanos é o de respeito com pessoas de diferentes religiões e a não compulsão da religião a outros. A principal expressão do pluralismo no Islam se dá a partir da manutenção do antigo calendário árabe com apenas o ajuste de um marco inicial durante o califado de Umar bem al-Khattab – pois antigamente não havia um marco fixo do calendário.

O diálogo com outras religiões e religiosos é premissa no Islam; esses também eram protegidos sob a tutela do Profeta Muhammad: "Quem matar uma pessoa que tem um tratado com os muçulmanos nunca sentirá a fragrância do Paraíso" (Muslim). Em Medina, o controle era dos muçulmanos, no entanto, o profeta deu ordens claras sobre o tratamento dispensado a outros crentes: "Cuidado! Quem quer que seja cruel e duro com uma minoria não muçulmana ou restrinja seus direitos ou os sobrecarregue com mais do que podem suportar, ou tome qualquer coisa deles contra sua vontade, eu (Profeta Muhammad) acusarei no Dia do Juízo" (Abu Dawud).

Barbosa (2020), ao escrever sobre o Islam plural e o diálogo com o Alcorão, já revela em seu texto que *não há compulsão na religião*, consubstanciando que o diálogo de um muçulmano com outras denominações religiosas em países islâmicos ou não islâmicos está previsto. No Alcorão, um dos versículos apresenta: "[...] Se Deus quisesse, teria feito de vós uma só nação; porém, fez-vos como sois, para testar-vos quanto àquilo que vos concedeu.

Emulai-vos, pois, na benevolência, porque todos vós retornareis a Deus, o Qual vos inteirará das vossas divergências" (Alcorão, surata Al Máida, 5:48). No Alcorão, a palavra "diálogo" (Hiuar راوح) aparece mais de 46 vezes. "Convoca (os humanos) à senda do teu Senhor com sabedoria e uma bela exortação; dialoga com eles de maneira benevolente" (Alcorão Sagrado, surata An Nahl, 16:125). A presença de líderes religiosos em grupos de diálogo inter-religioso se torna cada vez mais presente e importante, não apenas para consolidar a paz em qualquer outro território que não seja islâmico, mas também em defesa da vida, da natureza, da humanidade como um todo. Uma das experiências apontadas pela pesquisadora é o documentário de sua autoria: *Allah, Oxalá na Trilha Malê* (Barbosa, 2015), no qual o diálogo aparece como premissa entre membros do candomblé e do Islam.

O Alcorão prescreve em várias suratas que todo homem é livre para escolher a religião e a doutrina que lhe convenha e que constrangimento não pode ter nenhum efeito sobre ela: "não há imposição quanto a religião" (Alcorão 2:256). Destacamos também a liberdade de culto que é a base da liberdade religiosa. El Berry (1981, p. 38-39) afirma que Omar Ibn Al-khatab, o segundo Califa com um contingente e seu exército a Jerusalém para concluir um trabalho de paz com seus habitantes, ele viu as ruínas de uma construção, quando perguntou o que era disseram que era um Templo judaico destruído pelos romanos, ele mesmo começou a limpeza e a reforma do Templo religioso.

Islamofobia

Barbosa e Souza (2023) escreveram que islamofobia é "medo do Islam" que acarreta um sentimento de ódio e/ou repúdio em relação aos muçulmanos e à religião islâmica. Do mesmo modo, Aziz (2022, p. 4-5) escreve sobre o processo de racialização dos muçulmanos, que se dá de forma global e envolve fatores como supremacia branca/protestante, xenofobia, orientalismo, imperialismo americano em países islâmicos. Um dos pontos mais importantes em relação à Islamofobia é que ela se revela, sobretudo, em Islamofobia de gênero, é o que apontam as pesquisas realizadas pela primeira autora (Barbosa, 2015; 2016; 2021; 2022). Isto posto, são as mulheres muçulmanas que usam lenço que mais sofrem violências principalmente em espaços públicos, dado confirmado no *I Relatório de Islamofobia no Brasil*[75] coordenado por Barbosa *et al.* (2022). A pesquisa foi realizada por membros do Gracias (Grupo de Antropologia em Contextos Islâmicos e Árabes)[76] no qual decidiu-se construir um questionário pelo Google Forms com perguntas que visavam a captar as apreensões da comunidade muçulmana brasileira, divulgado nas redes e grupos diversos da comunidade islâmica. Ao todo, 653 (seiscentas e cinquenta e três) pessoas responderam ao questionário entre os meses de fevereiro/2021 e o término do Ramadan de 2021 (maio/2021). Quatro grupos diferentes de pessoas responderam ao questionário: *homens nascidos na religião e homens revertidos; mulheres nascidas na religião e mulheres revertidas*. Os pesquisadores Barbosa *et al.* (2022) apontam os homens dentre aqueles que consideram ter sofrido islamofobia. Ela está vinculada ao caráter verbal/moral e há indicativo de maior incidência de preconceito por parte de evangélicos do que de pessoas de outras religiões. Essa incidência de maior violência por parte de evangélicos e cristãos reflete questões históricas, políticas e sociológicas, não existindo, em essência, uma oposição "Islam vs. cristianismo", mas sim condições históricas, econômicas e sociológicas, políticas, portanto, para que exista um clima de disputa entre pessoas dessas religiões. Outro dado apontado

---

75. Cf. matérias em: https://www.middleeasteye.net/news/brazil-women-muslim-convert-afraid-wear-hijab-islamophobia – Acesso em: 18/12/2022. Cf. tb. em: https://anba.com.br/islamofobia-70-da-violencia-contra-mulher-acontece-na-rua/ – Acesso em: 18/12/2022.

76. Felipe Freitas de Souza, Camila Paiva Motta e Isabella Macedo (bolsista PUB do projeto Islamofobia), seguida posteriormente por Gabriela Correia Rocha, Igor Henrique Bonfim Carlos, contribuíram para a escrita do relatório. Hoje o pesquisador de graduação vinculado ao projeto é Francisco Cleverson Pereira da Silva.

pelos pesquisadores são que 94,5% dos/as muçulmanos/as não registrarem B.O., talvez pela dificuldade de acesso à justiça material no Brasil, ou seja, o excesso burocrático, ineficiência e incapacidades naturais do sistema etc. Ressalta-se o uso da vestimenta islâmica (lenço) entre as mulheres no cotidiano, sendo que a maioria das mulheres optantes por usar (59,2%) relata ter vivenciado episódios islamofóbicos. A maioria (66%) já sofreu constrangimento pela religião. Dessas que sofreram algum constrangimento, a maioria é revertida (60,4%). Um dado que nos chama atenção é sobre as dificuldades enfrentadas pelas mulheres em seu núcleo familiar pós-reversão (41,9%). Esse dado demonstra o quanto a sociedade desconhece a religião e o simples fato de ter uma pessoa da família muçulmana pode gerar preconceito. O resultado completo dessa pesquisa foi publicado pela Editora Ambigrama[77], versão em português (2022), versão em inglês (2023).

Considerações finais

> *Nós te enviamos como uma misericórdia para todos os mundos* (Alcorão 21:107).

Este capítulo teve o desafio de trazer alguns elementos importantes para reflexão sobre o Islam e os muçulmanos. Conscientes de que não estamos dando conta de uma totalidade, nem seria essa a nossa intenção, mas sim, discorrer sobre a base do Islam e seus contornos, tendo o Brasil como pano de fundo nos auxiliou a fundamentar alguns pressupostos. Partimos do advento do Islam, sua forma de organização e seu credo, para que o leitor pudesse compreender a seguir as divisões e formas como é entendida a cosmologia islâmica pelos grupos diversos. Trazer alguns modelos de atuação existentes no Brasil como as Instituições nos ajuda a compreender a interlocução desses espaços com a sociedade externa e interna. A atualidade por sua vez traz diversos desafios

---

77. Disponível em: https://www.ambigrama.com.br/_files/ugd/ffe057_6fb-8d4497c4748f8961c92a546c5b3fc.pdf – Acesso em: 11/12/2022.

aos muçulmanos. Traduzir a crença de forma simples, mesmo considerando que o Islam não é um monobloco, no qual possamos dizer é isso, sem considerar os aspectos culturais, sociais, econômicos etc. que permeiam o cotidiano de muçulmanos no mundo. Ser muçulmano no Brasil não tem a mesma dimensão do que ser em um país islâmico, no qual a religião está presente em todo o contexto vivido.

Importante destacar que o Brasil não é um país islâmico, muito menos um país que tenha uma comunidade islâmica significativa. Nos últimos censos (2002 e 2010), consequentemente margeou-se a conta de 8 mil a 35 mil muçulmanos em território brasileiro. Há alguns anos, a primeira autora e o Prof. Paulo Gabriel Hilu da R. Pinto têm apresentado de comum acordo que deve haver entre 100 mil a 200 mil membros muçulmanos brasileiros, inserindo-se com refugiados e pessoas em situação de migração, as migrações do Oriente Médio (Síria, Líbano, Palestina), mais recentemente Afeganistão, entre outros.

É fundamental o entendimento do que são os muçulmanos e no que eles creem. Isso facilita inclusive a compreensão sobre *jihad*, termo sempre usado de forma pejorativa como explicitado anteriormente, é possível erradicar a ideia de que mulheres e homens com suas roupas tradicionais religiosas ou culturais não são mais ou menos radicais por isso. Não é a vestimenta que faz uma pessoa religiosa ou não, mas quando se trata da vestimenta feminina (lenço) é uma obrigação religiosa e torna-se premente respeitá-la e não considerar que se trata de algo que oprime a mulher. Consideramos como pesquisadores que a violência de gênero está presente em todos os contextos sociais, inclusive o islâmico, mas não necessariamente é roupa que define a violência, mas sim, como se lida com as diferenças de usar ou não o lenço. O diálogo inter-religioso é possível, mesmo porque o Islam já prevê isso desde a constituição de Medina, perpassando outras fontes como o Alcorão e a Sunnah profética, do mesmo modo a compreensão de Jesus como profeta importante na religião, como sua mãe Maria, a primeira mulher a entrar no Paraíso. Por fim, e não menos importante a conceituação de Islamofobia, que infelizmente é presente na sociedade brasileira.

O respeito às religiões monoteístas como o cristianismo e judaísmo é premissa básica a todos muçulmanos, torna-se fundamental retomar sempre aos leitores um dos *pilares da fé nos Islam*, que se refere ao respeito e aceitação dos textos sagrados antes do Alcorão. Quando os leitores compreenderem esse respeito, do mesmo modo que a todos os profetas e mensageiros antes do Profeta Muhammad será possível a realização de um tempo no qual o estado laico seja a base que rege o respeito e a boa convivência entre as religiões monoteístas.

Por enquanto, seguimos neste exercício profundo de alteridade que compreende o outro a partir do seu lugar de observação e vivência. O pluralismo religioso é premissa básica para essa alteridade e para construção de uma sociedade no qual as religiões e os religiosos possam dialogar.

Referências

ABDALATI, H. *O Islam em foco*. São Bernardo do Campo: Wamy, s/d.

ABU LUGHOD, L. Do muslim women really need saving? –Anthropological relections on cultural relativism and its other. *American Anthropologist*, v. 104, p. 783-790, 2002.

ADI, A.S; BARBOSA, F.C. Reflexões iniciais sobre árabes e muçulmanos nos livros didáticos de história: silenciamentos, generalizações e estereótipos. *In*: RIBEIRO, A.L.F.A. et al. (orgs.). *O pensamento (des)colonial e outras epistemologias*. Vol. 8, 2021, p. 1-33.

AHMED, A.S. *O Islão*. Chiado: Bertrand, 2003.

AL-BAYDAWÎ, N.M. *Anwar al-tanzîl asrar al-ta'wîl*. Vol. 1. Istambul, 2011.

AL-JARIM, M.N. *Adyan al-arab fi al-jahiliyya*. Cairo: Matbaat al--Saadah, 1923.

AL-ODHMAH, A.A.; AL-TABATABAÍ, A.M.H. *O xiismo no Islam*: nossa mensagem II. São Paulo: Arresala, 2008.

AL-TARIQI, A.I. *Ahl al-halli wa al-aqd: sifatihim wa wadhaifihim.* Riyad: Daiwat al-haq, 2005.

BARBOSA, F.C. Não se combate homofobia com islamofobia. *Revista USP*, 2016.

BARBOSA, F.C. *Performances islâmicas em São Paulo: entre arabescos, luas e tâmaras.* São Bernardo do Campo: Terceira Via, Campo, 2017.

BARBOSA, F.C. Identidades em construção e diálogo inter-religioso. *In*: RIBEIRO, C.O. *et al. Dicionário do Pluralismo Religioso.* São Paulo: Recriar, 2020, p. 99-104.

BARBOSA, F.C. Pluralismo islâmico: da teologia à etnografia. *In*: RIBEIRO, C.O. (org.). *Diversidade e religião e o princípio pluralista.* São Paulo: Recriar, 2021, p. 285-389.

BARBOSA, F.C. Covid-19, comunidades islâmicas, islamofobia. *Religião & Sociedade*, v. 41, p. 115-134, 2021.

BARBOSA, F.C. Islam. *In*: CUNHA, M.; NOVAES, A. (orgs.). *Dicionário Brasileiro de Comunicação e Religiões.* Engenheiro Coelho: Unapress, 2021, p. 109-117.

BARBOSA, F.C. *Reflexões ético-legais para superar a intolerância religiosa – Islam: intolerância/tolerância religiosa.* Vol. 1. Porto Alegre: Práxis, 2021, p. 30-40.

BARBOSA, F.C. Notas sobre Islam e Islam(fobia). *In*: CHEAITO, K.A.B. (org.). Ahlan Wa Sahlan. Vol. 1. São Paulo: Lutas Anticapital, 2021, p. 53-64.

BARBOSA, F.C. *Hajja, hajja – A experiência de peregrinar.* São Bernardo do Campo: Ambigrama, 2022.

BARBOSA, F.C. *Hijabfobia: a experiência de ser mulher muçulmana com Hijab.* Disponível em: https://www.holofotenoticias.com.br/lutas/mulheres-muculmanas-sao-discriminadas-por-usarem-veu--ressalta-professora-da-usp – Acesso em: 14/04/2022.

BARBOSA, F.C. *el al. Primeiro relatório de islamofobia no Brasil.* São Bernardo do Campo: Ambigrama: 2022.

BARBOSA, F.C.; FREITAS DE SOUZA, F. Islamofobia. *In*: RATTS, A.; Rios, F.; DOS SANTOS, M.A. (orgs.). *Dicionário das Relações Étnico-raciais* [no prelo].

BARBOSA-FERREIRA, F.C. Charlie Hebdo e Islamofobia. *Malala*, v. 3, p. 159-162, 2015.

BARROS, L.D.Y.H. *Crise de vida, afeto e reconfiguração do self religioso na conversão de mulheres ao Islã, na Mesquita da Luz.* Dissertação de mestrado, 2012.

DEMIRCI, A. Medine Vesikasi: Olusum Sureci ve Zimmet Anlasmalarina Etkisi. *Istem*, 19, p. 253-271, 2012.

EL BERRY, Z. *Os direitos humanos no Islam.* Trad. de S. El Hayek. São Bernardo do Campo: Cdial, 1981.

ELIAS, J. *Islamismo.* Trad. de F. Manso. Lisboa: Ed. 70. 2011.

EREN, A.C. *Kur'ân yorumunda yanlis mulahazalar: Kur'ân'i lafzi okuma.* Istambul: Isik, 2016.

HAMÎDULLAH, M. Hilfu'l fudul. *In: Islam Ansiklopedisi.* Vol. 18. Istambul: TDV, 1998.

HAMÎDULLAH, M. *Islam peygamberi.* Vol. 1. Istambul: Yeni Safak, 2003.

HANANIA, A.R. Posfácio. *In:* BARBOSA-FERREIRA, F. (org.). *Olhares femininos sobre o Islã: etnografias, metodologias e imagens.* São Paulo: Hucitec, 2010, p. 281-284.

HAYLAMAZ, R. *Gonul tahtimizin sultani: Efendimiz.* Istambul: Isik. 2008.

HOURANI, A. *Uma história dos povos árabes.* Trad. de M. Santarrita. São Paulo: Companhia das Letras. 2006.

IBN, H.A.M. Abû Muhammad abd al-Malik. *Sirah nabawiyya.* Vol. 2. Istambul: Kahraman. 2006.

IBN KATHIR, I.I. *El-bidaye ve'n-nihaye: Buyuk islam tarihi.* Istambul: Çagrici. 2017.

JOMIER, J. *Islamismo: história e doutrina.* Trad. de L.J. Baraúna. Petrópolis: Vozes. 1994.

KELPETIN, M. "Islam oncesi Medine". *Marmara Universitesi Ilyahiyat Fakultesi Dergisi*, Istambul, v. 1, n. 51, p. 95-113, 2017.

KURUCAN, A. *Din ozgurlugu kapsaminda irtidat.* Nova Jersey: Sureyya, 2022.

KUŞ, A. *A Constituição de Medina: reflexões para o diálogo inter-religioso a partir do Islam.* São Paulo: Pluralidades, 2022.

LECKER, M. *The Constitution of Medina: Muhammad's first legal document.* Princeton/Nova Jersey: Darwin Press, 2004.

LECKER, M. Al-Ridda. *In:* BEARMAN, P.; BIANQUIS, T.; BOSWORTH, C.E.; HEINRICHS, W.P. (eds.). *Encyclopaedia of Islam.*

2. ed. Disponível em: http://dx.doi.org/10.1163/1573-3912_islam_SIM_8870 – Acesso em: 21/11/2022.

LIMA, L.B. *Jihad(s) islâmica(s) (des)viada(s) – Uma (n)etnografia com muçulmanas/os inclusivas/os da França*. Dissertação de mestrado. Ribeirão Preto: Faculdade de Filosofia Ciências e Letras de Ribeirão Preto/Conselho Nacional de Desenvolvimento Científico e Tecnológico, 2018.

MACEDO, I.; BARBOSA, F.C. Islamofobia de gênero e reflexos na saúde mental de mulheres muçulmanas. *Revista USP*, v. 10, p. 153-163, 2021.

MONTERO, P. Secularização e espaço público: a reinvenção do pluralismo religioso no Brasil. *Revista Etnográfica*, v. 13 (1), 2009. Disponível em: https://journals.openedition.org/etnografica/1195#citedby – Acesso em 02/12/2022.

MUÑOZ FORERO, I. *Considerações hermenêuticas sobre o conceito de liberdade: um diálogo com o Islam*. Dissertação de mestrado. Ribeirão Preto: Faculdade de Filosofia Ciências e Letras de Ribeirão Preto, 2016.

MURTADA, M. *Os direitos das mulheres no Islão*. Irã: Al Qalam, 1981.

NASR, S.H. *The study Quran: a new translations and commentary*. Nova York: HarperCollins, 2015.

PACE, E. *A sociologia do Islã: fenômenos religiosos e lógicas sociais*. Trad. de E.F. Alves. Petrópolis: Vozes. 2005.

PAIVA, C.M. *As mulheres, os perfumes e as preces: um olhar simbólico sobre a sexualidade no Islã*. Dissertação de mestrado. Ribeirão Preto: Faculdade de Filosofia Ciências e Letras de Ribeirão Preto, 2018.

PASQUALIN, F.A. *O (des)encanto do casamento intercultural: brasileiras casadas com muçulmanos turcos e árabes*. Tese de doutorado. Ribeirão Preto: Faculdade de Filosofia Ciências e Letras de Ribeirão Preto/Fundação de Amparo à Pesquisa do Estado de São Paulo, 2018.

PERES, V.; MARIZ, C. *Muçulmanos no Brasil contemporâneo: um estudo preliminar*, 2003 [Aguardando publicação na revista *Tempo Social*].

PINTO, P.G.H.R. *Islã: religião e civilização – Uma abordagem antropológica*. Aparecida: Santuário, 2010.

PINTO, P.G.H.R. El Islam en Brasil: elementos para una antropología histórica. *Istor: Revista de Historia Internacional*, v. 45, n. 12, p. 3-21, 2011. Disponível em: https://app.uff.br/riuff/handle/1/11964?locale-attribute=es

QUTB, S. *Al-ma'alim fi al-tariq*. 6. ed. Beirute: Dar al-shuruq, 1979.

RAMADAN, T. *El Islam minoritario: cómo ser musulmán en la Europa laica*. Barcelona: Bellaterra/Biblioteca do Islam Contemporâneo, 2002.

RAMADAN, T. *Western muslims and the future of Islam*. Oxford: Oxford University Press, 2003.

RAMADAN, T. *Le Génie de l'Islam: inicitiation à ses fondements, sa spiritualité et son histoire*. Paris: Du Châtelet, 2016.

ROHE, M. *Islamic law in past and present*. Trad. de G. Goldbloom. Leiden: Brill, 2015.

SAQQAL, D. *Al-arab fi al-asri al-jahiliyyi*. Beirute: Dar al-Sadaqat al-Islamiyya. 1995.

SILVA, J.A.C. *O Islam na Região Nordeste do Brasil: reversões, hibridismos e tensões religiosas na* ummah *muçulmana sunita em Itabaianinha*, SE. Dissertação de mestrado. Sergipe: UFS, 2022.

TOMASSI, B.C.T. *Assalamu Aleikum Favela: a performance islâmica no movimento Hip Hop das Periferias do ABCD e de São Paulo*. Dissertação de mestrado). Campinas: Instituto de Artes Unicamp, 2011.

UNAL, A. *Tradução do* Alcorão sagrado *com interpretação anotada*. Trad. de S. El Hayek. Nova Jersey: Tughra, 2015.

VILLARRUEL DA SILVA, M.L. *HIJRAT AL-NAFS Narrativas fractais e tramas legais na experiência migratória forçada de muçulmanos com sexualidades dissidentes na cidade de São Paulo: direitos, discursos e memórias*. Tese de doutorado. Ribeirão Preto: Faculdade de Filosofia Ciências e Letras de Ribeirão Preto, 2018.

WATT, W.M. *Muhammad at Medina*. Oxford: Oxford University Press, 1956.

WEBER, M. *Ensaios de sociologia*. Trad. de W. Dutra. 5. ed. Rio de Janeiro: LTC, 1982.

WEBER, M. *Economia e sociedade: fundamentos da sociologia compreensiva*. Vol. 2. Trad. de R. Barbosa e K.E. Barbosa. Brasília: UnB, 1999.

Coleção Religiões Mundiais

- *Daoismo – Confucionismo – Xintoísmo*
André Bueno e Rafael Shoji
- *Judaísmo – Cristianismo – Islam*
Pietro Nardella-Dellova, João Décio Passo, Francirosy
Campos Barbosa e Atila Kuş
- *Religiões Politeístas do Mundo Antigo, Mesopotâmia – Egito – Grécia – Roma – América pré-colombiana*
Adone Agnolin

Conecte-se conosco:

f facebook.com/editoravozes

◉ @editoravozes

🐦 @editora_vozes

▶ youtube.com/editoravozes

🗨 +55 24 2233-9033

www.vozes.com.br

Conheça nossas lojas:

www.livrariavozes.com.br

Belo Horizonte – Brasília – Campinas – Cuiabá – Curitiba
Fortaleza – Juiz de Fora – Petrópolis – Recife – São Paulo

  Vozes de Bolso

EDITORA VOZES LTDA.
Rua Frei Luís, 100 – Centro – Cep 25689-900 – Petrópolis, RJ
Tel.: (24) 2233-9000 – E-mail: vendas@vozes.com.br